教师智慧教研十讲

教师素养提升系列教材
中小学教师能力提升线上课程配套讲义
丛书主编 朱旭东

陈 玲 / 编著

JIAOSHI ZHIHUI JIAOYAN
SHIJIANG

北京师范大学出版集团
北京师范大学出版社

图书在版编目(CIP)数据

教师智慧教研十讲 / 陈玲编著. —北京：北京师范大学出版社，2025.6

（中小学教师能力提升线上课程配套讲义）

ISBN 978-7-303-29616-3

Ⅰ．①教⋯　Ⅱ．①陈⋯　Ⅲ．①中小学－教师－师资培养－教材　Ⅳ．①G63

中国国家版本馆 CIP 数据核字（2023）第 234554 号

出版发行：北京师范大学出版社 https：//www.bnupg.com
　　　　　北京市西城区新街口外大街 12-3 号
　　　　　邮政编码：100088
印　　刷：北京虎彩文化传播有限公司
经　　销：全国新华书店
开　　本：787 mm×1092 mm　1/16
印　　张：13.5
字　　数：282 千字
版　　次：2025 年 6 月第 1 版
印　　次：2025 年 6 月第 1 次印刷
定　　价：65.00 元

策划编辑：何　琳　　　　责任编辑：林山水
美术编辑：焦　丽　　　　装帧设计：焦　丽
责任校对：陈　民　　　　责任印制：马　洁

版权所有　侵权必究

读者服务电话：010-58806806
如发现印装质量问题，影响阅读，请联系印制管理部：010-58806364

教师素养提升系列教材
中小学教师能力提升线上课程配套讲义

编委会

顾　　　问　顾明远

丛书主编　朱旭东

丛书副主编　施克灿　李　芒　张婧婧　李玉顺

编委（以姓氏笔画为序）

马　宁　邓林园　冯婉桢　朱志勇　孙　益

李亦菲　杨玉春　吴　娟　余清臣　余雅风

宋　萑　陈　玲　郑永和　胡定荣　班建武

康永久　傅　纳　阚　维　薛二勇

▶▶ 总　序

数智赋能　素养筑基
新时代教育强国战略下的教师发展路径

当今世界正经历百年未有之大变局，教育作为国之大计、党之大计，始终处于国家发展战略的核心位置。党的十九大曾明确提出"优先发展教育事业""培养高素质教师队伍"的战略目标。2024年，习近平在全国教育大会上指出，建成教育强国是近代以来中华民族梦寐以求的美好愿望，是实现以中国式现代化全面推进强国建设、民族复兴伟业的先导任务、坚实基础、战略支撑。为加快建设教育强国，实现到2035年建成教育强国的战略目标，《教育强国建设规划纲要（2024—2035年）》发布，为我国教育事业高质量发展提供了清晰的路线图。

在这一宏伟蓝图下，教师队伍作为教育生态的核心主体，其素养与能力的全面提升，已成为实现教育强国目标的首要突破口——强国必先强师，教师队伍建设是教育强国建设最重要的基础工作。当前，全球正处于科技革命与产业变革的加速期，人工智能、数字技术正深度重构教育生态，推动教育范式向人机协同、跨界融合的智慧教育转型。党中央将教育数字化上升为国家战略，党的二十大明确提出"推进教育数字化"的核心任务，强调构建泛在可及的终身教育体系。教师角色亟待从"传统知识传授者"向"创新教育引领者"转型。近年来，党和国家立足教育强国建设全局，对新时代高水平教师队伍建设做出系统部署，明确提出以教育家精神为引领、以师德师风为根基、以专业能力为核心的战略路径。在此背景下，《新时代基础教育强师计划》《教师数字素养》等政策文件，科学擘画了政治坚定、师德高尚、业务精湛、创新有为的新时代教师队伍发展蓝图，强调通过实施教育家精神强师铸魂行动，深化师德养成与价值引领。这些举措深刻诠释了教育强国背景下教师队伍建设的核心逻辑——以高质量师资支撑高质量教育生态，以专业化发展破解城乡均衡、学科适配等结构性难题，为实现"为党育人、为国育才"根本使命筑牢人才根基。

面对教育数字化转型与教师能力升级的双重需求，北京师范大学主动响应国家战略，充分发挥学术引领优势，自2020年起全面推进"互联网＋教育"改革创新工作，百门中小学教师教学能力提升线上课程建设项目就是这一背景下的重要工作。该项目立足"系统设计、分步实施、共建共享、实践导向"四大原则，构建覆盖教师职业全周期的三维课程生态，通过"阶梯计划"与模块化课程群，深度融合教育理论、学科重构与技术进阶，形成"职前奠基—职中精进—终身发展"的培养链。已建设的课程内容体系涵盖三大核心维度：教育理论与政策基础、教师素养与专业发展和教育实践与方法创新。每门课程包含至少10个专题的视频、配套教材及学习资源包，实现理论解析与教学实践深度耦合。本丛书通过跨学科专家团队与双平台协作，将理论成果转化为数字化解决方案，助力教师教育实现智能化、精准化升级，不仅为教师适应教育范式变革提供"数字罗盘"，还以动态升级的知识生态系统助力教育强国战略目标的实现。

本丛书的出版，不仅是北京师范大学"互联网＋教育"战略在教师教育领域的实践成果，还是助力我国教师队伍数字化建设、推动教育高质量发展、构建数字化教师发展体系的有力支撑。通过深度融合北京师范大学教育学部的学术积淀与一线教育经验，我们致力于构建一个持续迭代的数字化支持体系，精准对接教师专业发展的多样化需求。未来，我们将继续紧跟"人工智能＋教育"的前沿趋势，拓展课程内容的深度与广度，助力教师在智能技术融合中实现创新突破。期待本丛书能为教育工作者提供坚实的理论与实践支持，共同推动我国教育事业向更高水平迈进，为2035年教育强国目标的实现注入持久动力。

北京师范大学教育学部部长

2025年5月

▶▶ 前　言

党的二十大报告指出："坚持以人民为中心发展教育，加快建设高质量教育体系，发展素质教育，促进教育公平。"当前人类社会正在加速迈入智能时代，高质量的教育体系需要充分挖掘和发挥人工智能等技术在教育中的应用，"互联网＋"和人工智能一方面催生了一批批新教育技术、新信息化教学模式，另一方面，对教师的专业发展也提出了新的要求和挑战，教师必须悉知并明确这个快速发展的时代赋予自身的责任和使命。教研是教学质量提高和教师专业发展的主要活动形式，新一代信息技术的出现变革了教研理念、方式和模式，正在赋能传统教研，使其向智慧教研转型，实现自我超越。在智慧教研的视域下，一大批支持教师网络教研的工具和平台如雨后春笋般涌现，使得人力资源和物力资源实现双重汇聚、进化、创生和发展。一方面，基于资源汇聚平台，教师可以自由选择学习资源实现自主学习和反思进步，如基于微视频的教师在线学习、基于MOOC（慕课）的在线学习以及基于微证书的自主学习等；另一方面，人力资源的汇聚也是智慧教研一大特色亮点，在信息技术的支持下，教师个体基于群体智慧实现自身知识发展与技能进步，个性化地、有针对性地实现创新学习。同时，在教师教学业务中，如教师备课、教师听评课、教师个性化教学问题解决，技术都能给予适配性的支持，实现对教师教学业务的全过程、精准化、个性化的服务。此外，在网络技术的支持下，知识、信息、资源以及人力之间的边界被打破而得以重塑和互促发展，在这样一种背景下，知识分享和资源协同创生，而跨时空汇聚的群体知识社区则促进了智力资源的流转和供需平衡。本书主要围绕智慧教研视域下的教师专业发展展开论述，呈现出在智能时代背景下，教师自主学习、集体教研和教学资源协同创设的路径和模式，从指导思想、模式建构到实践指南，给予新时代教师专业发展系统化、全方位的参考和支持。

本书由陈玲副教授编著，参与内容撰写和案例整理的成员有许明雪、陈婷婷、范琪、郭晓珊、刘玲云、刘婉丽、汪洋、魏静园、杨武梦、郅晨童和左昭。本书所涉及的案例来自"跨越式项目全国中小学语文和英语骨干教师培训"的项目案例、"技术与教育的双向融合：技术·协同·智慧研讨会"的"新主题&新理念 STEM（科学，技术，工程，数学）、智能空间、智能教具"工作坊、北京市中小学教师开放型在线研修平台、"首都教育远程互助工程"和田教育教学能力提升专项培训试点项目，以及北京师范大学未来教育高精尖创新中心智慧教研、河南省基础教育资源公共服务、"中国好老师"网络社区等平台，一并致谢。

陈玲

2025 年 4 月

▶▶ 课程概述

本课程主要内容如下。

第一讲是课程导论，主要介绍了教师教研的发展历程，对技术如何支持教师教研进行简要的介绍。第二讲重点阐述了智能时代背景下，教师专业发展的新要求，即在新时代背景下，教师应该具备的知识、技能和能力。第三讲主要介绍了支持教师教研的相关网络平台和工具，以及教师应该具备的技术能力和素养。第四讲重点介绍了技术支持下的教师创新学习模式和案例。教师职业道德理念要求教师秉持终身学习的教育理念，因此在教师职业生涯中，教师在自身教育实践的基础上，需要不断扩充自身的知识体系，潜心钻研。在技术的支持下，基于网络的混合式培训、教师在线自主学习、基于学习元的社会化学习都给予教师极大的学习支持。第五讲到第九讲主要围绕教师的核心业务，如备课、上课、听评课以及教研等教学过程和环节，重点介绍了如何利用技术更好地支持教师的教育核心业务。第一，在备课中，技术的作用和功能是什么？教师如何基于信息技术进行高效、高质量的备课？第二，在听评课中，技术怎样能够更好地促进教师的精准听评课？在听评课结束之后，如何将专家给出的意见，转化成自己的个性化的研究问题或相关的专题？第三，进一步地，教师基于自己的研究问题或专题项目等，怎么利用好网络的资源和方法，进行高效的问题解决？值得注意的是，虽然在这个过程当中，教师不断在进行输入和学习，但是每个教师都有自己的专长，也会不断生成自己的一些个性化的方法和资源，通过教师群体对资源和方法的协同创建、创生，便可以形成一些校本或区域的特色资源，实现教学资源的汇聚、创生和发展。此外，随着网络的发展，不同区域的教师还可以借助技术开展跨区域的协同教研。那么，如何进行跨区域的同伴在线共同体的协同教研？这种跨越地域边界的教研形态又该如何开展？上述问题将成为第九讲重点关注的对象。第四，在教师教研过程中，教师如何追踪和评价教研的效果？可以用哪些工具和方法测量自身的专业发展的改进？教研效果如何评测？有哪些可以借鉴的工具和方法？第十讲将重点围绕上述问题展开论述，支持教师更好地追溯自己的教研过程和发展过程。本书十讲是一个整体，第一讲和第二讲是教师开展智慧教研的现实背景、时代诉求和前提条件，第三讲是教师实现智慧教研下专业发展，促进教研与技术的深度融合的基本要求，第四讲到第九讲是教师实现智慧教研的核心要素，而第十讲中所述的智慧教研的评价是有效支持教师开展应用与实践的重要保障。

  本书重点聚焦实践，同时兼顾理论、技术、模式和案例，希望在扎根实践的基础之上，向上延伸指导实践的理论，并扩展到教师的业务，以及支撑教师开展业务的技术和工具。本书希冀教师通过学习，在理论和实践层面上都能够得到相应的提升。建议教师结合自身关注的研究问题和自己在课堂中一些比较感兴趣的、想要解决的实际教学问题，有重点地学习。在学习过程中，教师可以灵活使用此书，这里给出两条可供参考的学习路线，第一条学习路线是"设计—学习—应用—反思"，教师首先构思提升个人发展的设计方案，尝试利用本课程所介绍的一些工具资源，在自己的实践当中进行初步尝试。在尝试中和尝试后，及时进行教学经验总结和反思，反哺原始的学习设计，不断进行改进和优化。这其实也就是教师个人的专业发展过程，是一个不断迭代和进化的过程。第二条学习路线是"问题—学习—应用—反思"，以问题为导向，这里的问题可以是教师教育教学中的实际问题，也可以是自身专业发展中的瓶颈，基于问题直接定位到相应的讲解章节，有侧重点地学习和应用，同样，教师在应用之中和之后进行及时反思，反哺问题解决。无论哪条学习路线，都建议教师不仅仅了解书中的知识，更能将这些知识真正内化，并能灵活地、本土化地应用在自己的实际教学中，使知识真正发挥实践力量。

目 录

001 第一讲 教师智慧教研课程导论
一、教师教研的发展历程 / 002
二、技术如何增进教研"智慧" / 006

017 第二讲 智能时代背景下教师专业发展的新要求
一、教师专业发展及其宏观特点 / 018
二、教师信息化教学能力相关要求 / 023
三、教师能力结构模型 / 030
四、教师智慧教研相关基础理论 / 035

041 第三讲 教师教研支持网络平台和工具
一、相关支持平台和工具 / 042
二、教研相关技术素养和技能 / 047

055 第四讲 技术支持下的教师创新学习模式和案例
一、基于网络的混合式培训模式 / 056
二、教师在线自主学习模式 / 059
三、教师个性化培训模式 / 063
四、教师情境适应式培训模式 / 065
五、教师基于学习元的社会化学习模式 / 068
六、教师基于 MOOC 的在线学习模式 / 072

目录

079 第五讲 网络协同备课与案例分析
一、信息化教学设计方案的编写 / 080
二、网络协同备课的策略要点 / 087
三、协同备课模式和案例分析 / 092

098 第六讲 技术支持下的听评课模式及案例
一、课堂观察技术 / 099
二、基于课堂的混合式听评课模式和案例 / 104
三、基于课堂视频的协同诊课模式和案例 / 106

113 第七讲 基于网络的问题解决模式和案例
一、基于问题的一对一研讨模式 / 115
二、基于反思问题的群体协同解决模式 / 120
三、基于主题的网络协同教研模式 / 122

128 第八讲 基于网络的知识分享和资源协同创生
一、教师实践性知识的群体分享 / 129
二、视频俱乐部 / 134
三、教学资源的协同创生 / 139

146 第九讲 教师跨区域协同、分享模式和案例
一、远程同伴互助模式 / 147
二、基于网络的校际研讨模式 / 154
三、区域智力资源流转和协同模式 / 159
四、大规模实践知识社区模式 / 163

170 第十讲 教师网络教研的评价

一、教师开展研究的典型范式/171

二、数据采集工具的编制/178

三、评价结果的展示和表达/182

四、网络教研评价实践案例/186

202 后记

第一讲
教师智慧教研课程导论

本讲概述

　　课程导论分为两部分内容，第一部分是教师教研的发展历程，首先解释了教研和网络教研的定义以及教师眼中的教研是怎样的，接着介绍了国内教研的起源和发展，提出教师作为研究者需要从外塑走向内修，需要扎根自身实践开展教研。第二部分是技术如何增进教研"智慧"，首先提出教育正在发生结构性变革，促进个性发展的创新教育体系是教育发展的必然方向，而人工智能为增强教师教学能力提供了可能，教师工作形态也会发生实质性变革，未来教师要胜任多种不同的角色，不断更新自己的基本知识结构，成为面向未来的数字化教师。此外，网络教研日益受到重视，在"双减"背景下，要落实"双减"要求，夯实教师提升校内供给的能力。同时，在促进教研"智慧"方面，技术有助于透视教学中的真问题，能多维度汇聚师生课堂教学中多模态信息，从基于经验走向基于证据，还能汇聚、挖掘、建模多维度的教学反馈，促进多方平等、深度对话，有助于教师个性化、精准化学习和提升，帮助教研资源、教研智慧的分享、协同建构和进化，且长期持续跟进教研发展轨迹。

知识结构图

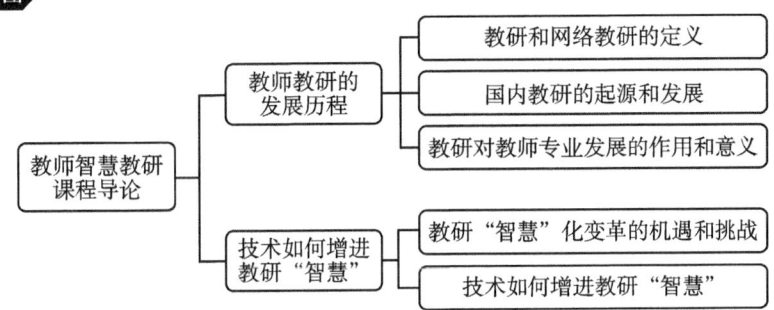

学习目标

　　学完本讲，你应该能够做到：
1. 了解教师教研的发展历程。
2. 了解智能时代对教师专业知识和能力发展的挑战和要求。
3. 理解技术对教师教研的支持和作用，了解技术如何增进教研智慧。

读前反思

1. 自己以往参与教研的方式和形式如何？

2. 自己如何在教研中学习和改进？
3. 自己在教研过程中使用了什么样的技术？

一、教师教研的发展历程

（一）教研和网络教研的定义

1. 教研和网络教研

> **名词解释**
>
> 教研即"教学研究"，是在理论指导下对教学现象、问题和过程的研究活动，是促进教师专业发展的重要途径。
>
> ——胡小勇
>
> 网络教研是以促进教师发展为目的，以在学校的真实情境中发现问题、研究问题、解决问题为着眼点，应用现代信息技术，不断优化和改善学校教研的手段、过程和结构，提高教学质量的一种新型教育教学研究活动。
>
> ——武滨

教研即"教学研究"的简称，是教师根据已有经验在理论指导下对教学现象、问题和过程的研究活动，是促进教师专业发展的重要途径。[1] 教师在每一次备课的过程中，都要思考教学重难点以及突破点是什么；针对课堂和学生的特点，思考应该如何更好地提升课堂的教学效率和教学效果。教师应该带着这些想法去实践，在实践完后，及时总结和归纳自己的成功经验，并进行重复性的验证和推广；对于没有成功的教学实践也应该分析需要如何调整。教师在实践过程当中总结、发现、解决问题，这样的过程就是教研，而随着问题的复杂性增加，教师可能用到的方法会更加综合，收集到的数据会更加丰富，研究的效果也会更加显著，最终结合研究结果和总结启发，不断地优化和调整教学实践。

> **随讲随练**
>
> 【判断】教研即教学研究，是在理论指导下对教学现象、问题和过程的研究活动，是促进教师专业发展的重要途径。
>
> 答案：对

网络教研是以促进教师专业发展为目的，以在学校的真实情境中发现问题、研究问

---

[1] 胡小勇，曹宇星.面向"互联网＋"的教研模式与发展路径研究[J].中国电化教育，2019（6）：80-85.

题、解决问题为着眼点，使用网络开展教研工作，不断优化和改善学校教研的手段、过程和结构，提高教学质量的一种新型教育教学研究活动。[①]随着技术的发展，网络上有很多可应用的物质资源和人力资源，这些资源都会给教师的工作形态和研究形态带来影响。网络教研就是充分利用网络资源，实现教师与专家和同行的跨越时空的交流互动，它以一种开放、共享、平等、共进的活力与交流方式，为广大教师的专业成长搭建一个学习共同体，高效地促进教师的专业成长。而智慧教研和网络教研是息息相关的，它不仅仅强调网络资源的广泛应用，还强调教研的精准性、个性化；不仅仅强调网络资源的丰富性和广泛性，还强调利用大数据技术对教师教学数据和教研数据进行采集和分析，帮助教师更高效、更精准地解决自身的问题。

2. 教师眼中的"教研"

对于一线教师而言，教研是一个消除差距的过程，这种差距是其想要达到的效果和能达到的效果，即预设、设计和课堂实践与现阶段效果的差距，而这种差距的消除不仅仅是教师寻求内部知识和技能的提高过程，还是很多教师共同体彼此分享、比较和学习的过程，也是教师向所关注领域的一些优秀同行或专家名师学习，使自己的知识和技能水平接近他们的过程。

在教研中，除了听讲座，教师也会观摩同行上课，在观摩的过程中，思考同行为什么这样做，有什么好的方法可以达到更好的效果，进而迁移到自己的课堂当中，缩小自己和专家名师之间的差距。

总之，教研实际是教师获取反馈来消除差距的过程。教师首先得知道差距是什么，有多大，才能够更好地、有目的性地缩小差距。因此，在课堂教研过程中，教师听课之后的同行评课不是为了评价打分，而是为了让教师获得一些真实的课堂教学观察的反馈，这种反馈能让教师更好地自我定位，了解自己该做怎样的调整，自己的问题在哪里。教师通过自我的预设和生成，以及和同行或专家的对话交流，实现自己想要达到和实践能达到的一致性、持续性发展。

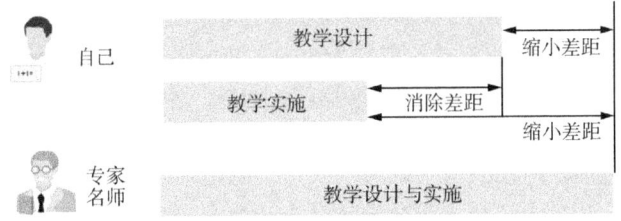

图 1-1　教师教研

---

① 武滨，等.基于活动理论的 CTMA 区域网络教研模式研究［J］.中国电化教育，2017（9）：104-110.

(二)国内教研的起源和发展

1949—1956年,教研经历了从无到有的过程,新中国成立初期,由于师资水平较低,广大教师的理论水平和实践能力尚未达到学校教学的要求。《小学暂行规程(草案)》和《中学暂行规程(草案)》的出台标志着教研制度的建立,教学研究组织以国家法律文件的形式在我国中小学正式确立。

1985—1999年,教研进入规范期,国家发布了系列政策文件,在中小学教学观念、教学计划、教学方法等方面提出了改革的新思路,对教研部门的设置及职能做了进一步的明确规范,教学实验与课题研究成为教研的重要部分。在素质教育改革的时代背景下,我国中小学教研工作的重点从以往注重钻研教材、关注教学程序的备课活动,逐渐过渡到关注学生的主体性作用,教研形式也呈现出多样化趋势。自我反思、同伴互助、专家引领、"走出去与请进来"等教研形式的出现,丰富了我国中小学教研活动方式,扩大了学校的教研活动范围,学校师资队伍整体业务素质逐渐提高。[①]

2000年开始,教研体系日益完善,为贯彻中共中央、国务院《关于深化教育改革全面推进素质教育的决定》以及《国务院关于基础教育改革与发展的决定》,教育部于2001年发布了《基础教育课程改革纲要(试行)》。为适应新课改发展的需要,2002年,教育部组织相关专家在江苏昆山市召开了"以校为本"教研制度研讨会,会议首次提出建立"以校为本"的教研制度。[②]各级教研部门在新课程改革的背景下进行了从以教学为中心到以课改为中心的职能转变,其新职能主要包含教学研究、教学指导与服务、推动全国建立以校为本的教研制度,并开展教师培训、教学设计、案例研究等教研活动。

2005年全国新课程网络教研工作会议在海南首次召开。以Web2.0技术为代表的网络教研蓬勃发展,Web2.0让教师可以成为内容的建构者和创设者,网络教研强调分享,教师不仅是吸收者和学习者,更能成为参与者和贡献者。通过网络可以实现跨时空、低成本、高效率的校内和校际合作,教师间可以自由交流信息、探讨问题、合作课题、开展科研,在资源共享和智慧共建的同时实现专业化的发展道路。[③]如2008年,深圳市新华中学与鄂尔多斯市开展网络视频教学观摩研讨活动,进行远程说课和评课,合作探讨解决问题,为促进东西部教师共同成长作出了有益的尝试。[④]林秀瑜等以Web2.0环境下教师网络研修与现场实践相结合的教师教育技术能力培训模式为基础,提出了基于教学问题和教研项目的网络研修活动策略,来支持开展各类网络教研活动,实现传统教研的变革和创新。[⑤]

---

① 李松.我国中小学教研60年:反思与展望[J].当代教育科学,2014(17):15-19.
② 韩江萍.校本教研制度的回顾与展望[J].教育实践与研究,2006(8):4-8.
③ 汪晓凤,陈玲,余胜泉.基于实践性知识创生的网络教研实证研究[J].中国电化教育,2014(10):16-22.
④ 殷立斌.网络视频教研促进东西部教师共同成长[J].中国电化教育,2009(4):79-81.
⑤ 林秀瑜,杨琳.基于教师信息技术应用能力提升的网络研修策略研究[J].中国电化教育,2015(7):90-95.

2015年，大数据、人工智能技术逐渐推动教研走向精准化和智能化。大数据、人工智能技术能够帮我们更好地采集、跟踪记录、分析等，让教研活动更深入、更精准、更个性化。研究者们依托技术构建了不同的教研模式，代毅等人使用大规模配置录播设备的云教室创设泛在的教师专业化发展支撑环境，以促进教师知识共享为主要目标导向，构建了教师知识共享研修模型[1]；陈玲等以情境学习理论、社会建构理论和联通主义理论为基础，构建了融合课前、课内和课后日常教学业务情境的技术支持下的智慧教研模型。[2]

从发展的脉络可以看到，教研会受到国家整体形势以及国家对教育事业关注度的影响，除此之外，技术也会影响教研业务开展的形态。

（三）教研对教师专业发展的作用和意义

1. 教研促进教师体验职业幸福感

虽然相关政策、制度和技术的产生和发展似乎推动着教师走进教研，这种推动主要是以教学为目标、为导向的，但是事实上，教研对教师的职业幸福感提升也有着一定的作用和影响。

> **教育名言**
> 如果你想让教师的劳动能够给教师带来一些乐趣，使天天上课不至于变成一种单调乏味的义务，你就应当引导每一位教师走上从事研究这条幸福的道路上来。
> ——苏霍姆林斯基

教研不是枯燥的研究，实际上教研是体验职业幸福感的过程，在教书育人的过程中，在每年的教学过程中，课程内容都会有一定的变化，教学方式也会结合不同的学生特点进行相应的调整和改变，同时，教师也会在过程中产生一些创新性的想法，教师将其付诸实践，并期待在学生身上出现好的反馈和效果，这个过程往往有一种幸福感和新鲜感。

2. 教师作为研究者需要从外塑走向内修

教研反哺的其实是教师本身。教师需要在教学过程中有意识地作出调整，以研究者的身份和视角，实现从外塑走向内修。很多时候教研其实是一种制度，很多学校都有自己的教研日、教研活动，学校也会整体地统筹安排，在这样的环境下，教研变得更加规范，教师所做的改变和调整可能是外在的制度力量推着去做的，如通过一些外在指标和考核机制等，要求教师定期定量参与培训学习和观摩课的活动，具备很强的外塑性。实

---

[1] 代毅，刘臻，傅龙.基于智能研修平台的教师知识共享研修模型建构与实践[J].中国电化教育，2022（1）：134-142.

[2] 陈玲，佘静雯.技术支持下的智慧教研模型构建及应用[J].北京教育学院学报，2021，35（6）：51-58.

际上，教师应该要唤醒自己的主体意识，从外塑走向内修，外在条件的支持需要教师的内在动力激发才能更好地发挥它的效用。其中，最重要的是要唤醒教师的内在自觉性，让教师带着主体性和主人翁意识，做课堂问题的解决者，显性化缄默知识。由此，教师在做研究的过程中，是内在的、自愿的、自发的改变、观测和探索，从而在日常生活和教学实践中不断去做调整和改变。

3. 教师需要扎根自身实践开展教研

教师教研要扎根实践，不是只听专家怎么说，而是要回归自己的课堂，将所学知识迁移运用到教学场景中，结合自己的课堂教学进一步思考、验证学习到的心得感受或启发，不断改善自身的课堂教学，教研才会起到真正的作用。教学因人而异，有怎样的教学体验就有怎样的教学发展。教师专业发展需要扎根教师尊严、情感、教学世界，教师专业知识只有嵌入具体的教学场景中才能得到生成性发展。

二、技术如何增进教研"智慧"

（一）教研"智慧"化变革的机遇和挑战

1. 成为面向未来的数字化教师，是未来教育赋予的必然挑战

随着技术的发展，教师的角色也发生了变化。未来，在教的层面上，有一些重复性的讲授会被技术替代，教师教学的角色会被弱化，但有一些角色会被强化，如设计适合不同层次学生的学习内容的学科专家角色。学生的知识掌握层次水平和个性化特征是不一样的，不能用相同内容给所有的学生教学，教师作为学习活动的导演和编剧，需要考虑多样化的学习活动设计，以促进学生的个性化发展。

教师作为学生的咨询师和引路人，需要关注学生的身心发展，在学生的心理健康层面和生活素养层面扮演育人的角色，教师需要有良好的师德修养，教会学生明辨是非，引导学生树立正确的价值观，教会学生成为一个完整的，能够独立生活、学习，有独立个性，并能独立解决问题的人。教师更是协作开展教学研究的同伴，教师之间通过对话交流，相互指导、自我反思改进教学，教学中需要教师和同行之间频繁地互动和协同，来多方位支撑学生的发展。

技术替代教师做了一些重复性的工作，教师则需要进一步学习强化过去没有关注的或是被弱化的能力，这对于教师而言是挑战，教师需要去更新自己的知识和能力结构，成为面向未来的数字化教师。数字胜任力要求教师不仅具有信息技术的知识和操作能力，还要有教师的技术道德意识、技术伦理、技术思维以及基于技术的真实性学习模式的设计和实施能力，从而提升教师在教育教学中对新的数字技术和数字时代青少年认知及情感变化的敏感度，增强教师以数字技术革新教育教学的方法和形态的自觉。对于职前教师和在职教师，尤其是对于数字时代成长起来的年轻教师而言，要将重点从"信息技术应用能力提升"转向"技术支持的学与教创新"，进一步加强整合技术的学科教学法知识（Technological Pedagogical Content Knowledge，TPACK），将教师培养成为超越信息技术工具属性的适应性专家。①总之，技术永远不能代替教师，但不会技术的教师可能会被掌握技术、驾驭技术的教师所赶超。因此掌握技术成为数字化教师优势所在，这也推动着教师进行自我调整，去驾驭、应用网络和技术开展教学和教研。

2. 开展技术支持下的教研是响应国家政策要求的必然选择

"互联网＋教育"背景下，网络教研是促进教师专业发展的一种重要形式。教师网络学习空间作为一个架构于国家教育资源公共服务体系的虚拟学习场所，集教育资源、教学服务、管理数据为一体，突出了多主体的交互沟通，有利于各参与主体实践知识的交流和分享。因此，基于教师网络学习空间的教研，有利于构建门槛低、覆盖面广、稳定性好的教研共同体，推进空间的普及应用，提升教师专业发展水平，为教育质量优质均衡注入新的活力。②

网络教研自产生起，就越来越受到重视。2012年，教育信息化推进国家数字教育资源公共服务平台重点建设10种服务应用模式中有三种和"网络研修"相关：跨区域网络协作教研、区域网络协作教研和名师工作室。2014年，《中小学教师信息技术应用能力标准（试行）》提出："22. 利用教师网络研修社区，积极参与技术支持的专业发展活动，养成网络学习的习惯，不断提升教育教学能力。"

2018年1月发布的中共中央、国务院《关于全面深化新时代教师队伍建设改革的意见》中指出"开展中小学教师全员培训，促进教师终身学习和专业发展。转变培训方式，推动信息技术与教师培训的有机融合，实行线上线下相结合的混合式研修"。同年，《教师教育振兴行动计划（2018—2022年）》中也提出了"互联网＋教师教育"创新行动。

2019年6月，中共中央、国务院印发《关于深化教育教学改革全面提高义务教育质量的意见》，提出"完善区域教研、校本教研、网络教研、综合教研制度，建立教研员乡村学校联系点制度。鼓励高等学校、科研机构等参与教育教学研究与改革工作"。同年11月，教育部《关于加强和改进新时代基础教育教研工作的意见》提出"创新教研工作方式。要根据不同学科、不同学段、不同教师的实际情况，因地制宜采用区域教研、网络教研、综合教研、主题教研以及教学展示、现场指导、项目研究等多种方式，提升教研工作的针对性、有效性和吸引力、创造力。积极探索信息技术背景下的教研模式改革"。

2021年，中共中央办公厅、国务院办公厅印发《关于进一步减轻义务教育阶段学生作业负担和校外培训负担的意见》的通知，明确要求"提高作业设计质量。发挥作业诊断、巩固、学情分析等功能，将作业设计纳入教研体系，系统设计符合年龄特点和学习规律、体现素质教育导向的基础性作业"。"提升学校课后服务水平，满足学生多样化需求""大力提升教育教学质量，确保学生在校内学足学好"。"双减"背景下，提升课堂教学、作业设计、课后服务等成为全社会最为关注，也是教师亟待提升的方面，通过促进

---

① 赵健.技术时代的教师负担：理解教育数字化转型的一个新视角［J］.教育研究，2021，42（11）：151-159.

② 曾本友，等.技术赋能教研及其实践研究［J］.中国电化教育，2021（4）：109-124.

教师专业发展、进一步提升学校教育教学质量和服务水平，助力教育高质量的发展。

2022年，中共中央办公厅、国务院办公厅印发《关于推进"互联网＋教育"发展的意见》，提出"赋能教师专业发展。用新理念、新环境和新方式培养新一代教师。扩大人工智能助推教师队伍建设行动试点，推广网络研修和培训方式，促进教师专业可持续发展"。

以上种种政策文件都表明了国家对利用网络技术开展教师教研的重视程度，同时也彰显在信息化时代背景下，教师要积极探索创新教研的新思路和新方法，促进网络技术和教研的深度融合，高效化促进教师的专业发展。可见，利用技术解决传统教研难题，促进技术与教研的深度融合，已成为当前教研发展的必然趋势。

（二）技术如何增进教研"智慧"

传统教研还存在着教研目标粗放模糊，教学诊断主观化，教师研讨对话浅层化，对教师专业能力提升与发展、教学持续性改进等方面的支持度不够等问题。在教育高质量发展的新需求下，教师需要提升自己，对一些专题做深入的学习和了解。随着大数据、人工智能技术与教研的深度融合，以科学化、智能化、个性化、开放性以及精准性为特征的智慧教研成为智能时代教研改革和发展的趋势。技术如何促进教研的智慧和智能，可以从教研的历程中体会理解。

1. 教研起点——技术有助于透视教学中的真问题

教研目标随意、粗放是目前教师教研中存在的首要问题。教研目标应该来源于教学实践，并高于教学实践。在教研过程中，技术有助于教师透视教学中的真问题，设定实质性的教研目标，实现教研过程的科学、客观和细致化。如技术能精准刻画每个学生的知识点掌握状态，快速获取学生已达到的学习水平、可能达到的潜在水平，并能把握学生的学习过程和路径[1]，精准定位学生的学习问题，从而把学生个体和群体的学习需求、学习疑难点和学习障碍转化为教研主题。技术也有助于揭示传统教研方式难以发现的教师教学中的固有习惯和问题，如分析和挖掘教师教学行为、教态等，帮助教师聚焦自身专业发展中存在的盲点和问题，从而精准设定教研目标。

教研问题是教师教研的开端，良好的开端是教研成功的一半，因此，一个基于教师真实实践的好问题可以为教师教研的开展奠定良好的基础。然而，在实践中发现，有时教师的教研问题可能来自外在的新问题或热点，未必是自己的真问题，因此最后的结果必然是"路灯下找钥匙"，达不到针对性地、有效地解决教师真实教学实践问题的效果。运用技术的手段，能够快速、精准地帮助教师发现课堂教学中的真问题。以"智慧学伴"为例，它刻画了学生学科的每一个知识状态图，借助"智慧学伴"的学生知识状态的检测结果和学生日常学习行为与过程的挖掘，在教学的全过程中收集学生的学习数据，教师就会全面细致地了解到全班学生的学习薄弱点以及教师教学过程中的薄弱点，而这些薄弱点就是教师在教研过程中需要关注和解决的问题。

---

[1] 刘宁，等.教育大数据促进精准教学与实践研究——以"智慧学伴"为例[J].现代教育技术，2020，30（4）：12-17.

北京市开放在线辅导将学生在课外向教师提问的问题和问题背后所反映的学科知识点捕捉和分析出来,从而了解学生需要加强的知识点是什么,借助技术精准刻画学生群体的学习疑难点,并反馈给对应学校的学科教师,如图1-2所示。

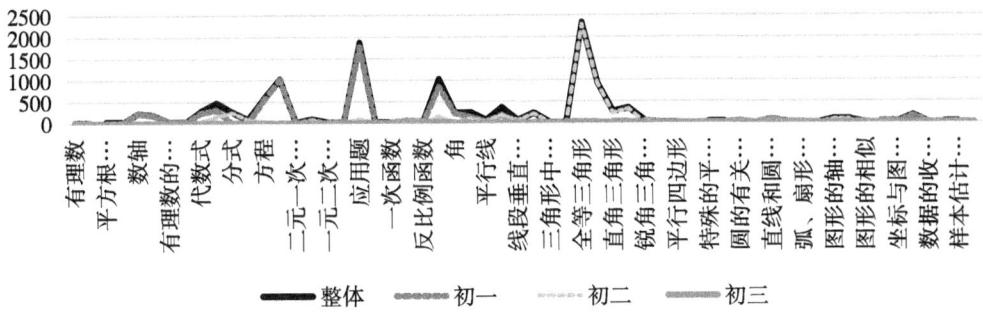

图 1-2　整体、分年级答疑各知识点数量分布（数学学科）

除了帮助教师对学生数据的挖掘和分析,技术还能帮助教师发现在日常过程中被忽略的教学特征,有助于发现教师教学中的固有惯习,如图1-3所示,这是教师在整个课堂中行动的路径图,从教师的行动轨迹的特征中,能明显感受到右下角的学生其实是被教师所忽略的,对学生的学习关注度也会影响学生学习的参与度,因此,那些被教师所忽视的、处于课堂右下角的学生的学习参与度极有可能受到影响。通过捕捉教师的行动,能够了解在课堂中师生互动的一些特点,刻画出教师日常教态的特征,从而帮助教师透视教学中的问题。

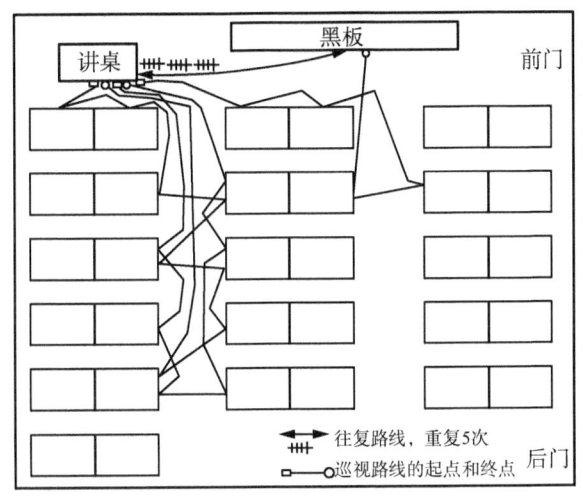

图 1-3　教师路线图

2. 教研信息——技术有助于多维度汇聚课堂教学中多模态信息,从基于经验走向基于证据

基于课堂教学的分析和研究是教师教研的重要方式,长期以来,此类教研活动存在教学决策感性直观化、主观臆测度高等问题。随着大数据、人工智能技术与教学决策的

深度融合，教研范式逐渐从基于经验走向基于数据。基于大数据和人工智能技术的教学系统，可以记录教师"教"与学生"学"的全过程，并提取相关过程性数据，开展基于过程数据的过程性分析和评价。①基于数据的多模态课堂教学行为分析，能揭示课堂教学规律及其内部机制，赋予教师更强的判断和决策能力。将客观的数据分析与听课教师主观的教学经验相结合，既能规避教师对教学判断的主观臆测性，又能克服单纯量化数据的片面性。

使用技术汇聚课堂教学中多模态信息，能帮助教师教研从基于经验走向基于证据。可以通过摄像头进行课堂表情记录，实时识别正常、高兴、鬼脸、悲伤、生气和愤怒等多种表情，并进行统计和分析，或对课堂中每个学生的行为进行识别，如学生主动提问、应答、对话等。上述课堂学生学习状态和行为都能帮助教师了解学生的学习投入度情况。

教师课堂教学中的教学相关的行为，如教态、教师的表情和手势，也会影响课堂教学的氛围。利用技术手段，通过对教师教学行为数据的汇聚能更好地捕捉、收集信息，并进行分析。相关的研究包括，新手教师和专家教师在表情和动作方面有没有差异，如图1-4所示，以及在某些环节中教态和表情是怎样的，如图1-5所示。通过捕捉和分析，新手教师能从这些差异中知道自己应该从哪些角度来改进自己的教学。

示意：N15（快乐）　　　示意：N36（惊讶）

图 1-4　教师课堂表情记录和分析

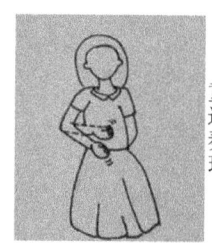 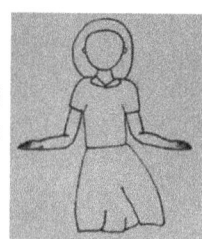 

重要的意义是通过手臂有节奏的拍子来实现的　　当手势表现出开放性和邀请性，强化问题和邀请学生的参与　　在指示作用中关系的意义是通过指向的行为来实现的

图 1-5　教师手势等教态分析

除了表情和动作，在课堂中最重要的就是语言，技术可以将语音记录下来，通过语音识别开展相关语言和互动分析、教师语言风格特色分析等，如图1-6所示，并且能转

---

① 张忠华.数字中国战略与中国式教育数字化研究［J］.中国教育信息化，2023，29（2）：3-14.

换成文本。基于语义分析，可以将教师在课堂中讲授了什么、提了什么层次的问题，它们在培养学生的思维发展方面有什么作用，以及教师如何去反馈和点拨学生这些信息都做记录和分析。

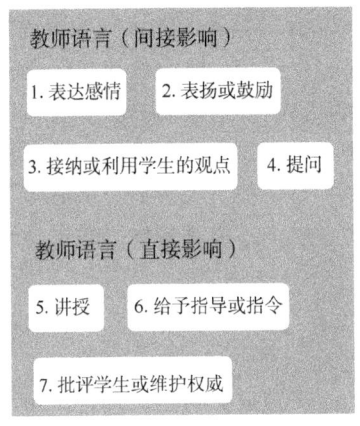

图1-6　教师语言

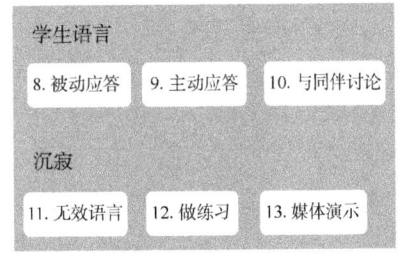

图1-7　学生语言

对于学生的语言也是如此，我们能了解学生在课堂上的反应如何，是被动应答还是积极主动应答，如图1-7所示。通过多模态数据分析怎么才能让学生更积极主动地参与到课堂中。多模态信息的记录能够更微观更全面地反映课堂正在发生什么，也更能够帮助教师直观地了解自己的课堂以及教学产生的影响。

3. 教研对话、反馈——技术有助于汇聚、挖掘、建模多维度的教学反馈，促进多方平等、深度对话

传统教研中，教师面对面地实时交流，并在一定空间范围内进行观点分享和意见交换。不受时空限制的智慧教研，搭建了多元主体互动交流的共享平台，教研逐渐走向开放、平等、聚合和创新。技术除了可以收集更多的证据和信息之外，还能促进同伴之间以及和专家之间的对话和反馈。通过智慧教研平台，专家、教研员、执教教师和听课教师可以随时随地交换意见与观点，协同进行知识建构，创生群体智慧。将课堂数据和信息采集完后进行建模，从而形成针对课堂的分析报告。在传统的评课环节过程中往往是更多地听专家型教师或是善于交流沟通的教师表达和分享，但在网络教研中网络上对话更平等。基于课堂的数据分析报告让教师之间的对话有了立足点和纽带，能够更深入地开展对话。

数据驱动的群体观察和研讨能让教研的对话过程中有焦点，教师的对话更有目的性。除了预设的研讨问题和报告数据，还可以针对数据刻画出来的问题的待改进点，追踪教师听评课时不同意见形成的群体分歧点，以及刻画出教师的预设和实际的差异并形成报告，让教师和同行及专家之间的对话更有效率和针对性，促进多方平等深入对话。同时，更强调研讨对话中的平等性和深度性。教师不仅仅要听专家口头上的经验分享，而且要立足于真实的数据和报告，一起探讨问题。从线下大家轮流分享到线上意见平等表达，每个人都可以根据自己擅长的方式来参与和对话。

4. 教研改进——技术有助于教师个性化、精准化学习和提升

教师是教研的主体，教师主体性的专业发展需求是教研关注的重点，然而传统教研对其需求的关注度不足。教师主体性的发展需求多以自我反思和学习的方式进行，教师需要寻找适配自身专业发展需求的教研资源。因此，个性化、精准化的教研资源支持服务是智能时代教师教研的诉求。在教师、教育专家、教学单位等相关者创造的互助共同体中，同伴通过平台基于课程资源和数据进行教学主题研讨，平台通过技术对教师特征进行精准画像，为教师智能推荐个性化的教研主题、学科报告等教研支持服务，以满足不同形式的教研需要，极大提高了教研过程中人与人、人与资源的交互频率，促进教研个性化和协同化。①

教师在与同行交流对话以及基于数据的探讨之后，还需要将暴露出来的问题加以改进，而技术也有助于教研的改进，技术可以将以往的人找资源变成资源找人，基于分析出的问题，平台上汇聚的教学资源知识库可以立刻向教师推送对应的改进资源，从而帮助教师个性化地改进，如图1-8所示。以前的培训更多的是集体培训，教师听的和学的内容是一样的，没有针对性地进行问题改进，而技术能够更加针对教师自己关注的需要解决的问题，有助于教师个性化、精准化学习和提升。

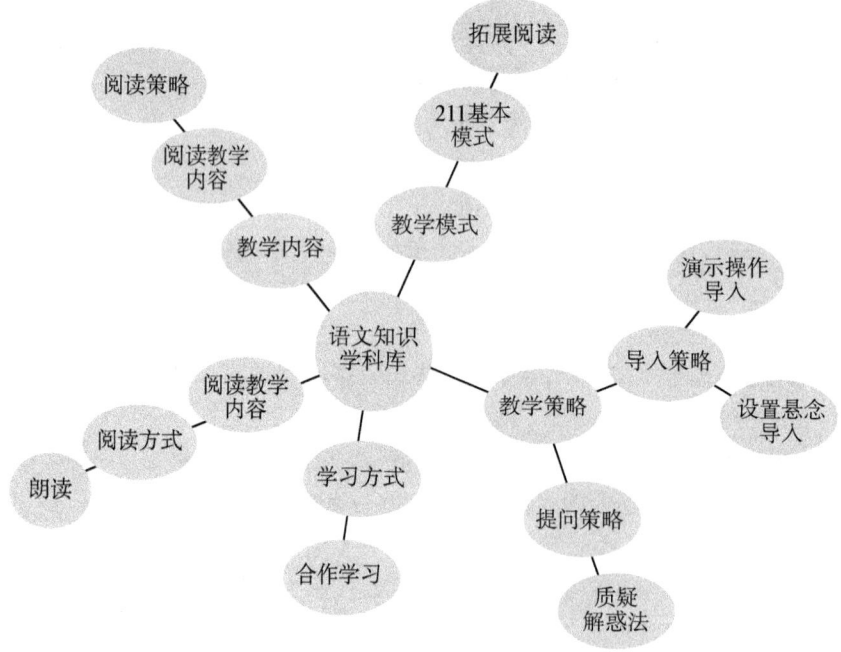

图1-8 个性化的教学知识状态

---

① 胡小勇，徐欢云."互联网＋教研"形态研究：内涵、特征与趋势[J].电化教育研究，2020，41（2）：10-16＋31.

5. 教研资源——技术有助于教研资源、教研智慧的分享、协同建构和进化

教研改进还需要资源的支撑，建设模块化、个性化和生成性的教研资源并加以应用，才能使教研活动更具有效性和针对性。平台不断归纳、生成常见的教师问题和学科问题对应的改进资源，才能做到个性化的推荐。这些教育资源、教育智慧，是技术将许多教师在教学过程中的特点和教学过程中生成的优质资源进行汇聚和进化得来的。平台能将教研过程数据和课堂教学行为数据常态化、伴随式记录，平台课程在反复打磨后沉淀下的教案、课件、练习资源包，以及在打磨过程中生成的课例资源、师生行为数据、教学问题诊断报告等系列化资源，形成了本地优质教研教学资源库，从而提升区域教研能力。[1]

很多教师都有自己的闪光点，将教师闪光点所对应的教学方案、教学视频和说课稿等内容萃取出来，使用技术将校本和区域优质资源汇聚在一起并做结构化的梳理，智慧教研平台就是借助已生成的海量教师教研数据，智能分析教师特征和需求，并个性化地推荐教研资源，实现教研资源找人，支持教师个性化学习与提升，助力教师教学的精准改进。

6. 教研效果追踪——技术有助于长期持续跟进教研发展轨迹

以教师自我感知、问卷调查为主的传统教研效果评价方式，无法支持可持续的教师专业发展。教师的发展是一个长期且持续的过程，在智慧教研视域下，技术能够追踪教师做了哪些备课活动、听了哪些课等行为数据记录，可以将教师的发展历程刻画出来，为教研管理工作带来便利，教师课堂教学数据和教研数据被沉淀和汇聚，使持续性跟踪教师专业发展轨迹、干预和优化教师专业发展路径成为可能。[2]

在教研的过程中，长期持续跟进教研发展轨迹，也为发现教研背后的规律提供基础，平台不仅可以提供对教师一节课上的分析报告，还可以实现对教师不同课的持续的追踪和分析。教师可根据自己的专业发展现状和发展轨迹，进行自我诊断和评价，从多个维度了解自己的发展路线，同时还可以参照其他优秀教师的发展轨迹，不断自我提升。教研员则可借此实现教研活动的科学组织、评价和管理，促进基于数据的教研活动决策和管理，更高效地开展教研活动，制定教师发展策略，引领教师专业发展。

随讲随练

【多选】技术可以从哪几个方面来促进教研"智慧"？（　　　）

A. 透视教学中的真问题
B. 教师个性化精准化学习和提升
C. 长期持续跟进教研发展轨迹
D. 汇聚、挖掘、建模多维度的教学反馈，促进多方平等、深度对话

答案：ABCD

---

[1] 李阳，曾祥翊.人工智能赋能教研高质量发展：智能精准教研的理论框架、实践蓝图与发展脉络[J].中国电化教育，2022（11）：99-107+122.
[2] 陈玲，许明雪，郭晓珊.技术支持下的智慧教研[J].中小学数字化教学，2023（5）：5-9.

结合以上角度，技术增进教研"智慧"，是从教研问题的发现和确立开始，确立问题之后，技术采集汇聚多模态信息，生成反馈和报告，教师从反馈和报告中自我反思，平台智能推荐教学知识库的相关资源帮助教师个性化改进和学习，接着汇聚、协同构建优秀的教研资源并持续进化。平台在教研过程中也会刻画和追踪教研效果，明晰教研发展轨迹。在这一过程中，技术不仅使教研更加有效，也让教研数据的管理更加高效，实现传统教研的变革和创新，如表1-1所示。

表1-1 传统教研和智慧教研的不同维度比较

维度	传统教研	智慧教研
教研问题的确立	主观感知 外部推动的整体关注点	基于数据的诊断 精准化、个性化问题
教研信息	主观观察＋听课笔记本	文本、视频、音频多模态信息采集
教研反馈	面对面实时、线性交流 分享意见	基于多模态报告 穿越时空边界 问题解决为主
教研改进	自我反思和学习	自我反思＋基于教学知识库的个性化问题改进
教研资源	自上而下为主	多向流动 持续进化
教研效果	模糊 自我感知、问卷调查为主	成长轨迹清晰刻画
教研管理	制度管理为主	教研数据的管理

本讲小结

教研是提高教学质量和促进教师专业发展的主要方式。技术的出现变革了教研理念、方式和模式，正在赋能传统教研，使其向智慧教研转型。在智慧教研视域下，技术对教研的赋能和支持作用，让教师教研实现从主观到客观的数据反馈，从浅层经验的分享到基于数据的多维度刻画，从碎片化主观经验的记录到强调深度群体协同和教师个性化发展，从过去同一时空教研人际互动性强但较为低效的教研方式，到跨时空高效深度协同和群体进化的教研方式。智慧教研在技术辅助教研的过程中，有增强反馈的作用，技术辅助人采集数据，多模态数据自动汇聚和分析，对课堂问题进行诊断，作出相应的数据分析和报告反馈，且支持群体问题发现和研讨决策。技术还能持续跟踪教师专业发展轨迹，促进基于数据的教研活动决策和管理，更高效地开展教研活动，从而优化教师专业发展路径。

本讲关键词

教师教研　教研发展历程　技术增进教研智慧　智慧教研

进阶思考

思考智能时代对教师专业知识和能力发展的挑战和要求，回顾一下自己了解哪些相关教研支持平台和工具，以及哪些常见教研模式和方法，结合自身实践思考教研发展规划。

提升练习

1.【判断】网络教研能使教研更高效、个性化，可以不需要线下教研。
答案：错
2.【单选】以下哪个选项不属于网络智慧教研的环节？（　　）
A. 线下教师轮流分享看法
B. 汇聚师生课堂教学中多模态信息，生成分析报告
C. 汇聚、挖掘、建模多维度的教学反馈，群体研讨关键事件，平等、深度对话
D. 教师自我反思，基于教学知识库进行个性化问题改进
答案：A
3.【多选】未来教师要胜任哪些角色？（　　）
A. 设计学习内容的学科专家
B. 学习活动的导演和编剧
C. 学生的咨询师和引路人
D. 协作开展教学研究的同伴
答案：ABCD

参考文献

1. 胡小勇，曹宇星．面向"互联网＋"的教研模式与发展路径研究［J］．中国电化教育，2019（6）．
2. 武滨，等．基于活动理论的CTMA区域网络教研模式研究［J］．中国电化教育，

2017（9）.

3. 李松.我国中小学教研60年：反思与展望［J］.当代教育科学，2014（17）.

4. 韩江萍.校本教研制度的回顾与展望［J］.教育实践与研究，2006（8）.

5. 汪晓凤，陈玲，余胜泉.基于实践性知识创生的网络教研实证研究［J］.中国电化教育，2014（10）.

6. 殷立斌.网络视频教研促进东西部教师共同成长［J］.中国电化教育，2009（4）.

7. 林秀瑜，杨琳.基于教师信息技术应用能力提升的网络研修策略研究［J］.中国电化教育，2015（7）.

8. 代毅，刘臻，傅龙.基于智能研修平台的教师知识共享研修模型建构与实践［J］.中国电化教育，2022（1）.

9. 陈玲，佘静雯.技术支持下的智慧教研模型构建及应用［J］.北京教育学院学报，2021，35（6）.

10. 赵健.技术时代的教师负担：理解教育数字化转型的一个新视角［J］.教育研究，2021，42（11）.

11. 曾本友，等.技术赋能教研及其实践研究［J］.中国电化教育，2021（4）.

12. 刘宁，等.教育大数据促进精准教学与实践研究——以"智慧学伴"为例［J］.现代教育技术，2020，30（4）.

13. 张忠华.数字中国战略与中国式教育数字化研究［J］.中国教育信息化，2023，29（2）.

14. 胡小勇，徐欢云."互联网＋教研"形态研究：内涵、特征与趋势［J］.电化教育研究，2020，41（2）.

15. 李阳，曾祥翊.人工智能赋能教研高质量发展：智能精准教研的理论框架、实践蓝图与发展脉络［J］.中国电化教育，2022（11）.

16. 陈玲，许明雪，郭晓珊.技术支持下的智慧教研［J］.中小学数字化教学，2023（5）.

第二讲
智能时代背景下教师专业发展的新要求

本讲概述

　　本讲针对智能时代背景下教师专业发展的新要求进行论述。首先从教师专业化及其内涵出发，对教师专业发展的多维性、阶段性和动态性等宏观特点进行阐述和分析；其次概述了智能时代背景下教师信息化教学能力的相关要求，重点介绍了 2014 年中国中小学教师信息技术应用能力标准（CETS）、联合国教科文组织（UNESCO）教师信息和通信技术能力框架（ICT-CFT）（第 3 版），以及教师数字素养，并结合智能时代背景，对教师智能素养能力模型、教师数据素养能力模型、在线教学胜任力和 TPACK 能力框架等教师能力结构模型进行了介绍；最后介绍了教师智慧教研的相关基础理论，包括学习共同体理论、分布式认知理论和行动研究，并结合典型的教师专业发展模型对以上理论进行了具体讲解。

知识结构图

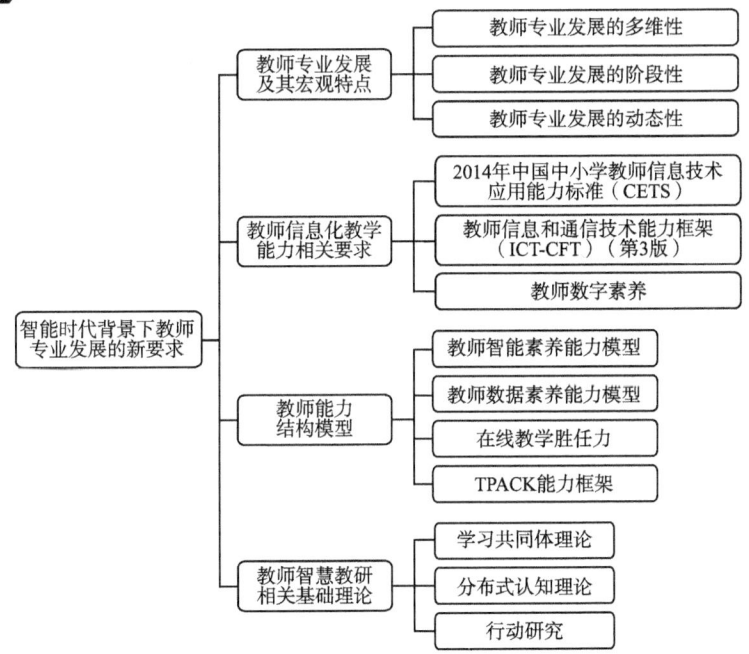

学习目标

　　学完本讲，你应该能够做到：

　　1. 准确阐述教师专业发展的宏观特点，能辨别、推断和预测自身或他人专业发展的阶段和趋势。

2. 清晰陈述教师信息化教学能力相关要求，并能举出自身或他人在教学实践中体现信息化教学能力的案例。

3. 理解并阐述教师智慧教研相关基础理论，为教研实践开展奠定理论基础。

读前反思

1. 教师专业发展有哪些特点？
2. 智能时代对教师能力提出了哪些要求？
3. 智能时代背景下的教师教研应该如何开展？

一、教师专业发展及其宏观特点

教师作为一门专业最早出现在 1922 年，世界教师专业组织会议提出了"教师专业化"的问题，舒尔曼将教师作为一个专业，提出了 6 个教师专业化的特征：服务于社会的义务、学术性的理解、实践技能或表现的领域、在不确定条件下进行决策与判断、从经验中学习的必要性、具有质量监控的职业团体。在诸多教育改革的政策与实践中，各地学者都认识到教师专业发展的重要性。如果要使学生取得更大进步，教师专业得到持续、高质量的发展是必要的。斯帕克斯指出：如果要为学生在日益复杂的世界中做好生活上的准备，学校成员的专业发展以及组织的重要变革都是必要的。教师专业发展在所有教育改革策略中居于中心地位——没有它，改革策略就仅仅只是理想而不能变为现实。教师专业发展是学校发展和教育改革成败的关键，是所有学校改进计划的中心。

> **名词解释**
> 专业化是一种职业经过一段时间后成功地满足某一专业性职业标准的过程，它涉及两个（一般是同时进行并独立变化的）过程，即作为地位改善的专业化和专业发展、专业知识提高以及专业实践中技术改进的专业化。

教师专业发展是一个动态的过程，是教师内在专业结构不断更新、演进和丰富的过程，是教师不断接受新知识、增长专业能力的过程。教师要成为一个成熟的专业人员，需要通过不断的学习与探究来拓展其专业内涵，提高专业水平，从而达到专业成熟的境界。在国外的研究中，对教师专业发展模型的研究已取得相应的成果。教师专业发展模型是对教师专业发展过程的内在机制、影响因素等的研究和探索，是教师专业发展的理论基础和导向。1986 年，古斯克提出了教师专业发展的线性模型[1]，如图 2-1 所示，该模型以"团队改变"为起点，以"教师信念态度改变"为最终目标，有清

---

[1] Guskey T R. Staff development and the process of teacher change [J]. Educational Researcher, 1986, 15 (5): 5-12.

楚的因果逻辑关系，然而该模型简单地将教师教学视为知识传送过程，忽略了教师个体的主观能动性。

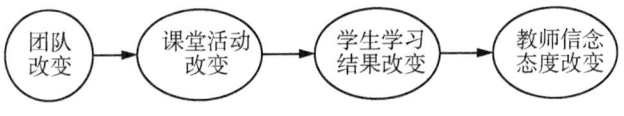

图 2-1　线性模型

随后，美国教育学者德西蒙及其团队基于大规模调查，提出了基于学习活动关键特征的教师学习模型[①]，如图 2-2 所示，将教师专业发展过程中涉及的情境因素（如教师特点、课程、学校领导、政策环境等）纳入进来，虽然该模型一定程度上规避了教师专业发展的片面性，但还是遮蔽了教师作为学习者的主体能动性，不足以揭示教师专业发展过程的复杂性。

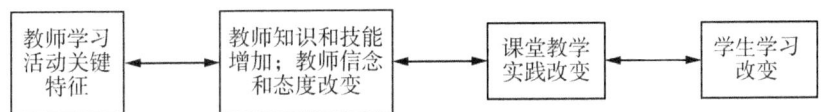

图 2-2　教师学习模型

由克拉克等人提出的教师专业发展的环状模型，将教师的反思和实践放在首要位置，认为教师要在行动中认知，对行动进行反思，如图 2-3 所示。该模型认为教师的专业成长主要由附加域、实践域、结果域和个人域相互作用和影响，由教师的实践过程和反思过程连接四个域。

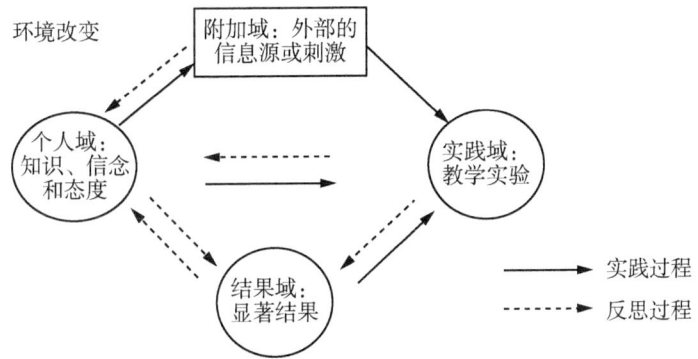

图 2-3　教师成长互联模型

教师专业发展是教师内在结构不断更新、演进和丰富的过程，有其自身的内在特点，包括教师专业发展的多维性、阶段性、动态性。

---

① Desimone L M. Improving impact studies of teachers' professional development: Toward better conceptualizations and measures [J]. Educational Researcher, 2009, 38 (3): 181-199.

（一）教师专业发展的多维性

教师在自己的实践领域得到不断的提升需要不断拓展自身知识和能力，教师专业发展包括教师行为发展、情意发展和认知发展等。在研究教师专业发展所包括的内容与因素方面，最具代表性的当属埃文斯的三维综合模型[①]。埃文斯认为，情意和功能方面的发展是教师专业发展的根本要素。前者是教师在工作态度方面的改善过程，是对教师认知和动机变化的整合；后者是教师专业表现的改善过程，包括程序性发展和成效性发展。如图2-4所示，埃文斯的教师发展综合模型，将教师的情意发展正式纳入教师专业发展的研究范畴，弥补了传统教师发展观的缺陷，即由于过分注重形式而忽略了作为个体的教师的心理需求。在埃文斯的综合模型中，教师专业发展可从行为、情意、认知发展三个维度共十一个方面来理解，这三个维度分别对应教师专业表现工作态度以及专业知识的发展过程。具体来说，行为发展关注教师在实际工作中做什么，它由四个子部分组成：过程性、程序性、成效性以及能力性改变；情意发展涉及教师所持的工作态度，包括感知、评估和动机的改变；认知发展与教师知识、理解以及认识结构相关，由认知结构、理性、理解力和分析力的改变构成。

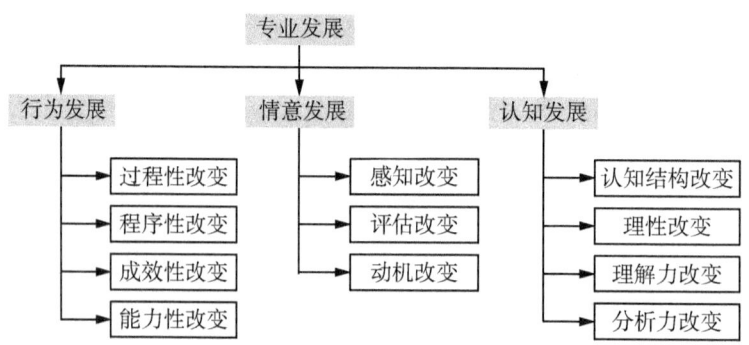

图2-4 教师专业发展的三维结构

（二）教师专业发展的阶段性

教师作为一门专业，从入职到退休整个生涯过程中，会有一定的阶段性的规律和特点，如表2-1所示，是一些学者提出的比较典型的阶段划分模型。[②]从模型中可以看出，教师从新手到专家并非一个线性的发展过程，在中间可能会有瓶颈期、倦怠期，是一个迭代的发展过程。

[①] 祝刚.重构教师专业发展的多维性：专业性、专业主义与专业发展——与曼彻斯特大学琳达·埃文斯教授的深度对话[J].西北师大学报（社会科学版），2021，58（4）：49-63．

[②] 赵萍.论当代西方教师职业生涯发展研究的三个理论取向[J].比较教育研究，2016，38（4）：78-84．

表 2-1　教师职业生涯发展的阶段模型

研究者	阶段划分模型
苏博（1957，1980）	五阶段模型：探索—尝试—巩固—保持—准备退休
卡茨（1972）	（幼儿园教师发展）四阶段模型：生存（第 1、第 2 年）—巩固（持续至第 3 年）—提高（持续至第 4 年）—成熟（第 5 年以后）
雅格和莫顿斯（1980）	四阶段模型：初任教师—发展教师—实践教师—有经验教师
费曼和弗罗登（1981）	四阶段模型：生存—巩固—提高—成熟
塞克斯（1985）	五阶段模型：进入成人世界（21～28 岁）—30 岁过渡期（28～33 岁）—安定期（30～40 岁）—分化期（40～50/55 岁）—退休期（50/55 岁）
伯顿（1990）	三阶段模型：生存（第 1 年）—调适（2～4 年）—成熟（5 年）

在教师的整个发展生涯中，最受关注的是初任教师，或新手教师的发展过程，如新手教师在刚入职的时候关注的内容和入职以后关注的内容是有差异的，如表 2-2 所示，是研究者发现的教师专业发展生涯过程中初任教师关注的内容和类型。教师专业发展的阶段性给了初任教师一个很好的参考，由此可知教师的发展不是一蹴而就的，在发展过程中是变化迭代的，新手教师关注的内容也是不断改变的，不断拓展和延展的。[①]

表 2-2　初任教师阶段关注的内容和类型

研究者	时间	教师关注内容、类型
富勒	20 世纪 60—70 年代	（1）自我关注；（2）任务关注；（3）影响关注（学生需要关注）
维恩曼等	20 世纪 70、80 年代	（1）纪律问题；（2）激发学生的学习动机；（3）自我胜任能力；（4）师生关系；（5）学校环境；（6）学生的个体差异
布瑞特	1997 年	（1）教学业务能力准备；（2）班级管理；（3）与家长交往；（4）时间管理
肯威	2003 年	外部：（1）自我关注；（2）任务关注；（3）影响关注
		内部：（1）自我意识；（2）自我组织；（3）自我发展

---

① 张世义.国外教师关注研究综述[J].上海教育科研，2010（11）：23-27.

(三)教师专业发展的动态性

每位教师的专业发展变化可能是具有差异化和个性化的变迁,所有的教师可能并不是从一个阶段直接到下一个阶段,有的教师可能会有所跨越,有的教师可能会很长时间停滞在某个阶段,因此,也有学者提出了教师专业发展的动态性,专业发展的动态性注重教师的差异性。胡贝尔曼于1989年提出,用"职业生涯轨迹"代替"职业阶段",教师的职业生涯发展不一定是一个阶段接着一个阶段逐级上升的过程,也不完全是始终向更高一级发展,有可能会跨越某些发展阶段。赵萍等从教师的满意度以及和谐的职业生涯发展轨迹的角度出发,构建了教师职业生涯发展的双径模型。① 如图2-5所示,在教学早期的1~3年,教师开展教学,并将自身的时间和精力主要投入提高教学技能和知识能力中,随后教师教学实践趋向稳定。在从教7~18年后教师会发生分化,其中部分教师能够持续发展,在教学和教研中发挥自身的主观能动性,不断探索教学改革和提升。

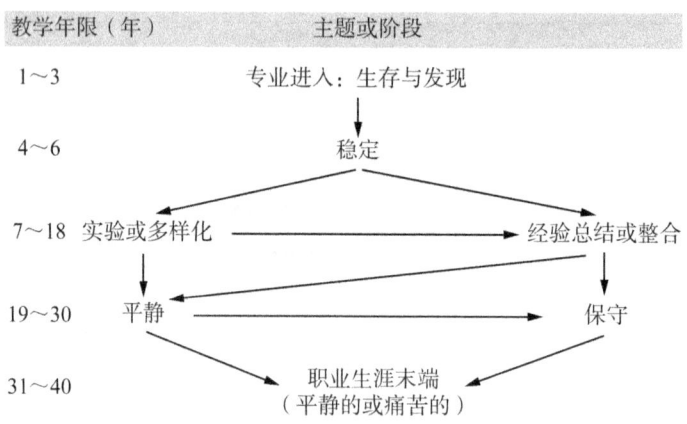

图2-5 教师职业生涯发展的双径模型

教师专业发展阶段也会不断受到环境的影响,如组织与个人环境的影响,如图2-6所示,为朱旭东等构建的教师职业生涯周期的动态特征图,在整个职业生涯周期中,教师会受到来自生活阶段、家庭、积极事件、危机、个性和业余爱好等个人环境的影响,同时教师所处社会背景下的工会、规章、管理方式、公众信任、社会期望和专业组织等也会影响教师职业生涯的阶段路径。

举一个例子,如一位"稳定期"教师或许能力很强,但他把教学看作谋生手段,认为没有必要做得很出色。这时来了一位敏锐且具有鼓动性的教学督导人员(组织环境),他让这位教师更多参与对他有影响的决定,调整工作安排发挥其最大力量,通过口头表扬和正面评价来强化其积极行为,该教师重新回到"热情与成长期"。

---

① 赵萍.论当代西方教师职业生涯发展研究的三个理论取向[J].比较教育研究,2016,38(4):78-84.

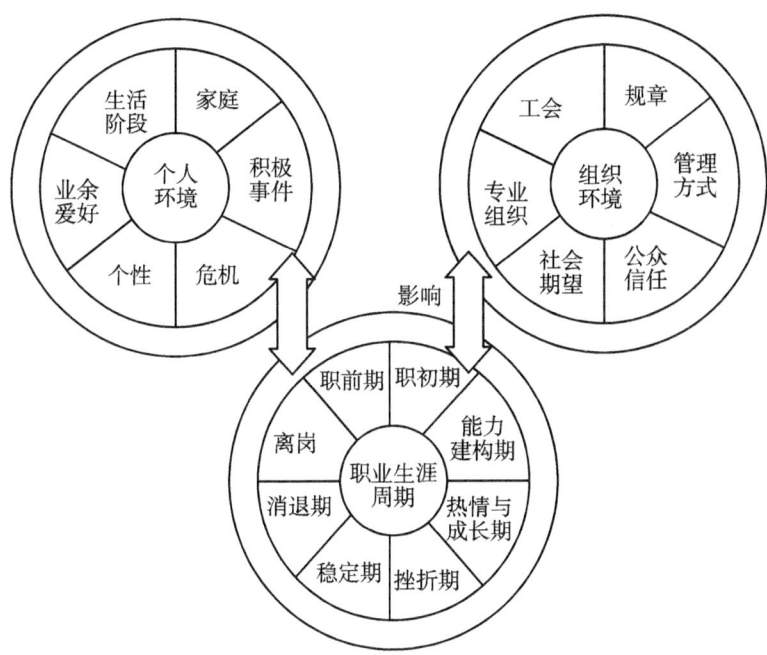

图 2-6　教师职业生涯周期的动态特征

二、教师信息化教学能力相关要求

随着我国信息化进程的加速，信息技术应用能力成为新时代高素质教师的核心素养。2018 年教育部颁布《教育信息化 2.0 行动计划》。随后，2019 年教育部发布《关于实施全国中小学教师信息技术应用能力提升工程 2.0 的意见》，期望通过整校推进的方式全面提升教师运用现代信息技术进行教学的能力。2023 年教育部发布了《教师数字素养》，旨在完善教育信息化标准体系，提升教师利用数字技术优化、创新和变革教育教学活动的意识、能力和责任。教师信息化教学能力是师资层面教育数字化转型的核心。教师信息化教学能力的提升已成为智能时代教师专业发展的重要内容。

（一）2014 年中国中小学教师信息技术应用能力标准（CETS）

在教师信息化教学能力相关要求之下，可以参考两个基准要求。其中一个是 2014 年中国中小学教师信息技术应用能力标准（CETS）。CETS 给予了教师在教研中不断改进自身专业能力及其内在结构的一个很好的靶向。CETS 对教师的能力提出了两个要求：基本要求和发展性要求。基本要求是具备应用信息技术优化课堂教学的能力，主要包括教师利用信息技术进行讲解、启发、示范、指导、评价等教学活动的能力。发展性要求是具备应用信息技术转变学习方式的能力，主要针对教师在学生具备网络学习环境或相应设备的条件下，利用信息技术支持学生开展自主、合作、探究等学习活动的能力。基本要求基于教师的教学能力，要求教师能灵活选择合适的教学工具辅助自己的教学。发展性要求基于学生的学习方式转变，要求教师能在智能化网络学习环境下支持学生学。在能力要求的基础上，进一步提出了五个维度的能力发展要求，包括技术素养、计划与准备、组织与管理、评估与诊断以及学习与发展。

不同教学情境所面临的技术环境有差异，对教师的信息化教学能力也提出了差异化的要求。课堂教学中的技术环境以简易多媒体教学环境、交互多媒体教学环境为主，在这样的环境中，教师应懂得利用信息技术支持讲解、启发、示范、指导和评价，教学模式应以授导式、启发式为主，以提高教学效率，支持集体学习，在此环境中可选择的代表技术有办公软件（WPS、MS OFFICE）、通用工具、学科工具（以展示、呈现为特点）等。促进学生的学习方式转变的环境以网络多媒体教学环境、移动学习环境为主，在这样的环境中，教师应掌握项目式学习、基于资源的学习、探究学习和基于问题的学习的教学引导促进方法，利用信息技术支持学生开展自主、合作、探究等学习活动，以提高学习成效、促进合作交流，提供社会参与的渠道，支持个性化学习与合作学习。此外，在应用信息技术转变学习方式过程中，强调学生动手操作、体验、应用、合作、交流和参与。在此环境中可选择的代表技术有社会性软件、思维工具、建模工具、教学平台、学习平台、学科软件（以体验、交流、分享为特点）等。

（二）教师信息和通信技术能力框架（ICT-CFT）（第3版）

第二个标准是联合国教科文组织（UNESCO）的教师信息和通信技术能力框架（ICT-CFT）（第3版）。这个框架是面向全球的，也能给予中国教师一定的启示。教师信息和通信技术能力框架的基本理念是教育实践中具备信息技术应用能力的教师能够提供优质教育，并最终能够有效指导学生信息技术应用能力发展，其目标受众包括教师培训人员、教育专家、教育决策者、教育辅导人员和其他教师专业发展提供者，其基本架构根据教师教学中使用信息通信技术能力的三个层次（获取知识、深化知识和创造知识），即六个实践维度（了解信通技术在教育领域的应用、课程与评估、教学方法、数字技能应用、组织与管理、教师专业学习）进行组织。

第一个层次为获取知识，在了解信通技术（即信息和通信技术）在教育领域的应用维度，提出了解政策，阐明如何基于国家教育政策开展课堂教学；在课程与评估维度，对基础知识进行了界定，包括确定如何利用信息技术实现课程标准规定的课程目标；在教学方法维度，强调选择合适的信息技术支持特定的教学方法；在数字技能应用维度，要求发挥教师的数字技术应用能力，能够识别和使用硬件组件和常见教育软件应用程序的功能；在组织与管理维度，要求对标准课堂进行有效组织和管理，组织课堂的物理环境，确保技术以包容的方式支持不同的学习方法；在教师专业学习维度，强调教师的数字素养，着重利用信息技术支持教师自身的专业发展。

第二个层次为深化知识，相比第一个层次，第二个层次在每个维度对教师提出了更高的能力要求。在了解信通技术在教育领域的应用维度，提出实施政策，设计、修改和实施支持机构和国家教育政策、国际承诺（如联合国公约）和社会优先事项的课堂实践；在课程与评估维度，提出要能应用知识，将信息技术融入学科教学和评估过程，并强化学习环境，让学生在信息技术支持下展示对课程内容的掌握程度；在教学方法维度，强调解决复杂问题，设计信息技术支持的基于项目的学习活动，帮助学生创建、实施和监测项目计划，并解决复杂问题；在数字技能应用维度，突出教师的教导能力，融合各种数字工具和资源，创造综合的数字化学习环境，提高学生的高阶思维和解决问题技能；在组织与管理维度，提出协作小组的组织形式，灵活使用数字工具促进协作学习，管理学习者和学习过程；在教师专业学习维度，强调教师建立网络，利用技术与专业网络互动，支持教师专业发展。

第三个层次为创造知识，该层次对教师信通技术能力的要求最高。在了解信通技术在教育领域的应用维度，要求教师能够实现政策创新，评价机构和国家的教育政策，推测教育政策变化的影响，提出改进设计的建议；在课程与评估维度，要求教师掌握知识社会技能，明确如何开展以学生为中心的协作学习，推动多学科课程标准的实施；在教学方法维度，要求教师确定学习参数，鼓励学生在协作学习中进行自我管理；在数字技能应用维度，要求教师设计知识社区并使用数字工具支持泛在学习，以促进教师角色的转型；在组织与管理维度，要求教师发挥领导作用，为所在学校设计技术战略，使其转变为学习型组织；在教师专业学习维度，要求教师开发、实验、指导、创新和分享最佳教育实践，确定如何才能最好地为学校提供技术服务，并努力成为锐意创新的教师。

（三）教师数字素养

新时代教师队伍建设是教育数字化建设的重要组成部分。2023 年 2 月，教育部发布《教师数字素养》标准，分别从数字化意识、数字技术知识与技能、数字化应用、数字社会责任、专业发展五个方面，对未来教师应具备的数字素养进行了描述。图 2-7 所示为教师数字素养框架。教师数字素养框架中的五个一级维度自成一体，成为面向未来的素养型教师数字素养发展的重要导向。

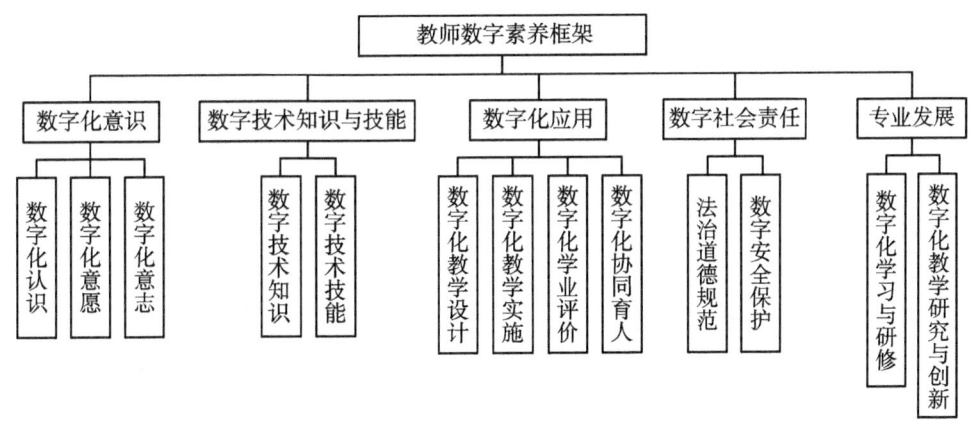

图 2-7　教师数字素养框架

数字化意识是前提，指客观存在的数字化相关活动在教师头脑中的能动反映，包括数字化认识、数字化意愿，以及数字化意志。其中数字化认识是教师对数字技术在经济社会及教育发展中价值的理解，以及在教育教学中可能产生新问题的认识，包括理解数字技术在经济社会及教育发展中的价值，以及认识数字技术发展给教育教学带来的机遇与挑战。数字化意愿是教师对数字技术资源及其应用于教育教学的态度，包括主动学习和使用数字技术资源的意愿，以及开展教育数字化实践、探索、创新的能动性。数字化意志是教师在面对教育数字化问题时，具有积极克服困难和解决问题的信念，包括战胜教育数字化实践中遇到的困难和挑战的信心与决心。

数字技术知识与技能是基本要求，指教师在日常教育教学活动中应了解的数字技术知识与需要掌握的数字技术技能，包括数字技术知识和数字技术技能。其中数字技术知识是教师应了解的常见数字技术知识，包括常见数字技术的概念、基本原理。数字技术技能则是教师应掌握的数字技术资源应用技能，包括数字技术资源的选择策略及使用方法。

数字化应用是核心要素，指教师应用数字技术资源开展教育教学活动的能力，包括数字化教学设计、数字化教学实施、数字化学业评价，以及数字化协同育人。其中数字化教学设计是教师选用数字技术资源开展学习情况分析、设计教学活动和创设学习环境的能力，包括开展学习情况分析，获取、管理与制作数字教育资源，设计数字化教学活动，以及创设混合学习环境。数字化教学实施是教师应用数字技术资源实施教学的能力，包括利用数字技术资源支持教学活动组织与管理，优化教学流程，以及开展个别化指导。数字化学业评价是教师应用数字技术资源开展学生学业评价的能力，包括选择和运用评价数据采集工具，应用数据分析模型进行学业数据分析，以及实现学业数据可视化与解释。数字化协同育人是教师应用数字技术资源促进学校家庭社会协同育人的能力，包括学生数字素养培养，利用数字技术资源开展德育、心理健康教育，以及家校协同共育。

数字社会责任是根本保障，指教师在数字化活动中的道德修养和行为规范方面的责任，包括法治道德规范，以及数字安全保护。其中法治道德规范是教师应遵守的与数字化活动相关的法律法规和道德伦理规范，包括依法规范上网，合理使用数字产品和服务，以及维护积极健康的网络环境。数字安全保护是教师在数字化活动中应具备的数据安全保护和网络安全防护的能力，包括保护个人信息和隐私，维护工作数据安全，以及注重网络安全防护。

专业发展是重要保障，指教师利用数字技术资源促进自身及共同体专业发展的能力，包括数字化学习与研修，以及数字化教学研究与创新。其中数字化学习与研修是教师利用数字技术资源进行教育教学知识技能学习与分享，教学实践反思与改进的能力，包括利用数字技术资源持续学习，利用数字技术资源支持反思与改进，以及参与或主持网络研修。数字化教学研究与创新是教师围绕数字化教学相关问题开展教学研究，以及利用数字技术资源实现教学创新的能力，包括开展数字化教学研究，以及创新教学模式与学习方式。

如表 2-3 所示,《教师数字素养》标准规定了各个维度要求的具体内容。

表 2-3　教师数字技术素养要求

一级维度	二级维度	三级维度	描述
数字化意识	数字化认识	理解数字技术在经济社会及教育发展中的价值	了解数字技术引发国际数字经济竞争发展；理解数字技术推动教育数字化转型的重要意义
		认识数字技术发展对教育教学带来的机遇和挑战	认识到数字技术正在推动教育创新发展；意识到数字技术资源应用于教育教学过程会产生教学理念、教学模式、教学方法方面的创新要求，以及可能出现伦理道德方面的问题
	数字化意愿	主动学习和使用数字技术资源的意愿	主动了解数字技术资源的功能作用，有在教育教学中使用的愿望；理解合理使用数字技术资源能够推动教育高质量发展
		开展教育数字化实践、探索、创新的能动性	具有实施数字技术与教育教学融合的主动性，愿意开展教育教学创新实践
	数字化意志	战胜教育数字化实践中遇到的困难和挑战的信心与决心	能够战胜教育数字化实践中面临的数字技术资源使用、教学方法创新方面的困难与挑战，坚信并持续开展数字化教育教学实践探索
数字技术知识与技能	数字技术知识	常见数字技术的概念、基本原理	了解常见数字技术的内涵特征，及其解决问题的程序和方法。例如：了解多媒体、互联网、大数据、虚拟现实、人工智能的内涵特征，及其解决问题的程序和方法
	数字技术技能	数字技术资源的选择策略	掌握在教育教学中选择数字化设备、软件、平台的原则与方法
		数字技术资源的使用方法	熟练操作使用数字化设备、软件、平台，解决常见问题

续表

一级维度	二级维度	三级维度	描述
数字化应用	数字化教学设计	开展学习情况分析	能够运用数字评价工具对学生的学习情况进行分析。例如：应用智能阅卷系统、题库系统、测评系统对学生知识准备、学习能力、学习风格进行分析
		获取、管理与制作数字教育资源	能够多渠道收集，并依据教学需要选择、管理、制作数字教育资源
		设计数字化教学活动	能够依据教学目标，设计融合数字技术资源的教学活动
		创设混合学习环境	能够利用数字技术资源突破时空限制，创设网络学习空间与物理学习空间融合的学习环境
	数字化教学实施	利用数字技术资源支持教学活动组织与管理	能够利用数字技术资源有序组织教学活动，提升学生参与度和交流主动性
		利用数字技术资源优化教学流程	能够使用数字工具实时收集学生反馈，改进教学行为，优化教学环节，调控教学进程
		利用数字技术资源开展个别化指导	能够利用数字技术资源发现学生学习差异，开展针对性指导
	数字化学业评价	选择和运用评价数据采集工具	能够合理选择并运用数字工具采集多模态学业评价数据
		应用数据分析模型进行学业数据分析	能够选择与应用合适的数据分析模型开展学业数据分析
		实现学业数据可视化与解释	能够借助数字工具可视化呈现学业数据分析结果并进行合理解释
	数字化协同育人	学生数字素养培养	能够指导学生恰当选择和使用数字技术资源支持学习，注重培养学生的计算思维和数字社会责任感

续表

一级维度	二级维度	三级维度	描述
数字化应用	数字化协同育人	利用数字技术资源开展德育	能够利用数字技术资源拓宽德育途径，创新德育模式
		利用数字技术开展心理健康教育	能够利用数字技术资源辅助开展多种形式的心理健康教育活动。例如：利用数字技术资源辅助开展心理健康诊断、团体辅导、心理训练、情境设计、角色扮演、游戏辅导
		利用数字技术资源开展家校协同共育	能够利用数字技术资源实现学校与家庭协同育人，主动争取社会资源，拓宽育人途径
数字社会责任	法治道德规范	依法规范上网	遵循互联网法律法规，自觉规范各项上网行为
		合理使用数字产品和服务	遵循正当必要、知情同意、目的明确、安全保障的原则使用数字产品和服务，尊重知识产权，注重学生身心健康
		维护积极健康的网络环境	遵守网络传播秩序，利用网络传播正能量
	数字安全保护	保护个人信息和隐私	做好个人信息和隐私数据的管理与保护
		维护工作数据安全	在工作中对学生、家长及其他人的数据进行收集、存储、使用、传播时注重数据安全维护
		注重网络安全防护	辨别、防护、处置网络风险行为。例如：辨别、防范、处置网络谣言、网络暴力、电信诈骗、信息窃取行为

续表

一级维度	二级维度	三级维度	描述
专业发展	数字化学习与研修	利用数字技术资源持续学习	根据个人发展需要，利用数字技术资源开展学习。例如：利用数字教育资源进行学科知识、教学法知识、技术知识、教育教学管理知识的学习
		利用数字技术资源持续反思与改进	利用数字技术资源对个人教学实践进行分析，支持教学反思与改进
		参与或主持网络研修	参与或主持网络研修共同体，共同学习、分享经验、寻求帮助、解决问题
	数字化教学研究与创新	开展数字化教学研究	针对数字化教学问题，利用数字技术资源支持教学研究活动
		创新教学模式与学习方式	利用数字技术资源不断创新教学模式、改进教学活动、转变学生学习方式

　　教师数字素养是新时代教师素养的核心组成部分，是新时代背景下教师亟待完善与发展的能力。数字化时代背景下教育环境、教育资源、教学模式都发生了质的变化，教师需要用数字素养武装自己，及时适应并能利用技术进行教书育人。同时，"双减"背景下，时代对教师课堂教学质量、作业设计质量等都提出了高要求，成为教师数字素养提升的又一发展诉求。此外，数字时代也应该培养学生应对人工智能快速发展挑战的能力，传统的知识型教师要转向素养型教师，而教师获取、加工、管理和评价数字化信息和资源，发现、分析和解决教育教学问题，优化、创新和变革教学方式和模式的意识、能力和责任是推动教师转型的重要动力。

三、教师能力结构模型

（一）教师智能素养能力模型

　　智能时代的教育需要教师具备包括技术、教育、社会三个维度的智能教育素养，充分认识技术本质、逻辑与可能，创新设计、实施人机协同的教育教学活动，理解并充分应对技术应用所带来的社会风险与职业挑战。

　　随着智能时代的到来，人工智能、虚拟现实、大数据等智能技术正在推动教育教学的变革。《教育部办公厅关于开展人工智能助推教师队伍建设行动试点工作的通知》中提出的"智能教育素养"一词,是指教师在应用智能技术的过程中应当具备的意识、态度、情感和能力等。智能时代下,智能素养是教师胜任未来教育教学的关键。郭炯等认为教师智能素养能力涉及技术、教育、社会三个维度的内容[1],三者之间的关系如图2-8所示。

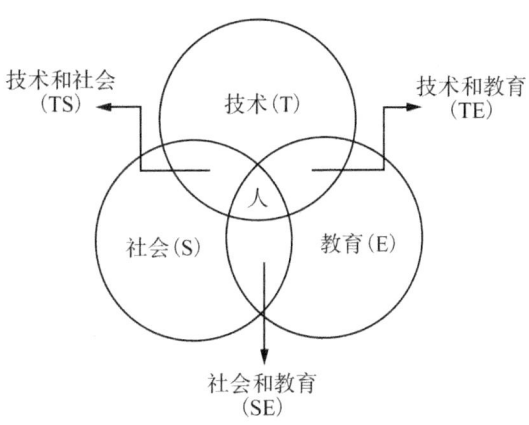

图 2-8　智能教育素养维度

技术维度是教师智能教育素养的基础,智能时代教师需要利用技术武装自己,掌握相关的技术基础知识和熟练应用技术的能力。技术维度涉及意识情感、本体知识、应用能力和技术思维四个方面,其中意识情感包括价值认同、技术敏感、学习意识、积极应用和边界突破;本体知识包括概念术语理解、逻辑原理认知和智能产品认知;应用能力包括软硬件应用、人机沟通和工具选用;技术思维包括技术理解、判断、敏感、发展和迁移应用。

教育维度是教师智能教育素养的核心,智能时代需要教师具备新的教育观和教学观,利用先进技术改善教与学过程中的设计、测量和评价等方面。教育维度涉及智能教育观、智能教育思维、智能教与学设计、智能教与学开展、智能教与学评价和智能教与学管理六个方面,其中智能教育观包括教育认知、角色定位和技术定位;智能教育思维包括协同思维、系统思维、数据思维和设计思维;智能教与学设计包括弹性组织、内容设计、路径规划、资源获取和资源整合;智能教与学开展包括模式创新、教学调整、人机协同、多元参与和混融学习;智能教与学评价包括智能数据采集、智能评价分析和智能评价应用;智能教与学管理包括课堂管理、学习管理和习惯养成。

社会维度是智能教育素养的约束保障,技术促进社会的变革与发展,社会也会对技术的应用提出相应的伦理要求。社会维度包括社会认知、社会责任和社会引领。社会认知包括社会变革、职业重构、威胁挑战和自我认同;社会责任包括隐私安全、规范自律、有效应用和公平享有;社会引领包括影响他人和创新引领。

---

[1] 郭炯,郝建江.智能时代的教师角色定位及素养框架[J].中国电化教育,2021(6):121-127.

（二）教师数据素养能力模型

未来教育的数据驾驭能力也是教师素养能力非常重要的板块。李青等将教师数据素养能力进行分层，分为知识技能层、教学实践层、教学探究层和态度意识层。[①]在知识技能层，教师使用技术工具的能力伴随着其专业发展，在实践过程逐渐提升，不断运用数据工具，在获取数据、转换数据等活动中掌握技能。在教学实践层表现为教师教学中对数据和技能的应用，该层面的能力是对教师原有基本教学能力的强化，加入了运用数据支持工具获取和分析数据技能。通过分析，改善教学行为和优化教学过程。教学探究层是教师创造性地将教学理论应用到复杂多样的教学场景中提升教学质量的关键。教师在使用数据进行研究时应具备合作探究能力，能够建立协作关系，共同交流讨论，根据数据反映的实际问题制定出合理的教学方案。态度意识层是影响教师素养能力发展的重要因素，也是必须具备的基本数据素养，要求教师具有敏锐的数据感知能力，并使用合乎规定的数据。

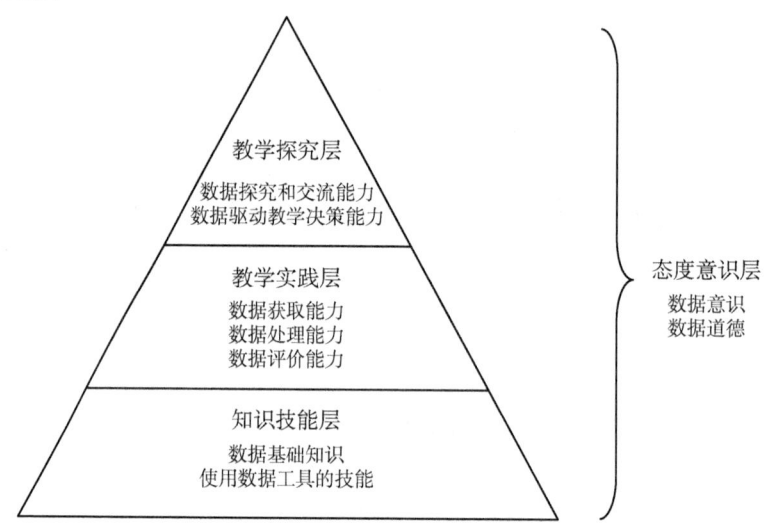

图 2-9 教师数据素养能力分层模型

（三）在线教学胜任力

教师胜任力（teaching competencies）是指教师的人格特征、知识和在不同教学背景下所需要的教学技巧及教学态度的综合。胜任力不仅是成功完成任务所需的能力，更是能够将"一般绩效"与"优质绩效"区分开的特质。

近年来，在线教学成为主要的教学场景，老师从线下教学转到线上教学，其所面临的挑战也是巨大的。该模型包括治理层、应用层、技术层和意识层。治理层包括完善在

[①] 李青，任一姝.教师数据素养能力模型及发展策略研究[J].开放教育研究，2016，22（6）：65-73.

线教学质量保证体系、完善在线教学质量、加强职前职后在线教学培训体系、构建在线教育产学研协同育人机制。应用层包括教师在线教学活动设计、根据教学内容选择合适的在线教学模式、加强在线课程资源建设、开展多种形式在线学习评价。技术层包括选择合适的在线教学平台、完善线上教学服务保障、熟练掌握在线教学技术。意识层包括正确认识在线教学的价值、培养学生在线自主学习能力、主动尝试开展在线教学。

（四）TPACK 能力框架

信息技术的快速发展及其在教育中的广泛应用，对教师的专业知识和专长技能也提出了较高的要求，教师不仅要知道如何操作技术，还要知道怎样选择合适的技术，以及如何利用技术进行高效的教学。密歇根州立大学提出了整合技术的教师专业素质 TPACK 模型，是教师使用技术进行有效教学所必备的知识。[①]如图 2-10 所示，TPACK 框架包含三个核心元素：学科内容知识（Content Knowledge，CK）、教学法知识（Pedagogical Knowledge，PK）、技术知识（Technology Knowledge，TK），以及由以上三个核心元素组成的四个重要的复合元素：学科教学法知识（Pedagogical Content Knowledge，PCK）、整合技术的学科内容知识（Technological Content Knowledge，TCK）、整合技术的教学法知识（Technology Pedagogical Knowledge，TPK）和整合技术的学科教学法知识（Technological Pedagogical Content Knowledge，TPACK）。

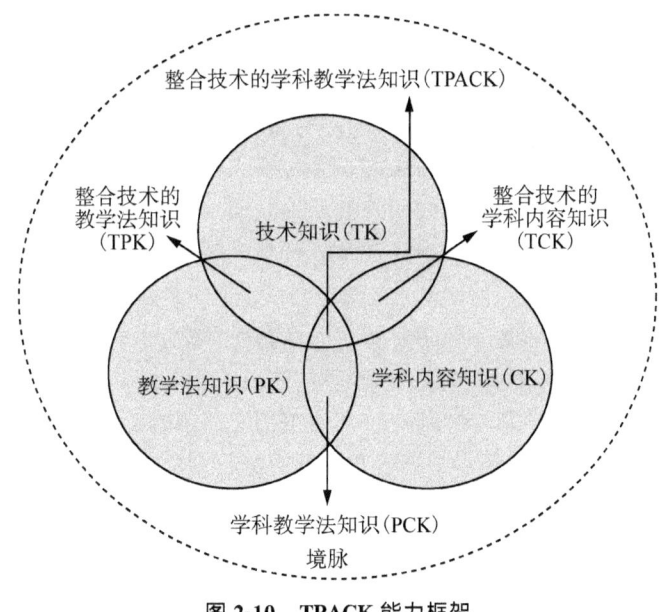

图 2-10 TPACK 能力框架

教学都具备一定的情境性，一旦教学行为发生，其教学情境就已经存在了，如对于

---

① 杨丽娜，等.基于 TPACK 框架的精准教研资源智能推荐研究与实践［J］.中国电化教育，2021（2）：43-50.

班级课堂教学而言，情境包括学校的理念与期望，教师的知识、技能和性格，学生的家庭背景、认知特点、生理特点、心理素质，课堂的物理环境（软硬件基础设施），班级的精神面貌等诸多因素结合在一起的协同作用。很多教师都会强调，要让课堂教学内容和学生的已有经验知识、生活产生联系，教师是否了解这些情境知识，也会对教师课堂的灵活性和生成性产生影响。

下面结合一个具体的实际案例来进一步探析 TPACK 的各维度知识。该案例是江苏常州退休物理教师唐守平的"魔法"课堂。唐守平老师是江苏省沭阳高级中学一名退休物理教师，曾从事 19 年初中物理教学。唐老师利用简单的教学教具，如塑料管、餐巾纸、塑料丝等制作了"静电章鱼"视频，面向大众进行关于静电知识的科普教学，如图 2-11 所示，是唐守平老师用简单日常物品制作的"开尔文滴水起电趣味实验演示器"。案例中"一截塑料管、餐巾纸、塑料丝"事实上都不是为教育而设计的，但唐老师能以新的方式看待这些工具和技术，将其用于教育目的，充分体现了唐老师的教师创造力。

图 2-11　唐守平制作的"开尔文滴水起电趣味实验演示器"

案例中，唐老师的教学行为也能充分体现 TPACK 所呈现的知识维度。学科内容知识（CK）是任何一门学科的知识内容，也是教师需要承担的教学内容。好的教学在于传授具体内容（学科内容或主题），因此 CK 可以是语文、数学、英语等具体内容知识。案例中唐老师就具备良好的物理学科知识。教学法知识（PK）指教师应当具有促进学生学习的各种教学策略、教学方法与教学活动方面的知识。如教师可以选择采用小组讨论、线上教学还是全班授课。在案例中，唐老师需要根据物理的不同的教学内容，结合教学目标、教学环境、教学对象等要素选择合适的教学策略。技术知识（TK）指教师应当具有的，可以被整合到学科教学中去的各种传统与新兴的技术知识。这是关于传授知识时使用的工具——技术，不仅指教学技术（如应用程序、社交媒体、PPT），纸、笔、白板或黑板也是一种技术。

学科教学知识（PCK）是一种涉及如何组织表征特定主题、问题或议题，如何对它们进行调整以适合学习者的不同兴趣和能力，并在教学中进行呈现的知识，即懂得用什么教学策略使内容容易学习。案例中，"唐守平用一截塑料管、餐巾纸、塑料丝摩擦后开始演示这背后的物理知识——静电",表明唐老师具备学科教学知识(PCK)储备,唐老师结合物理静电知识,选择将其用实验演示体现出来,较好融合了学科知识和教学法知识。整合技术的教学法知识(TPK)中技术知识和学科内容知识之间的相互关系,学科内容知识通常会受到各种技术及其表征和功能的影响和限制,整合技术的教学法知识要求教师懂得如何凭借现有技术和用什么教学策略使教学成效最佳。案例中,唐老师首先要掌握视频制作和网络上传等技能知识,其次要掌握基于微视频的各种教学策略的相关知识,要考虑网络视频方式具有易传播性、动态性和过程性等独特优势,但同时和线下课堂相比,具有单向线性传播等局限性,需要扬长避短地融合技术知识和教学法知识来达到相应目标。整合技术的学科内容知识(TCK)是关于技术如何支持或限制教学实践的相关知识,教师需要懂得如何运用技术来表征内容。案例中,唐老师需要掌握实验演示类的教学微视频设计和开发的知识,掌握如何利用视频来表征和传递物理静电知识。整合技术的学科教学知识(TPACK)体现了有关技术、教学法和学科内容三者之间复杂关系的知识,这种知识有助于教师形成适合特定情境的有效教学方法与策略。唐老师利用日常工具,赋予其物理教益,并录制自己实验演示视频形成微课,上传网络,获得千万点击量。唐老师结合相关实践,形成了如何面向大众,借助网络视频技术开展物理知识传播这样特定情境下的有效教学策略和方法。

TPACK给予一线教师很好的参考框架,依此框架教师可以参考调整优化自身的知识结构,并进行有针对性的提升和发展。

四、教师智慧教研相关基础理论

教研是在一定理论指导之下,对教学现象、教学问题的过程和结果的探究活动过程,具有协同性、实践性和生成性等特点。教研是教师提升自身教学知识能力和实践技能的重要途径,在教师群体的观点碰撞和深化下,形成群体知识的建构和个体知识的发展。在"互联网+"、大数据、人工智能的时代背景下,教师教研进一步得到改革和发展,借助相关网络智能技术,可促进教师教研的实效性和高质量发展,智慧教研的教研形态应运而生。智慧教研是指借助网络技术、智能分析技术促进教师教研全过程的数据采集和分析,从而提供教研多主体的社会支持和认知支持,基于协同进化和集体创生知识库,支持教师教学能力个性化提升。

在智慧教研理念背后有三大理论可作为其主要的理论基础,分别为学习共同体理论、分布式认知理论和行动研究。上述三种理论分别从教师智慧教研的群体协作性、知识创生性和实践导向性出发构建教师智慧教研的基本理论基础,突出了智慧教研的协作性、生成性和实践性等特征。

(一)学习共同体理论

学习共同体的概念是由博耶尔在1995年提出的,他认为学习共同体是"所有人因共同的使命朝共同的愿景一起学习的组织，共同体的人共同分享学习的兴趣，共同寻找通向知识的旅程和理解世界运作的方式，朝着教育这一相同的目标相互作用和共同参与"[1]。随后，不少研究者在此基础上提出了自己对学习共同体的理解，如张建伟基于网络学习环境中的学习共同体，认为学习共同体是指由具有共同信念、共同目标的学习者及其助学者共同构成的团体。在知识共享和同伴支持的基础上，通过参与交流、协作、反思等活动，成员之间形成相互影响、相互促进、相互竞争的人际关系，以达到有意义学习的目的。郑葳等从生态的视角出发，认为"学习共同体是一群有着共同的目标、观念和信仰的人，在相互协商形成的规范和分工的条件下，采用适宜的活动方式相互协作，运用各种学习工具和资源共同建构知识，解决共同面临的复杂问题，由此构成的一种学习生态系统"。虽然目前理论界对学习共同体的概念还未形成统一的界定，但是学者对学习共同体愿景的大致方向是认同的，强调真实生活的学习情境，旨在通过群体的知识共享和协商，促进群体智慧的生成和个体知识和能力的发展。

基于学习共同体的概念，学习共同体理论基础下的学习主张知识存在于一定的文化背景下，具有社会文化属性，在学习共同体中，每个成员都具备特定的身份，并带着共同的目标参与到协作学习中来，每个学习者的思想和观点都会经历外显、内化和社会化的过程，最终形成集体智慧。此外，学习共同体理论也强调学习是学习者利用原有知识经验主动地进行知识意义建构的过程，在这个过程中，学习者主要通过对话和协商促进智慧的收敛与衍生。

教师在教研过程中也会经历知识的不断发展，群体的智慧是不断提升的，群体有效的知识建构行为，如质疑、解疑、争辩、合作和评价，可以促进知识的高阶提升。在智慧教研中，教师学习共同体基于网络技术突破了时空壁垒，形成了一种新型的虚拟学习共同体的组织模式，在虚拟学习共同体的组织模式中，教师群体借助网络技术搭建沟通的桥梁，基于共同协作目标，实现"无缝式"的知识协商和群体智慧的衍生发展。

（二）分布式认知理论

美国心理学家赫钦斯最早提出了分布式认知的概念，分布式认知理论认为，人类的知识和认知并不限定于个体中，而是分布于个体、其他人、人工制品以及环境之中；认知活动不仅仅依赖于认知主体，还涉及其他认知个体、认知对象、认知工具、认知环境等因素。[2]分布式认知可以从社会和物质两个层面来理解，从社会层面来看，个体在认知过程中，会受到他者的干预和影响，其在社会交互中的他人本质上也是其认知结果的促进者和建构者；从物质层面上看，分布式认知强调在认知活动中的赋予认知力的物质制品的作用。因此与传统的认知理论不一样，分布式认知理论更强调活动系统中各要素

---

[1] 郭永志.基于学习共同体理论的网络学习模式研究[J].中国电化教育，2011（8）：55-59.

[2] 张立新，秦丹.分布式认知视角下个人网络学习空间中有效学习的保障路径研究[J].电化教育研究，2018，39（1）：55-60.

和组成成分之间的关系和相互作用,关注个体在认知活动过程中,发生在认知个体内部、认知个体之间以及认知个体与物质制品之间的有效交互作用。

根据分布式认知理论,在智慧教研的网络环境中,要让不同的参与主体之间产生广泛深入的连接,让不同的认知主体进行认知碰撞、链接和发展。智慧教研作为一种在线研修环境,支持大量不同类型的交互,通过网络平台,个体将内部知识可视化,并将其转化为可被他人识别的外显化知识,经过群体的共享和协商,成为新的生长点和集聚点,促进知识的循环再生。此外,分布式认知重视认知工具在个人认知活动中的作用,智慧教研突出技术的支撑作用,重视个体的知识扩展,智慧教研中的工具性支持可以作为个体认知的"外部媒介",利用相关的网络教研平台和技术工具促进教师群体知识的协作创生优化,降低教师的认知负荷,实现基于智慧教研的群体高效知识创生和个体知识的演化发展。

(三)行动研究

行动研究是 20 世纪 70 年代后在西方流行的一种教育研究方法,如今受到广泛的关注。《国际教育百科全书》把行动研究定义为"由社会情景(教育情景)的参与者,为提高对所从事的社会或教育实践的理性认识,为加深对实践活动及其依赖的背景的理解,所进行的反思研究"。行动研究是一个螺旋式加深的发展过程,由四个相互联系、相互依赖的环节组成:计划、行动、考察和反思。行动研究是针对具体的教学情境进行的研究,具有实践性的特征,因而行动研究适用于解决教学实践中的问题,而不是某一抽象的理论问题。[1]

教师在真实的教育环境中既是实践者,也是研究者,教学过程是面向实践教学问题解决的实践过程和研究过程。行动研究包括计划、行动、考察和反思四个迭代循环的过程,在面临具体的教学实践时,教师针对具体的教学实践案例,以行动研究的范式解决问题,推动研究和教研的深入。

围绕学习共同体学习理论、分布式认知理论以及行动研究等相关的学习理论,不少学者构建了教师专业发展模型。如蒋银健等构建了基于知识建构的教师专业发展模型[2](图 2-12)。该模型主要由教师专业能力发展流程、知识建构过程、外部干预和专业培训四个模块组成。教师专业发展始于教师的先前经验,经过专业培训,按照培训要求,教师设计教学课例,在观课/评课活动中教师接受专家、同事的指导和建议,并与专家、同事分享和交流知识和经验。评价环节要对整个教学过程进行系统思考和判断,为教师改进和完善教学提供反馈。教师在反思其专业发展过程的基础上,进一步完善和改进教学,实现专业能力提升,形成新的经验。

---

[1] 郑金洲.行动研究:一种日益受到关注的研究方法[J].上海高教研究,1997(1):27-31.
[2] 蒋银健,郭绍青.基于知识建构的教师专业发展模型构建研究[J].中国电化教育,2014(6):89-93+106.

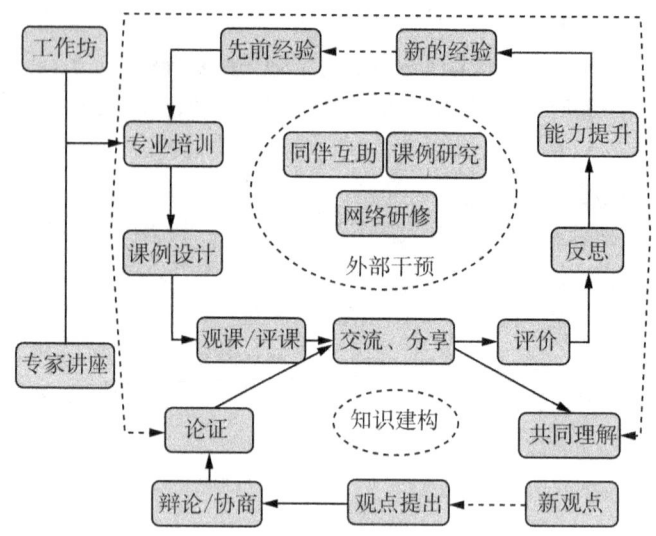

图 2-12 基于知识建构的教师专业发展模型

模型主要基于学习共同体、分布式认知理论和行动研究路径。在学习共同体中，同伴通过课例和互助等形态进行知识的协同建构和共同成长；在该模型中包括专家、同伴、课例、网络等分布式认知；整个行动研究路径围绕课堂，从学习、设计、实践和反思等活动进行循环迭代。

本讲关键词

教师专业发展　智能时代　智慧教研

进阶思考

教师专业发展在一定程度上也是环境的产物，所以教师专业发展和其他专业都有相同的制度共性，但是教师专业发展又和其他专业发展不一样，教师是在学校文化、学习社群和班级互动等环境下实现专业发展的。不同的教师个体、不同的制度环境都会对教师专业发展有影响。对教师而言，国家制度、学校文化、学习社群和班级互动等环境对教师专业发展的个人轨迹有哪些影响呢？

提升练习

1.【单选】教师专业发展的特点是（　　）。
A. 多维性　　　　　　　　B. 阶段性
C. 动态性　　　　　　　　D. 以上都是
答案：D

2. 【多选】2014 年中国中小学教师信息技术应用能力标准包括哪几个维度？（　　）
   A. 技术素养　　　　　　　　B. 计划与准备
   C. 组织与管理　　　　　　　D. 评估与诊断
   答案：ABCD

3. 【多选】UNESCO 教师信息和通信技术能力框架（第 3 版）包括哪几个维度？（　　）
   A. 了解信通技术在教育领域的应用、组织与管理
   B. 课程与评估、教师专业学习
   C. 教学方法
   D. 数字技能应用
   答案：ABCD

参考文献

1. 陈琴.论教师专业化［J］.教育理论与实践，2002（1）.
2. 祝刚.重构教师专业发展的多维性：专业性、专业主义与专业发展——与曼彻斯特大学琳达·埃文斯教授的深度对话［J］.西北师大学报（社会科学版），2021，58（4）.
3. 赵萍.论当代西方教师职业生涯发展研究的三个理论取向［J］.比较教育研究，2016，38（4）.
4. 张世义.国外教师关注研究综述［J］.上海教育科研，2010（11）.
5. 赵萍.论当代西方教师职业生涯发展研究的三个理论取向［J］.比较教育研究，2016，38（4）.
6. 朱旭东.教师专业发展理论研究［M］.北京：北京师范大学出版社，2011.
7. 教育部办公厅：中小学教师信息技术应用能力标准（试行）［A］.北京.教育部，2014：1-7.
8. 郭炯,郝建江.智能时代的教师角色定位及素养框架［J］.中国电化教育，2021（6）.
9. 李青,任一姝.教师数据素养能力模型及发展策略研究［J］.开放教育研究，2016，22（6）.
10. 杨丽娜.基于 TPACK 框架的精准教研资源智能推荐研究与实践［J］.中国电化教育，2021（2）.
11. 郭永志.基于学习共同体理论的网络学习模式研究［J］.中国电化教育，2011（8）.

12. 张立新.分布式认知视角下个人网络学习空间中有效学习的保障路径研究[J].电化教育研究,2018,39(1).

13. 郑金洲.行动研究:一种日益受到关注的研究方法[J].上海高教研究,1997(1).

14. 蒋银健,郭绍青.基于知识建构的教师专业发展模型构建研究[J].中国电化教育,2014(6).

第三讲
教师教研支持网络平台和工具

本讲概述

本讲主要从相关支持平台、工具和教研相关技术素养、技能两个视角出发，一方面分享了一些常见的支持教师信息化专业发展的网络教研平台和工具，另一方面围绕作为一名能够胜任网络教研的教师应该具备的技术素养以及应该掌握哪些参考工具的问题展开讨论，为教师后续教研的开展和信息化教学的实施提供技术和工具的支撑。

知识结构图

教师教研支持网络平台和工具
- 相关支持平台和工具
  - 促进教师经验分享和反思的工具和平台
  - 促进个人成长的虚拟学习社区或MOOC课程
  - 促进教师群体交流和协同的讨论区和工具等
  - 促进教师教学资源共享和沉淀的网络资源平台
  - 促进教师知识的协同进化和发展的工具和平台
  - 综合性的教育教研网站和研修社区
  - 支持教师在线备课的网络备课系统
  - 支持远程培训或者同步观课的多人网络视频会议/直播系统
  - 用于课堂视频分析和观察的工具和平台
  - 教师智慧教研专业发展平台和工具
- 教研相关技术素养和技能
  - 信息检索技术
  - 表达展示技术
  - 实践反思技术
  - 课堂互动和管理技术
  - 探究教学技术
  - 教学评价技术
  - 数据可视化技术
  - 思维汇聚技术
  - 网络教学技术
  - 知识和任务管理技术
  - 家校协同技术

学习目标

学完本讲，你应该能够做到：
1. 了解支持教研的相关网络平台和工具。
2. 具备教研相关的技术素养和技能。
3. 在实际教学工作中选择合适的平台和工具。

读前反思

1. 我了解哪些教研相关的网络平台和工具？
2. 我具备了哪些教研相关的技术素养和技能？
3. 我能否在合适的业务场景使用正确的工具？

一、相关支持平台和工具

（一）促进教师经验分享和反思的工具和平台

目前有众多支持教师经验分享和反思的工具和平台，如微信公众号、知乎和博客等。在这些工具和平台中，教师可以看到各种关于教学的经验，并进行个人经历的沉淀和分享。学校也可以创建校园教研相关的公众号等平台，从而起到经验传播和分享的效果。而在网上，教师可以通过写文章、发视频等方式进行经验的分享和反思。例如在网上搜索跟教学相关的一些主题词，就可以看到许多教师在相关领域的经验和分享，或是相关理论的推荐等。

（二）促进个人成长的虚拟学习社区或MOOC课程

具有代表性的虚拟学习社区是国家虚拟仿真实验教学项目共享平台，平台上有各种虚拟仿真实验的案例。教师可以根据不同的学科以及教学需求，查找合适的专业发展资源，进行自我提升和知识的拓展。

教师也可以在各种MOOC（慕课）课程，如中国大学MOOC中搜索到教育领域相关的各种课程，如儿童心理学、课程设计等。教师可以根据自己的兴趣在不同类型的MOOC网站中寻找适合自己发展的相关主题课程。

（三）促进教师群体交流和协同的讨论区和工具等

除了支持资源学习和经验分享的平台以外，还有一些促进教师群体交流的讨论区或论坛等。这些讨论区和论坛更加强调生成性。很多学校的网站上也会有不同的论坛形态，不同的学校在校本或区本的研修方面进行合作，在教研网站上都有对应的论坛模块促进教师进行群体交流。

除论坛以外，很多教师倾向于使用一些在线的协同工具。教师在讨论的过程中往往围绕具体的内容或自己的专业发展进行讨论，如备课方案、教学规划、个人发展规划以及教学论文的撰写等，因此使用在线协同工具就较为方便。常见的在线协同工具包括石墨文档、腾讯文档、金山文档、谷歌文档等。这些在线协同工具提供的功能基本类似，虽然存在差异，但它们都支持多人在线协同编辑。教师在协同备课或在线研讨时，每个人都可以参与文档的编辑和修改，掌握这些工具对于教师的协作过程当中即时性的生成很有帮助。

（四）促进教师教学资源共享和沉淀的网络资源平台

还有一些促进教师教学资源共享和沉淀的网络资源平台，如国家教育资源公共服务平台，其中有大量教材同步的试题、课件和方案等，包括中国微课网、优课网、学科网和人民教育出版社网站。教师可以在这些平台上积累方案编写、课件制作、反思论文撰写等方面的资源，有利于针对自己专业发展的不同的场景匹配合适的资源。

（五）促进教师知识的协同进化和发展的工具和平台

在促进教师知识的协同进化和发展的工具和平台中比较具有代表性的是 WIKI 和学习元平台。WIKI 和在线协同工具比较类似，在线协同工具可以以 Word 文档或 Excel 文档导出，而 WIKI 并不是导出成具体文件，它具有参与性、协同性和净化性，强调群体智慧的不断积累，每个人都可以参与修改。其背后的思路与百度百科类似，只不过 WIKI 是基于教研和教师专业发展领域，老师可以对知识进行协同建构，促进知识的不断分享和群体的进化。

学习元是一种适合泛在学习和非正式学习，支持学习过程信息采集和学习认知网络共享，可实现自我进化发展的微型化、智能性、数字化学习资源。学习元平台是基于学习元的核心理念设计开发的一套支持泛在学习的开放资源平台，主要服务于社会各级各类组织和个体（成人）的非正式学习。学习元平台包括学习元、知识群、课程、资源中心、学习社区、个人空间六大功能模块，如图 3-1 所示。

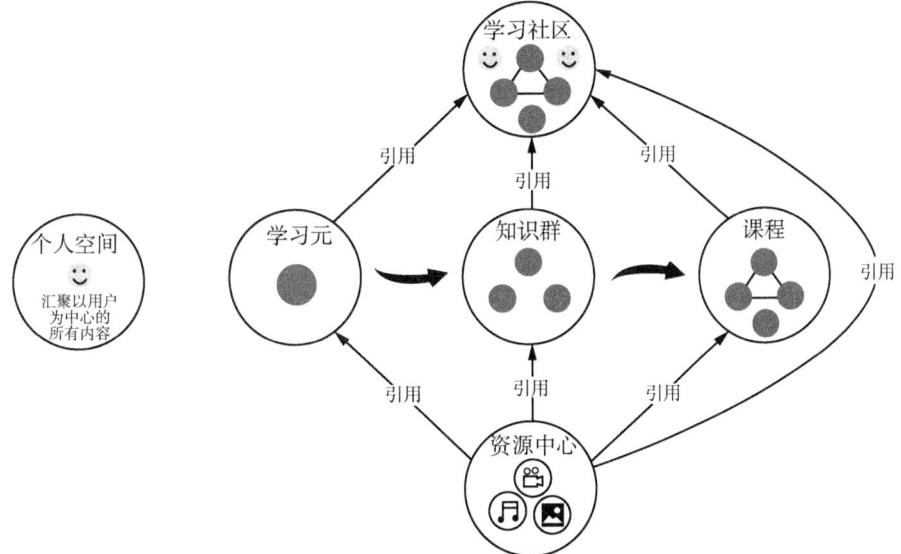

图 3-1　学习元平台的功能模块

通过学习元平台，教师可以分享教学经验。教研员可以设定几个教研主题的知识群，将相关学科教师邀请为协作者，通过集体的力量寻求教学研究的突破点；还可以为不同的学科建立学习社区，鼓励同学科的教师网上分享教学资源，交流知识和经验。具体而言，该平台支持协同备课中各种教学资源的上传、分享和个性化推荐，能实现小组讨论、投票、作品分享等学习活动的设计。

该平台能够让参与协作的不同主体对同一方案进行协同编辑（对方案内容进行群体修订）、评论（对方案进行评论和打分）和微批注（针对方案的某个部分提供支持、批判、提问解释、补充批注）。

此外，每次对方案的协同编辑都会保留相应版本，两份方案版本差异的部分还可以直接以修订方式进行对比呈现，进而有助于教师反思其教学设计的演化过程。

（六）综合性的教育教研网站和研修社区

关于综合性的教育教研网站和研修社区的例子包括国家中小学智慧教育平台等，它们既有支持教师教学的各种教材配套微课，又有支持教师专业发展的资源，这些网站都是以教师的专业发展为核心进行架构和设计的。

（七）支持教师在线备课的网络备课系统

支持教师具体业务的系统，例如教师备课系统，包括贝壳网、备课神器和 101 教育 PPT 等。101 教育 PPT 是一款优秀的备课工具，不仅免费，而且与教材配套，可以生成合适的教学课件。101 教育 PPT 的素材较为丰富，使用起来较为方便，这些不同的工具和资源为教师在备课环节更加高效地开展业务和达到目标起到了支撑作用。

（八）支持远程培训或者同步观课的多人网络视频会议/直播系统

除教师备课平台外，还有一些观摩课的在线平台。既有学校专门开辟的一些网络视频会议系统或直播系统，也有一些公共的平台，如通过腾讯会议等直播系统进行课堂的远程观察，利用课堂录播系统能够将教师的课堂同步录制，供后期的学习和观摩等。

（九）用于课堂视频分析和观察的工具和平台

在观摩的基础之上，教师可以了解专门支持教师对于课堂视频分析和观察的一些工具和平台。国际上使用的一些工具如 DIVER 工具，可以对视频的局部进行放大并记录自己的观察分析，包括 Observer XT 工具也支持多人对课堂进行协同观察，并将多人的协同观察结果进行汇聚，对于研究多人课堂的意见和观察数据的采集和汇聚非常有用。

将视觉分析技术与课堂视频结合，可以对学生和教师的表情进行分析，从而了解学生的行为以及学习投入度等。例如，通过视频分析学生对于学习的决心。研究表明，眉毛下降强度与挫败感和放弃未来课程的决心呈正相关，学习耐受度与眉毛下降强度呈负相关，与眉毛上扬强度呈正相关。嘴角凹陷频率与学习表现呈正相关，频繁做出嘴角向内凹陷动作的学生往往表现更好。结合课堂视频，对学生学习过程中的面部表情进行追踪和自动分析，可以了解学生学习过程中的不同情绪，还可以将学生面部表情分析系统的数据和其他数据（生理数据或眼动数据）整合到学生行为观察记录分析系统中。通过分析面部表情以及多个数据源，了解学习者对教师的教学行为和策略的喜好和学习特点等。这些规律和特征都是通过视觉分析技术对视频进一步挖掘，从而得出一些更深入的观察结论。

（十）教师智慧教研专业发展平台和工具

教师智慧教研专业发展平台是由北京师范大学未来教育高精尖创新中心开发的免费的支持教师专业发展的平台。教师安装对应的听课本 App 后，即可在移动环境下进入课堂。除了用纸笔记录课堂的观察数据以外，也可以通过平板电脑或手机随时进行数据的采集记录，并且它支持将多人记录的数据汇聚在一起——不仅仅是对文本进行记录，还可以通过拍照、视频录制和音频录制使得记录更加丰富和立体，同时，平台能够将多人的数据及时进行汇聚和分析并上传至前后端，形成智慧教研空间（图 3-2）。

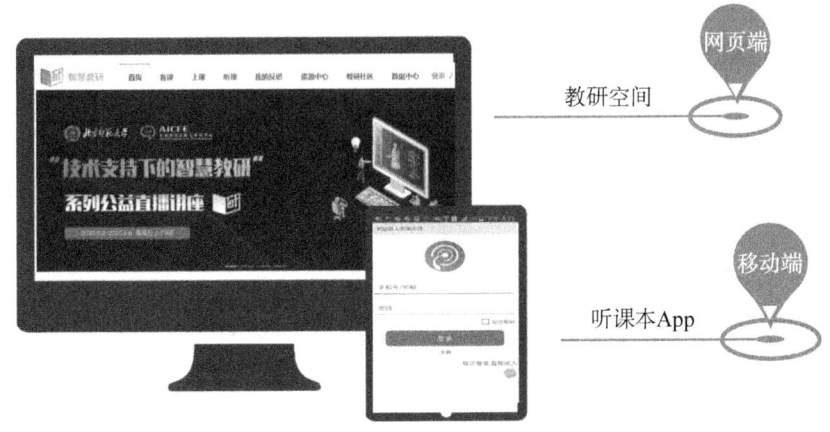

图 3-2　智慧教研平台

平台具有以下特点。

1. 模块功能和教师日常教研流程匹配和无缝融合

教师最常见的日常业务是课前备课、课堂教学以及教研活动（听评课）。教师在听评课后基于发掘的一些问题，在反思的基础之上再进一步进行个性化的学习。这是教师在日常业务中围绕课堂和学生的发展最常做的工作。平台能够支持教师课前备课以及多位教师协同备课。课中教师可以邀请别人到他的课堂当中听评课，平台将多人听评课的数据和分析汇聚在一起形成听课报告。课后教师可以基于听课报告开展多人线上线下的研讨，并且基于研讨和报告中的问题，平台支持个性化推荐一些资源帮助教师进行改进。教师自己也可以人工推荐一些资源等，从而起到跟进和干预教师能力发展，促进教师能力不断提升的作用。平台强调教师在整个业务过程中开展知识实践、记录、分享和发展，个体和群体都兼顾这种特点。例如，平台为教师提供了很多备课的模板，利于教师学习规范的备课方案如何编写。备课过程中平台还可以根据教师的备课内容进行个性化资源的推荐，并支持开展群体的协同备课，如不同的教师可以针对方案的各个环节提出修订的建议并且说明建议的原因。

2. 课堂全过程多模态数据记录和采集

教师可以把自己的课堂视频上传到平台，平台会对视频做语音的采集并将语音转录为文本，根据文本自动记录课堂师生互动结构、识别师生互动语言特点、判断课堂教学要素、分析有效提问等。对以上数据采集和分析，可以为教师提供多维度教学分析结果和改进意见，大幅度提升教师教学质量。同时，平台也会自动将听课教师记录的文本内容与学科教学知识库进行关键字匹配，计算所听课程的教学特色和待改进点。平台还可以对学生的能力进行建模，自动识别学生情绪，对异常行为实时反馈，形成科学、专业、全面的专注度偏离分析，为教师教学提供参考依据。除此之外，平台通过进行细粒度课堂行为观察，记录学生和教师多种行为，通过采样分析全班课堂参与度，实现课堂全过程多模态数据记录和采集。

3. 基于听课群体信息的汇聚和分析

听评课后，存在很多零散的碎片化信息，需要把信息背后的教师关注点以及对教师的指向性分析挖掘建构出来，包括教师听评课的参与数据和教师之间的人际关系数据等，平台都能够进行汇聚并将其可视化呈现，并根据课堂的指标形成多维度的报告。我们在后续有关基于网络的听评课的业务场景模型的章节，还会进一步展开进行阐述。

4. 基于教师个性化教学问题的智能改进

平台可以结合教师的能力和教学知识状态，推荐适合教师进一步发展的个性化资源（图 3-3）。

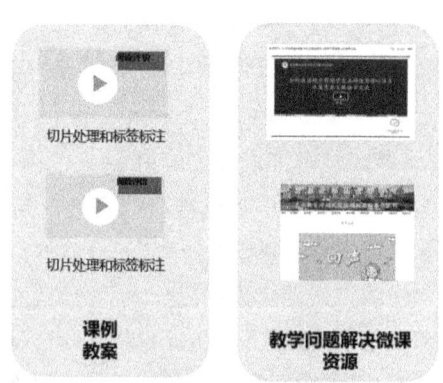

图 3-3　个性化推荐学习

二、教研相关技术素养和技能

在了解了支持教师教研的相关平台和工具之后,教师为了熟练掌握和应用这些平台和工具,应进一步具备相关的技术素养和技能。下面针对信息时代下,教师应该掌握的几种技术进行重点介绍,包括信息检索技术、表达展示技术、实践反思技术、课堂互动和管理技术、探究教学技术、教学评价技术、数据可视化技术、思维汇聚技术、网络教学技术、知识和任务管理技术以及家校协同技术。

(一)信息检索技术

学生的好奇心永远是最强烈的,他们永远都有问不完的问题,而教师不可能无所不知,使用什么样的检索工具以及检索策略,如何快速、高效、准确地检索信息获取知识,便成了数字时代教师必备的学习技术。当今时代每个教师都具备一定的信息检索技术,碰到问题都会习惯性地使用搜索引擎。但除搜索引擎外,教师还可以使用一些更高级的搜索工具,比如学术搜索。

我们还可以根据关键词的搜索,发现关键词之间的相关联系和时间发展的情况,如图 3-4 所示。

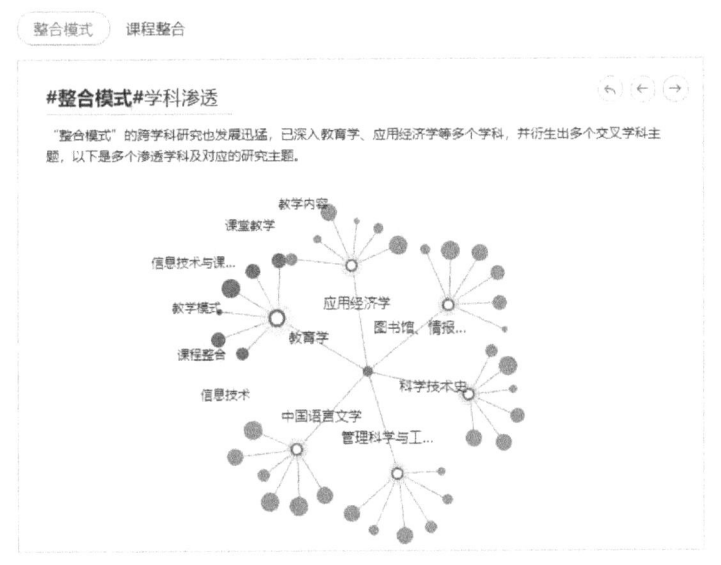

图 3-4 关键词之间的联系图

此外,搜索的过程中教师还需要积累一些学科相关的工具,比如数学学科相关的 explorelearning 网站,它支持探究性学习,包括很多数学知识模块的集合。还有英语学科相关的 starfall 网站。

相关链接

在线课程平台

国家中小学智慧教育平台：https://basic.smartedu.cn/syncClassroom

爱课程网（中国大学 MOOC 网）：http://www.icourse163.org

学堂在线：http://www.xuetangx.com

智慧树网：http://www.zhihuishu.com

学银在线：http://xueyinonline.com/

超星平台：http://pjzy.fanya.chaoxing.com/portal

人卫慕课：http://www.pmphmooc.com

优课联盟：http://www.uooc.net.cn

好大学在线：http://www.cnmooc.org

融优学堂：http://www.livedu.com.cn

华文慕课：http://www.chinesemooc.org

中国高校外语慕课平台：http://moocs.unipus.cn

高校邦：https://imooc.gaoxiaobang.com/

优学院：http://www.ulearning.cn

人民网公开课：http://mooc.people.cn/publicCourse/index.html#/index/portal

智慧职教：http://www.icve.com.cn

高校一体化教学平台：http://chinaacc.edu.chinaacc.com/

正保云课堂：https://edu.netinnet.cn/

浙江省高等学校在线开放课程共享平台：http://www.zjooc.cn

安徽省网络课程学习中心平台：http://www.ehuixue.cn

重庆高校在线开放课程平台：http://www.cqooc.com

实验空间——国家虚拟仿真实验教学项目共享平台：http://www.ilab-x.com

EduCoder 在线实践教学平台：http://www.educoder.net

（二）表达展示技术

在教学教研过程中，教师还需要掌握一些表达和展示的工具，较有代表性的有演示型工具如 PPT，还有制作电子白板课件的工具如希沃白板，以及方便对知识点进行加工呈现的视频工具。

（三）实践反思技术

教师的成长是需要个体在反思中培养和提升的。运用信息技术促进教师的交流与反思，学习与借鉴其他教师的经验和教训，帮助教师成为一个自觉而有效的理性的反思者，不断提升教师的能力素质和专业化水平，这是教师教育与各类教师培训活动的重要任务之一。很多平台有实践反思模块供教师对自己的课堂进行反思总结，教师不仅要反思教学中存在的问题，还要反思问题的原因。教师要围绕教学进行思考，并且对后续的教学制订相应的计划。

（四）课堂互动和管理技术

课堂互动和管理的技术有许多类型，如点阵笔可以及时收集每个学生书写在本子上的内容，并同步展示给教师。在传统的课堂互动过程中，教师提出问题或是让学生做课堂练习，很难了解到每位学生当时的情况，只能通过教师挑选典型的学生来反馈，只有把课堂练习全部批阅完后才能够了解全班学生的情况。但课堂互动技术能够帮助教师及时了解学生当堂的课堂练习情况。如图 3-5 所示，在语文课上教师运用点阵笔收集学生实时的练习内容，在教师端同步观看。教师可以通过系统及时了解每个学生个性化的问题和全班学生整体的问题，集中呈现突出问题的答案，并与学生一同评价错误答案。通过该技术，学生和教师形成了深度互动，学生的问题被一一关注，教师教学更加精准、有效。有些平台还有投票功能，教师在上课时或者结束前，发起对学生的知识点反馈，学生通过在投票卡上勾选自己的反馈意见，通过无记名的方式，教师的电脑上会及时展现反馈结果。又如雨课堂互动系统，教师使用手机就可以进行 PPT 的控制、活动的讨论和练习的发布等，如图 3-6 所示。

人、事	情感
秃顶老人、女孩子	悲哀
一群小学生	敬爱、爱戴
盲人	恭敬
穿和服的太太	悲痛
巴金	震惊、沉痛
群众	不舍、敬佩、爱慕

人、事	情感
秃顶老人	悲伤
小学生	恭敬和不舍
盲人	敬佩
两个穿和服的太太	悲痛
巴金	不敢相信鲁迅先生逝世了
西洋人	敬佩鲁迅先生，想为鲁迅先生多做些事

图 3-5　课堂学生练习内容实时呈现

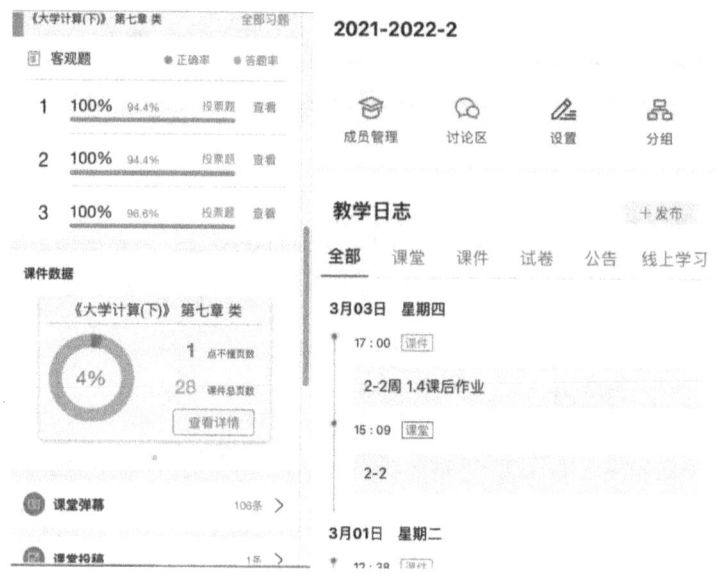

图 3-6 雨课堂发布投票和练习

（五）探究教学技术

教师需要掌握能够支持学生探究性学习的各种技术。教师根据探究学习的需要，可以采用不同的支持技术。如 WebQuest 网络探究学习模式，强调基于 WebQuest 网络资源、以一定"任务"驱动学生进行自主探究学习的教学模式。此外，遵循探究学习的基本原则，可以结合各种网络资源或者 App 开展相关探究活动，以香港的小学科学探究式学习中的应用为例，课堂主题为鱼的解剖，它遵循了 5E 探究式教学模式，如图 3-7 所示。

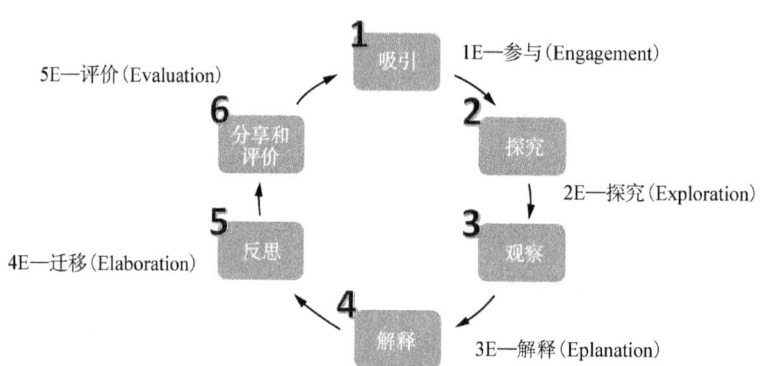

图 3-7 5E 探究式教学模式

在吸引环节，教师在课堂上介绍有关鱼的相关知识，学生浏览教师推荐的有关鱼类知识的网站内容。在探究环节，学生回家上网查找或到鱼市场中探索有关鱼的信息，获取到的图片、网站内容和一些视频录像都上传并分享到 Edmodo 平台。在观察环节，学生观察鱼并且使用 Skitch 在鱼的图片上做标记。在解释环节，学生使用解剖的标签来解释鱼的解剖。在反思环节，教师在 Evernote 上组织学生进行学习反思，鼓励学生将知识建立联系和迁移。在分享和评价环节，教师将在线共享的反思发布到 Edmodo 上，同时也在课堂中呈现学生的学习情况，鼓励学生进行自评和互评。在这个案例中，学生综合利用了 Edmodo、Skitch 和 Evernote 多款工具支撑探究学习的完成。

（六）教学评价技术

在教学评价中，教师需要了解教学评价量规的设计方法。作为一种评价技术，评价量规（Rubric）是基于绩效的评价，它评价学生在特定作业与任务上产生的行为、成果、作业或学习结果。它可适应多种不同类型的学习活动，与课程标准、学习标准以及教学目标紧密结合。评价量规运用特定的标准形成多主体、多维度评价，强调被评价者成为评价主体中的一员，有利于增强评价主体间的互动。并且具有直观的优势，将评价目标在评价活动前展示给学生，有利于评价目标可视化。现在的教学评价强调多元化以及发展性评价。教师不仅仅依据得分对学生进行评价，还应该结合量规的方式让学生之间进行互评或自评等。教师掌握评价量规的设计方法之外，还需学会利用一些工具开展评价，如问卷星、金数据等。这些工具支持问卷调查，可以实时统计和呈现数据。

（七）数据可视化技术

数据可视化技术能够将收集的数据进行直观化的展示，其中最常见的形式是图和表。还有一些工具，如词云图，可以对词频以及权重做自动化分析并进行可视化的呈现。教师发布的问卷中学生集中的意见和关键词也可以用词云图工具进一步实现可视化。

教师还可以通过数据可视化技术追踪班级学生成绩的分布和变化，也可以对作业提交、课堂出勤情况等信息进行分析。

（八）思维汇聚技术

概念图和思维导图是代表性的思维汇聚工具，强调以图文并茂的方式把知识可视化地表征出来，并展示知识之间的关系和知识的整体结构。概念图（Concept Map）和思维导图（Mind Map）是从两个不同角度提出的两种知识可视化方法。概念图作为一种组织和表征知识的工具，在帮助教师和学生组织和整理学习的知识方面，可以被用作教与学的工具、教与学的技能、教与学的策略。思维导图可以帮助人们分析问题、整理思路，可以展示人们的思维过程、改善时间管理能力、培养总体规划能力、汇聚集体的智慧、提高学习和工作的效率。

这些思维汇聚工具还可以用于评价，学生把单元的知识通过思维导图的方式画出来，教师通过连线、节点等是否存在错误和遗漏来进行学生学习结果的评价。常见的思维汇聚工具有百度脑图、XMind 等，能够方便地绘制思维导图和概念图。

概念图或思维导图支持对内容的结构化梳理和可视化呈现，以"富饶的西沙群岛"

概念图为例（图3-8），教师和学生可以利用一张图，清晰呈现课文要点内容。

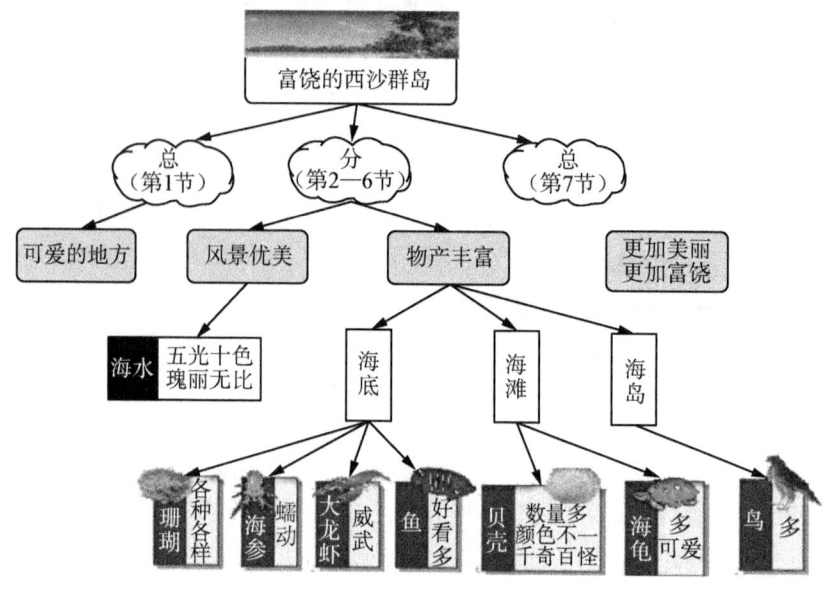

图 3-8 课例概念图

教师除了在课中使用思维工具进行教学，还可以在课前备课时用概念图的方式更好地实现教学设计，以及在知识管理与学习评价或复习环节使用。

（九）网络教学技术

网络教学技术，例如 Blackboard、超星学习通、UMU 互动平台等，其支持教师在网络或移动环境下开展教学。这些教学平台与一般面向大众领域的直播平台不同，直播平台只是直播课堂的行为，缺乏相关的教学支持和辅助功能，但面向教学领域的网络教学平台往往涵盖了教师信息发布、课堂实施、课堂讨论、课堂评价、活动组织等支持功能，更具有教学的综合应用性。

（十）知识和任务管理技术

在教师的日常工作中，对知识和任务进行有序的管理是非常重要的。常用的知识和任务管理的工具有 Todoist、滴答清单和印象笔记。这些工具的功能侧重各不相同。Todoist 强调协作，它允许进行项目共享，与他人进行合作，并支持多平台信息同步。滴答清单在记录工作、任务，规划时间方面功能强大，可以协助教师进行时间管理方面的内容，如工作计划、生日提醒、旅行安排、会议准备等，方便教师更好地规划时间和安排生活。印象笔记侧重个人知识管理，它具有全平台同步功能、知识管理集合站和一站式保存功能。类似的工具还有知网研学和 Endnote 等，它们支持论文的学习与管理，后续的文献引用也更加方便快捷。这些工具都可以让教师在做教研的过程中更加有条理。

（十一）家校协同技术

家校协同是促进教师专业发展的重要情景之一。教师可以利用一些工具更好地支撑家校协同，如班级小管家小程序等。班级小管家小程序打通了教学、班级管理与家校关系的环节，可以面向家长开展调查、投票、问卷反馈等，也可以收集学生各种形态的线上作业并将批阅结果进行共享反馈。这些工具实现了家校联动，对各种通知和反馈进行了共享，让家长、教师、学校都能共同深度参与到孩子的教育与成长中来。

本讲小结

教师在学习本讲的过程中，可以从技术的角度获得以下方面的收获。

1. 熟悉不同业务场景下合适的平台和工具。本讲针对不同业务场景，介绍了合适的支持教师教研的平台和工具，包括如何使用数字化工具和平台进行个人学习、如何利用在线社区和研修平台进行教学交流等。教师可以根据自己的教学需求，选择合适的平台和工具，提高数字化教学的效率。

2. 掌握数字化教师应该具备的技术素养。本讲围绕教师成为数字化教师应该具备的技术素养做了梳理和呈现，包括信息的获取和利用、利用技术评价学生学习效果等方面的技能。这些技能可以帮助教师更好地应对数字化教学的挑战，提高自身的教学水平。

总之，通过学习本讲内容，教师可以增强自己在数字化教学领域的专业技能，更好地适应现代教育的需求，给学生更优质的教学体验和学习机会。

本讲关键词

教研支持网络平台和工具　　教研相关技术素养和技能

提升练习

1.【单选】以下哪个平台可以提供虚拟学习社区和 MOOC 课程来促进教师个人成长？（　　）
　　A. 国家教育资源公共服务平台　　B. 优课网
　　C. 贝壳网　　　　　　　　　　　D. 101 教育 PPT
　　答案：A

2.【单选】哪些工具和平台可以促进教师群体交流和讨论？（　　）
　　A. 凤凰语文网站中的论坛模块
　　B. 在线协同工具如石墨文档、腾讯文档等

C. 以上两者都是

D. 以上两者都不是

答案：C

3.【单选】以下哪个工具和平台可以支持教师知识的协同进化和发展？（　　）

A. 维基百科 　　　　　　　　B. 学习元平台

C. 101 教育 PPT 　　　　　　D. DIVER 工具

答案：B

4.【单选】以下哪个工具和平台是综合性的教育教研网站和研修社区？（　　）

A. 国家中小学智慧教育平台 　　B. 贝壳网

C. 101 教育 PPT 　　　　　　D. WIKI

答案：A

5.【单选】以下哪项不是课堂互动和管理技术的示例？（　　）

A. 使用点阵笔收集学生实时的练习内容

B. 学生通过投票卡勾选反馈意见

C. 使用手机进行 PPT 控制和活动讨论

D. 运用 WebQuest 网络探究学习模式进行教学

答案：D

6.【单选】评价量规（Rubric）是一种基于绩效的评价技术，它评价学生在特定作业与任务上产生的行为、成果、作业或学习结果。以下哪项描述与评价量规不符？（　　）

A. 支持多元化以及发展性评价

B. 强调评价主体间的互动

C. 提供直观具体的评价目标

D. 仅依据得分对学生进行评价

答案：D

7.【单选】常用的知识和任务管理工具有哪些？（　　）

A. PPT 和视频工具 　　　　　B. 问卷星和金数据

C. 滴答清单和印象笔记 　　　　D. 超星学习通和 UMU 互动平台

答案：C

第四讲
技术支持下的教师创新学习模式和案例

本讲概述

本讲主要结合教师具体的业务场景，对技术支持下的教师创新学习模式与案例进行了论述。针对传统教师培训项目存在的时空限制、教师在线学习形式单一、教师在线参与度不高、学习内容针对性不强、学习效果难以保证等问题，结合基于网络的混合式培训、教师在线自主学习、教师个性化培训、教师情境适应式培训、教师基于学习元的社会化学习、教师基于MOOC的在线学习六个创新学习模式与案例进行讲解与说明，旨在为教师提供多样化、个性化、精准化的在线学习活动参考，支持教师的终身学习。

知识结构图

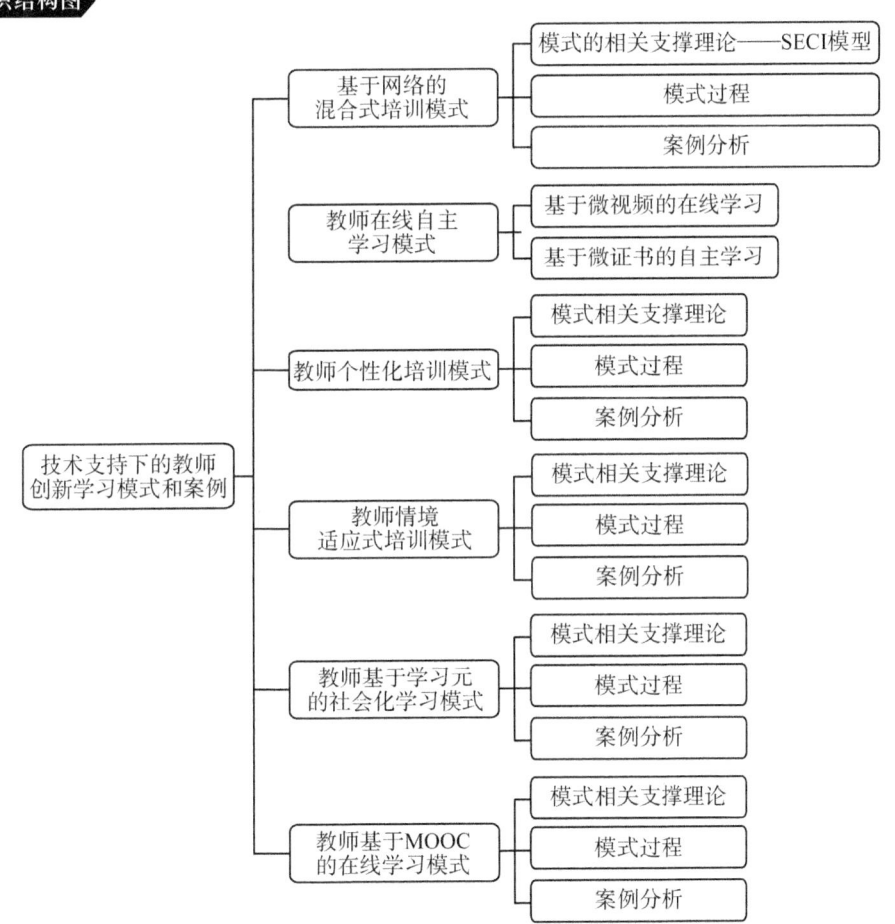

> 学习目标

学完本讲，你应该能够做到：
1. 描述六种技术支持下的创新学习模式。
2. 概括教师学习的特征。
3. 将具体模式与案例应用到相关场景中。

> 读前反思

1. 传统教师培训与学习存在哪些弊端与阻碍？
2. 技术支持下的教师学习具有哪些特征？
3. 如何促进智能时代的教师终身学习和专业自主发展？

一、基于网络的混合式培训模式

在智能化时代，随着云计算、大数据、学习分析等技术的发展，教育系统内的诸多要素，如教学媒体、教学内容以及学生自身均已发生重大变化。对于教师而言，原有的知识结构、专业素养已不能适应新时代的发展要求，只有不断地学习才能促进自身专业发展。在教师专业发展的众多活动中，培训是快速提升教师实践性知识的重要途径。现有的教师集中培训存在培训内容的设计缺乏针对性且脱离真实的教学情境、培训形式的选择缺乏体验与参与、培训效果的评价缺乏及时反馈与持续指导、培训知识缺乏实践转化等问题。

与单纯的课堂面授教学和在线学习相比，混合学习是最有效的学习方式。因此，整合面对面与在线培训优势的混合式培训，能够极大地提高教学培训效果（图4-1）。

图 4-1 基于网络的混合式培训

（一）模式的相关支撑理论——SECI 模型

日本学者野中郁次郎和竹内弘高提出的 SECI 模型用于阐述隐性知识与显性知识之间的相互转化过程（图4-2），S 指由隐性知识到隐性知识的转化过程，称为知识的社会化（Socialization），是通过观察、模仿与实践等方式获得隐性知识；E 是指由隐性知识到显性知识的转化过程，称为知识的外显化（Externalization），是通过类比、隐喻和模型等方式实现深度沟通，该环节是知识建构中的关键；C是指由显性知识到显性知识的转化过程，称为知识的组合化（Combination），主要通过语言文字、符号等进行知识的组合；I是指由显性知识到隐性知识的转化过程，称为知识的内化与吸收（Internalization），主要是通过做中学、在实践中应用与反思完成知识的内化。

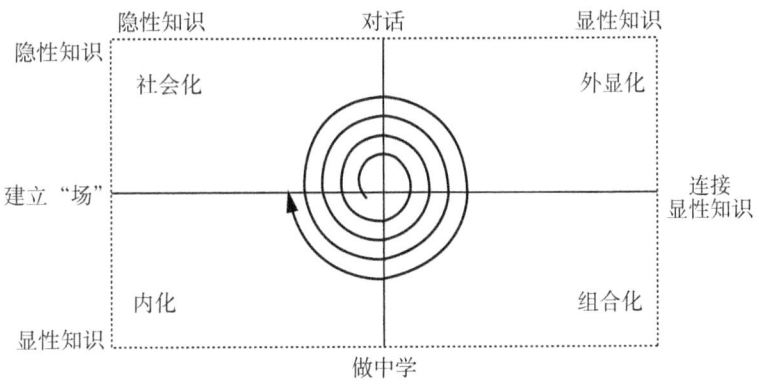

图 4-2 SECI 模型

知识的社会化、外显化、组合化与内化四个过程相辅相成，处于"螺旋式"发展中，共同指向知识转化效果的最优化。SECI 模型的四个知识转化过程，也是知识建构的过程，是社会群体在情境中通过对话来实现和完成的。

（二）模式过程

新知识是通过隐性知识与显性知识之间的相互作用创造出来的，基于 SECI 模型的教师培训基本模式如图 4-3 所示。下面将培训的前中后三个阶段依据知识转化的四个子过程简要阐述培训活动的设计。

知识的社会化。建立教师学习共同体，促进隐性知识的共享社会化是教师共享隐性知识的过程，在设计教师培训活动时，需要明确教师教学中存在的问题，以及教师对培训的需求。然后通过建立学习共同体，鼓励教师互相交流、分享教学经验，以促进隐性知识的共享。

知识的外显化。设计多样化的互动交流活动，促进隐性知识外显化。知识的外显化是通过类比、隐喻和模型等方式实现深度沟通，是知识建构的关键。在该环节，培训师通过分析点评真实的教学案例，将自身的隐性知识外显化。通过培训师的讲解示范，教师对新的知识有了初步的感知，如何将新知识融会贯通，还需要教师在真实的情境中体验，以促进自身隐性知识的外显化。

知识的组合化。建立新旧知识之间的联系，实现显性知识的协同建构组合化，主要通过语言、文字、符号等将新的显性知识与学习者已有的显性知识建立联系，在这个过程中，教师小组内部的积极合作、持续对话必不可少。

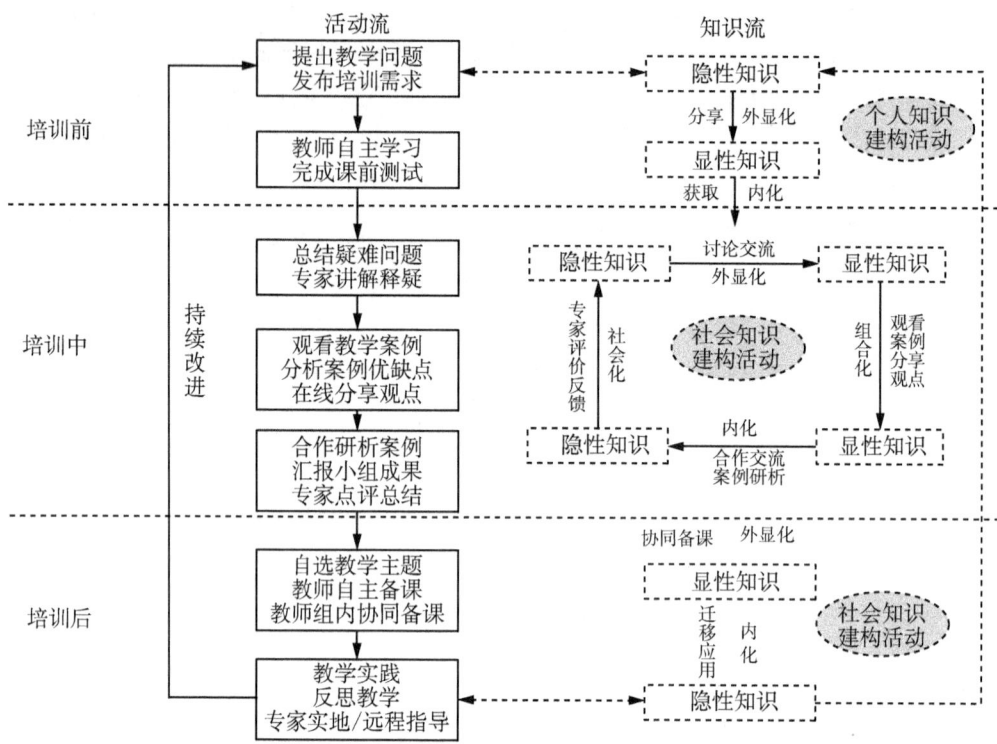

图 4-3 基于 SECI 的混合式教师培训模式图

知识的内化。教师在真实的教学情境中体验参与，为显性知识与隐性知识的相互转化创造条件。教师知识的创生，主要是通过复杂的教学实践问题的解决来实现的。因此，该环节活动设计的目的是教师在真实的教学情境中迁移运用，最终完成知识的内化。

（三）案例分析

基于 SECI 模型的教师培训活动设计与应用研究[①]

案例摘要：基于 SECI 的培训模式强调建立教师学习共同体、提供真实的情境、注重体验与参与、协同知识建构、支持多元化评价。以此模式组织了"跨越式项目全国中小学语文和英语骨干教师培训"，并深入分析了影响培训效果的因素。

参与对象："跨越式项目全国中小学语文和英语骨干教师培训"历时一学期，由来自 12 个省市的 23 个区域（如北京、广州、深圳、新疆、河北丰宁、安徽肥西、贵州福泉等）的 45 位教师参与，15 位教师来自农村学校，29 位教师来自城市学校。教师均有一年以上参与"基础教育跨越式发展创新试验研究"（简称"跨越式"）项目的经历，均

---

① 王阿习，陈玲，余胜泉.基于 SECI 模型的教师培训活动设计与应用研究——以"跨越式项目全国中小学语文和英语骨干教师培训"为例[J].中国电化教育，2016（10）：24-30.

参与过学习元平台操作使用的培训，具有初步的学习元平台操作能力。本次培训课程包括学科教学理念与模式、技术工具、信息化教学与网络教研。

案例流程：新知识是通过隐性知识与显性知识的相互作用创造出来的。下面将依据知识转化的四个过程简要阐述培训活动的设计。

首先是知识的社会化：建立教师学习共同体，促进隐性知识的共享。具体为通过分析学情、确定培训需求；破冰相识，建立教师学习共同体，组内总结问题分享经验。然后是知识的外显化：设计多样化的互动交流活动，促进隐性知识外显化。具体为培训师点评反馈，重点讲解释疑；观看教学案例，在线分享观点。接着为知识的组合化：建立新旧知识之间的联系，实现显性知识的协同建构。具体操作为通过小组合作研析案例，总结提炼达成共识；汇报小组成果，开展多元化评价，为隐性知识与显性知识的转化提供及时的反馈。最后为知识的内化：在真实的教学情境中体验参与，为显性知识与隐性知识的相互转化创造条件；本环节活动设计的目的是教师在真实的教学情境中迁移运用，最终完成知识的内化。具体为自选教学主题、开展自主备课、组内在线协同备课；教学实践、反思，促进知识的内化与迁移运用，通过设计案例研析、教学实践应用等活动，将真实的教学情境引入教师培训中。因此，教师培训活动的设计，需要着重考虑将知识与教师的教学实践建立联系，在培训中创设真实的情境，引入丰富的教学案例，学习者通过观摩、分析案例，能够反思自己的教学实践并完成知识的迁移运用。

案例效果：教师对培训模式的满意度较高，培训活动具有很强的操作性，培训内容紧密结合学习者发展需求，具有针对性强、内容丰富、理论联系实践等特点；培训活动形式注重体验参与、互动多样、评价多元、反馈及时，既能够及时地解决教师教学中遇到的问题，又能够通过专家引领、同伴互助，获得持续提升教师实践性知识的机会。

二、教师在线自主学习模式

（一）基于微视频的在线学习

1. 模式相关支撑理论——学习金字塔理论

学习金字塔[①]是由美国学者埃德加·戴尔于1946年率先提出的。美国缅因州的国家训练实验室做了类似的研究，并提出了学习金字塔理论，如图4-4所示，学生在每种指导方法下，学习24小时后的材料平均保持率情况为：在塔尖的是第一种学习方式"听讲"，也就是我们最熟悉最常用的方式，学习效果却是最低的，24小时以后学习的内容只留下5%；阅读能够记住学习内容的10%；通过声音和图片的方式可以达到20%；采用"示范"的方式可达30%；小组讨论的方式能够记住50%；"做中学"或"实际训练"可达75%；"教别人"或者"马上运用"能够记住90%。

---

① 理查德·阿兰兹.学会教学[M].丛立新，等.译.上海：上海华东师范大学出版社，2007：277.

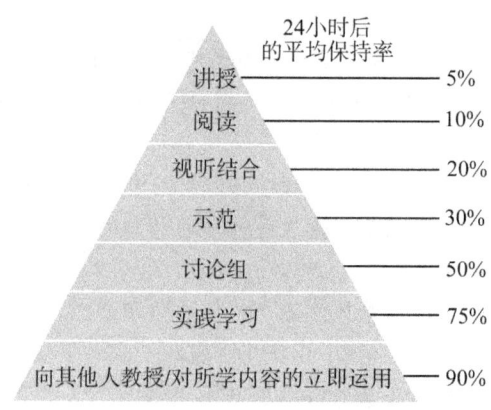

图 4-4 "保持"随学习方法改变的学习金字塔

2. 模式过程

基于微视频的在线学习是一个隐性知识积累的过程，因此更注重学，学习者需要在视频学习之后完成相关的任务以更新与巩固。如学习者与同伴和专家之间进行交流与研讨，对知识进行修正与重构使得隐性知识向显性知识转化，然后需要对自己的学习进行反思和评价，使得显性知识内化与升华，向隐性知识进一步转化。如果学习者能够结合自己的实践，进行情境性的对话，也是促进学习的一种较好方式。

3. 案例分析

关于微视频在线学习的案例：创设一个与教师所遇问题相近的情境，让教师在情境和任务中进行学习，教师可以在讨论区进行适当的反思和交流，还可以将自己在视频学习中的困惑以问题的形式发布在讨论区，并由专家进行指导和解答。微视频在线学习还提供与视频内容学习相关的客观题、配套资源，提供"做中学"的相应资源。教师围绕着从该视频中学习到的知识，进行知识创生，形成个性化的作品，通过教师相互观看创作的作品，进行自我反思，从而提高和拓展本模块知识的应用，对课程进行评价。

（二）基于微证书的自主学习

微证书是指教师通过在线访问能够使教师获得、被授予某种教学能力的在线证书。与通常低效的、传统的专业发展"驱动"教师学习方式相比，基于绩效的评估以及系统的专业学习社区正为教师专业发展带来巨大转变，包括支持教师学习以及通过该学习方式来获取利益。教师微证书是一种新的美国教师专业发展模式，强调教师在专业发展中应当以教师的需求为导向，以教师能力为本，强调教师专业发展的个性化和共享性等特点[1]。

---

① 崔慧丽，朱宁波. "教育者微证书"：美国新的教师专业发展模式［J］. 湖南师范大学教育科学学报. 2019, 18（5）：72-79.

1. 模式相关支撑理论

（1）微证书与教师绩效考核

美国微认证的发展从最初阿肯色州、特拉华州和田纳西州的试行，到 15 个州和 600 多个学区，目前已有 30 多个教育组织合作开发出 200 多个微认证项目。

自 2014 年以来，美国佛罗里达州、伊利诺伊州、马萨诸塞州、马里兰州、蒙大拿州等均与"数字承诺"开展了微认证合作。同时，一些学区和州允许教育者将微认证证书转换为一定的继续教育单元，继而用于教师的重新注册或申请硕士学历，如在马里兰州的巴尔的摩学区，每获得两个微认证可以等同于州教育局认可的一个持续专业发展学分，并累积为硕士同等学力。位于威斯康星州的 Kettle Moraine 公立学区则将微认证作为教师薪资的杠杆或加薪的依据，以此激励全区范围内形成教育者合作文化和应用型专业学习文化。[1]

（2）基于微证书教师学习的特点

①以能力为导向

微证书强调教师能力是非连续的，教师获得证书必须提交符合关键能力特征的相关实践和具体的证据。微证书凸显了能力本位教育理念，体现为一种"结果驱动"的专业发展范式，通过赋予教师在学习目标、学习方式、学习资源的选择权而构建教师发展的开放空间。

②按需学习

微证书能够实现教师根据其迫切需要解决的问题或通过非正式学习来发展新的能力，同时被认证后的能力会被第三方机构认可来换取绩效考核、继续教育等方面的成果。

③个性化

微证书能够实现教师根据其适合的学习方式和学习时间来发展新的能力，作为对正式培训活动的一种灵活的补充。

④强调分享

教师通过评审即获得微证书，并被授予数字徽章。教师还可以将数字徽章在社交平台上进行分享。数字徽章的形式就是专业学习的分享式通行证。同时，选择某一证书的教师以微认证为纽带形成了"同伴指导—自我反思—评价反馈"的发展路径。

⑤注重实践性知识和理论知识的结合

微证书要求提交与真实的教学情境有关的材料，如教学设计、教学反思、学生作业、教学视频片段等。微证书关注教师具体的教学行为和教学实践成果，将复杂抽象的能力理论具体化为可操作的行为。

2. 模式过程

教师获得微认证的过程大致包括四个步骤：选择、收集、提交和分享。教师首先需要选择一个感兴趣的认证项目，然后根据要求开发或收集认证该项能力需要提交的证据

---

[1] 杨盼，曲中林.美国教师微认证述评[J].上海教育科研，2019（4）：31-36.

材料，并通过在线平台提交。每项微认证需提交的证据材料有项目或课程计划（含评价指南或评分量规）、学生作品案例、课堂交互的文本、音频或视频、教师面对的挑战以及在计划或教学中获得的经验、学生对于学习的反思文本、音频或视频、课堂观察结论等。如果申请材料通过审核，申请者将被授予数字徽章，且可以直接在社交媒体上与管理者或同事分享。如果申请者提供的材料不能证明他们应该具备的能力，申请者也将收到评价反馈，并受邀再试评一次。

（1）选择主题

教师根据平台提供的能力认证清单选择需要认证的技能，以"数字承诺"为例，目前该平台有超过40个学习内容提供方，开发了80多个主题，并提供了400多个微证书清单，基本满足各种教育工作者的技能和能力发展需求。

（2）收集

教师根据平台提供的认证要求整理材料。以"数字承诺"平台为例，该平台提供了教师获取微认证的详细指南，如描述材料提交说明，并按照要求收集并依据一定的评估标准（评分等级和评分细则）评估获取者所提交的材料、相关调查和研究、资源链接、教学成果案例等。依据教师自身要求学习到的特定知识或技能，需要提交指南中相应的所需证据。

（3）提交

教师按照要求上传并提交收集到的证据，如学生作品、课堂观察、教学录像、教师和学生反思以及师生的其他文件等。提交后由认证机构对教师提交的材料进行评审。

（4）分享

教师通过评审即获得微证书并被授予数字徽章，可以将数字徽章在社交平台上进行分享。

3. **案例分析**

华东师范大学开放教育学院基于"微证书"体系推出基于教师信息技术应用能力的微认证项目，包括按照教师信息技术应用能力四个维度（计划与准备、组织与管理、评估与诊断和学习与发展）、三种环境（多媒体教学环境、混合学习环境和智慧学习环境）中的35项微认证项目。

参与微认证的流程包括：选择，基于实践需求与专业发展需求选择确定需要参与的微认证项目；学习，学习研究认证说明，根据个人需要选择正式或非正式学习，如学习课程、参与培训、请教同事、自主阅读等；实践和收集，基于工作场景开展教育教学实践，并依据认证要求采集证据，如设计方案、录像片段、交流互动录像、教学反思等；提交，通过平台提交审核认证材料；分享，通过认证之后将获得相应能力的数字徽章，同时可在朋友圈中分享认证成果。[1]目前共有来自17个省市59个区县的教师参与微认证并获得相应证书。

---

[1] 魏非,等.微认证赋能师范生教师职业能力精准测评研究[J].中国电化教育.2021（12）：79-86.

三、教师个性化培训模式

教师培训是促进教师专业发展的重要方式，但是传统面授式教师培训往往存在时空、成本等方面的限制，教师缺少途径和专家交流，无法持续跟踪教师学习情况的问题。[1]随着信息技术的发展，网络远程培训成为可能，2010年开始实施的中小学教师国家级培训计划（简称"国培计划"）就采用了大规模的教师远程培训，旨在提高中小学教师特别是农村教师队伍整体素质，具有覆盖广、低投入、高产出和超时空特点。[2]但是仍然存在培训课程统一、培训对象数量多、无法针对性给出教师个性化培训和指导、培训内容无法有效迁移、缺乏持续的学习支持服务等问题。[3]2013年《教育部关于深化中小学教师培训模式改革全面提升培训质量的指导意见》中指出，应增强中小学教师培训的针对性，以满足教师专业发展个性化需求为工作目标，引领教师专业成长，强调了个性化教师培训的重要性。2013年以来，通过实施全国中小学教师信息技术应用能力提升工程，教师应用信息技术改进教育教学意识和能力普遍提高，2019年《关于实施全国中小学教师信息技术应用能力提升工程2.0的意见》中提出打造智能化、数字化教师培训网络平台，建立自适应、个性化的教师培训学习体验空间。因此，发挥互联网优势，对教师进行个性化培训已经成为教师个人发展和社会发展的需要，有必要对教师个性化培训模式进行进一步探索。

（一）模式相关支撑理论

通过相关梳理，当前教师个性化培训模式构建研究中主要参考的理论包括个性化教育理论、成人学习理论和情境学习理论。

1. 个性化教育理论

个性化教育是通过对被教育对象（个人或企业）进行综合调查、研究、分析、测试、考核和诊断，根据社会环境变化或未来社会发展趋势、被教育对象的潜质特征和自我价值倾向以及被教育对象及其利益人（个人的家长或监护人，企业的投资人或经营者）的目标与要求，为其量身定制教育目标、教育计划、辅导方案和执行管理系统，并组织相关专业人员通过量身定制的教育培训方法、学习管理和知识管理技术以及整合有效的教育资源，从而帮助被教育对象实现量身定制的自我成长、自我实现和自我超越的教育和培训系统。因此，实施个性化培训应首先调查被培训者的先前知识结构，诊断培训需求，承认并尊重个体之间的差异性，并基于此提供灵活的培训方案和培训形式。

---

[1] 杜志强.走向"互联网＋个性化"的中小学教师培训[J].教育科学研究，2021（2）：93-96.
[2] 龚宝成，胡志琦，贡恩喜."国培计划"有效路径：网络远程培训[J].山西广播电视大学学报，2012，17（1）：24-26.
[3] 李洁，马宁.基于教学设计方案诊断的网络个性化培训模式研究[J].中国电化教育，2014（1）：114-118.

2. 成人学习理论

成人学习特征和青少年儿童有较大的差异，美国成人教育家诺尔茨的成人教育思想中将成人学习的主要特点总结为学习自主性较强、个体生活经验对学习生活具有较大影响、学习任务与其社会角色和责任密切相关、问题中心或任务中心为主的学习。教师作为典型成人学习者，应遵从成人学习理论，关注教师真实教学问题，以任务为中心，重视教师本身的教学经验，以交流的方式开展教师个性化培训，从而更好地解决教师实践中的具体问题，促进教师专业发展。

3. 情境学习理论

情境学习理论强调学习过程的情境性，认为学习不仅是为了获得大量事实性知识，还应学习参与真正的文化实践，强调在真实的情境中通过完成真实的任务来获得知识与技能，设计者必须选择真实的、复杂的情境，从而使学习者有机会生成问题、提出各种假设，并在解决真实的问题过程中获取丰富的资源，同时情境还应能够提供其他丰富的例证或类似问题以使学习者产生概念化与迁移。[1][2]迁移到教师培训情境中，应在个性化培训过程中为教师创设良好的任务情境，基于教师实践工作中的真实问题开展培训，促使教师实现学习—反思—实践的持续循环迭代发展。

（二）模式过程

教师个性化培训是指诊断教师在教学实践中暴露出的教学问题，进行需求分析，为教师定制、推送针对性的网络培训活动，以解决教师教学实践问题，促进教师的专业发展。[3]李洁依据情境学习理论、成人学习理论，借鉴系统化模型，经过三轮迭代实践，提出了包括对象分析、个性化诊断、个性化推荐、个性化评价四个阶段的基于教学设计方案诊断的网络个性化培训模型。对象分析只需要在学员第一次参与该培训时进行，用于了解学员的基本情况，以此作为培训的初始阶段，便于后续针对性开展培训。在对象分析之后，进入以问题诊断为基础的个性化诊断阶段、以内容和活动推荐为核心的个性化推荐阶段以及以跟踪评估为反馈的个性化评价阶段，这三个阶段在培训过程中循环进行。个性化诊断阶段中需要教师提交完整教学设计方案，培训师利用教学诊断框架、通过与受训教师的沟通分析确定问题，从而合理定位培训目标、培训内容。个性化推荐是个性化培训核心环节，从学员问题出发，利用内容和活动库中的资源或者通过针对性设计学习内容和学习活动的方式，对资源库中的资源进行筛选整合推荐给学员学习，在过程中可以灵活组合多种活动方式支持培训活动的开展。个性化评价阶段主要评价学员学

---

[1] Michael F. Young. Instructional design for situated learning [J]. Educational Technology Research and Development, 1993, 41 (1): 43-58.

[2] Wilson, B., Cole, P. A review of cognitive teaching models [J]. Educational Technology Research and Development, 1991, 39 (4): 47-64.

[3] 李洁，马宁.基于教学设计方案诊断的网络个性化培训模式研究[J].中国电化教育，2014（1）：114-118.

习效果和培训方案与过程的合理性,整合多种评价方式评估学员实际教学效果,同时请学习者作为评价主体反馈活动体验,从而更好地推动培训模式的优化。

整体来看,教师个性化培训模式具有针对性、定制性、主动性和灵活性四大特点,针对性指在培训过程中根据不同的学习者需求,提供不同培训内容、培训方式,强调对教师个体特征的分析。定制性指学习者可以根据自己的兴趣和需求来定制自己的培训内容。主动性指学习者可以根据在线平台推荐的资源,自主寻求学习内容,主动选择适合自己的学习方式。灵活性则主要体现为培训内容和方式上的灵活性,学习者可以根据需求自由选择培训内容和方式。

(三)案例分析

调研发现,尽管个性化教师培训具有必要性和现实意义,但是当前对个性化教师培训的研究并不系统,相关研究成果较少,其中较具代表性的是由李洁和马宁提出的基于教学设计方案诊断的网络个性化培训模式。[1]

该应用案例以"跨越式"发展试验项目在河北涿鹿县试验区的实施为依托,在学习元平台的支持下,于2013年4月在该试验区实施教师个性化培训,来自试验区10所学校的10位一年级语文教师参与。

在实施过程中,首先在初始阶段对参与学员进行对象分析,了解参训教师基本信息,为教师提供必要的技术平台培训支持。

在培训开展过程中,遵循个性化诊断、个性化推荐和个性化评价的流程,由专家和培训师利用诊断框架个性化诊断教师提交的教学设计方案并记录相关问题后,培训师进一步基于记录的问题挑选受训教师的关键问题,在内容库和活动库中整合资源,通过培训师手动编辑链接个性化推送给受训教师进行自主学习,最后利用平台记录的数据进行对教师的个性化评价,评估教师的完成情况及对培训活动推荐的喜爱程度。

平台记录表明,相较之前的网络培训,受训教师参与性显著提高,且每一位参训教师均能够根据推荐学习内容对教学设计方案进行完善,对每一个推荐的活动有效性表示了高度认可。对参训教师的问卷调查和访谈中,参训教师认可基于教学设计方案诊断的网络个性化培训模式的效果,认为这一模式立足教师实践工作需求,诊断问题明确、培训具有针对性,多样化的活动和学习资源提供有助于教师充分了解学习内容,利于培训内容的实践迁移。整体而言,该模式改进了传统统一培训课程的弊端,能够满足教师的个性化实践需求,通过建立培训师与参训教师之间一对一的指导关系为参训教师提供及时、个性化的学习和情感支持,提升了教师参与积极性和学习效果。

四、教师情境适应式培训模式

面对面教师培训通常采用大班式集中讲授的方式,参与人数众多、难以满足不同教

---

[1] 李洁,马宁.基于教学设计方案诊断的网络个性化培训模式研究[J].中国电化教育.2014(1):114-118.

师的教学实践需求，且培训内容和教师的教学实践脱离，难以根据教师能力水平提供个性化培训，导致培训效果参差不齐，需要加强教师培训内容与实践的结合。[1]泛在计算技术、移动互联网技术的快速发展带来了学习方式的变革，泛在学习作为未来学习发展的重要趋势之一，受到越来越多研究者的关注。学习的情境性是泛在学习的核心特征，即能够根据不同的学习情境提供不同的学习服务，能够利用智能设备感知用户需求，根据用户现场需求提供最适合的学习形式与学习服务，使学习与当前情境高度相关。[2]目前泛在学习主要在学生学习领域应用较多，但也有学者尝试将泛在学习应用到教师培训中，主要关注利用移动设备实现即时获取与传递层面，但是仍然忽略了不同学科教师对内容的具体需求，未充分体现泛在学习的情境性特征。[3]因此，可以更好地发挥泛在学习的情境性特征，将其与教师培训结合，探索泛在学习环境下的情境适应的教师培训模式。

（一）模式相关支撑理论

教师情境适应式培训强调教师培训学习过程的情境性，目前关于教师情境适应式培训的研究较少，陈敏提出了一种整合情境的多态性泛在学习资源聚合模型，并将该模型应用于教师培训领域，构建了情境适应的教师培训模式，该模型构建的理论基础主要涉及泛在学习理论和联通主义理论。

1. 泛在学习理论

泛在学习具有泛在性、即时性、社会性、无缝性、交互性和情境适应性的特征，泛在性指任何学习者可在任何时间任何地点使用任何设备获取任何资源；即时性指学习者可快速方便地找到符合需求的资源；社会性指学习者在学习过程中通过与群体相互合作与互动能够构建起社会认知网络；无缝性强调学习者学习进程可以无缝变换且不会被学习者察觉；交互性指学习者利用终端设备可随时与专家或者学习伙伴进行协作与共享交流，也可以随时随地直接从泛在环境中获取信息；情境适应性包括设备的适应性和内容的适应性两方面，相同的资源可自适应不同的终端设备，同时系统可根据学习者的个性化特征或需求自适应地将符合的学习内容呈现给学习者。[4]泛在性和情境适应性是泛在学习的核心特性，学习者学习情境的动态变化要求推荐系统能根据情境推荐合适的资源，需要考虑不同学习者特征、所处环境和所用设备等。[5]迁移到教师培训情境，平台同样需要考虑学习资源情境与泛在学习情境，从而支持情境式教师培训的有效开展。

---

[1] 陈敏.一种整合情境的多态性泛在学习资源聚合模型研究[D].北京师范大学，2015.
[2] 余胜泉，陈敏.泛在学习资源建设的特征与趋势——以学习元资源模型为例[J].现代远程教育研究，2011（6）：14-22.
[3] 陈敏.一种整合情境的多态性泛在学习资源聚合模型研究[D].北京师范大学，2015.
[4] 陈敏，孟彩云，周驰.有效学习视角下的泛在学习环境评价研究[J].开放学习研究，2018，23（4）：11-19.
[5] 陈敏，余胜泉.泛在学习环境下感知学习过程情境的推荐系统设计[J].电化教育研究，2015，36（4）：76-82+89.

2. 联通主义理论

联通主义强调知识具有流动性和动态性，学习内容所承载的知识也应具有动态性，学习过程应提供与情境高度匹配的学习资源。[1]除了对学习内容的关注，联通主义理论认为学习就是在不同的信息节点间产生联结的过程，这些信息节点既包括物化的资源，也包括认知网络中掌握着知识和智慧的人，知识的快速更新需要搭建一条能获取和维护可持续得到知识的"管道"，而"人"同样是这个"管道"的重要组成部分，学习者在学习过程中不仅是与物化的学习资源发生交互，更重要的是通过参与学习，和其他学习者、教师之间建立动态的联系。[2]因此，情境式教师培训过程中学习资源应能够动态调整，符合情境需求，同时应关注与参训教师相关的知识"管道"，重视参训教师和其他教师之间的交互，从而实现培训过程中知识的动态流动。

（二）模式过程

情境适应的教师培训模式主要分为泛在学习、组内协作、组间交流和点评总结四个阶段。[3]泛在学习在情境感知泛在学习环境中开展，教师可在该环境中快速获得与学科背景紧密相关的个性化学习内容来进行自主学习，从而实现教师个人对知识的主动建构。组内协作阶段通过任务开展，组内教师通过小组协作的方式共同完成一定的任务，在任务完成过程中，在组内表达个人建构的知识并接受组内其他组员的质疑，最终达成组内共识并将形成的知识应用于教学实践中，通过小组协商、讨论的方式实现协同知识建构。组间交流阶段则通过小组间建构知识的分享，通过组间交流、讨论的方式形成组间共识，完成小组间的协同知识建构。点评总结作为培训最后一个阶段，培训者会根据教师和各小组的培训过程表现进行点评和总结，促使教师们对知识进行反思总结，实现知识的内化。

情境适应的教师培训模式的最大特色在于，在泛在学习过程中采用具有资源聚合模型特性的泛在学习，为不同学科的教师提供个性化的、与学科情境紧密结合的学习内容以促进教师的自主知识建构，并提供小组实践活动，为教师提供协同知识建构机会，促进教师对知识的深层理解与应用，通过个人知识建构—协同知识建构—反思总结的过程促进教师的知识内化，帮助教师实现理论知识到实践的迁移，实现培训内容与教学实践的深度整合。

（三）案例分析

陈敏在2014年"技术与教育的双向融合：技术·协同·智慧"研讨会的"新主题&新理念STEM（科学，技术，工程，数学）、智能空间、智能教具"工作坊中运用泛在学习环境下的情境适应教师培训模式，对来自语文、数学、英语和信息技术4个学科的28位教师进行教学认知工具及其应用方面的培训，旨在让教师能够认识掌握一些教学认

---

[1] 陈敏.一种整合情境的多态性泛在学习资源聚合模型研究[D].北京师范大学，2015.
[2] 余胜泉，陈敏.泛在学习资源建设的特征与趋势——以学习元资源模型为例[J].现代远程教育研究，2011（6）：14-22.
[3] 陈敏.一种整合情境的多态性泛在学习资源聚合模型研究[D].北京师范大学，2015.

知工具并能将工具应用到学科教学中。①

根据培训目的，培训者在过程中为教师提供了 Scratch、LEGO、NB（NoBook）仿真物理实验室、NB（NoBook）仿真化学实验室、Biodigital human、PhET、Mind mapping、Google Earth、GeoGebra、智能教具、协同评课工具共 11 种教学认知工具，并在支撑系统中创建了与教学认知工具对应的动态学习元及二维码，教师通过扫描二维码可以快速获得相关学习元，在资源聚合模型的支持下，相同的学习元会在不同情境下呈现不同的内容。培训融合的泛在学习环境主要由附着二维码的教学认知工具或海报、无线网络和支撑系统三部分构成。二维码用于支持系统感知学习者的学习需求，无线网络用于传递信息，支撑系统则负责提供与情境需求匹配的学习资源。培训时间共计 180 分钟，在正式培训活动开始前根据教师学科背景进行分组，向教师介绍培训目的、方法与设计，普及泛在学习相关概念，并对平板电脑和支撑系统客户端的使用方法进行讲解。

培训学习活动的开展遵从泛在学习、组内协作、组间交流、总结反思的四个阶段流程，泛在学习阶段教师使用平板电脑在泛在学习环境中开展自我学习，通过扫描培训场所二维码，系统情境感知模块可以获得教师的学习者情境和空间情境，系统根据感知到的空间情境信息为教师呈现能够支持的学习目标，教师自主选择学习目标，系统可以感知教师的学习需求。在整合情境的多态性泛在学习资源聚合模型的支持下，系统利用学习资源中的资源情境信息（教学情境、学习者情境和空间情境）与感知到的泛在学习情境（学习需求情境、学习者情境和时空情境）进行双情境匹配，将符合条件的资源推送给教师，教师可以自主选择感兴趣的学习资源，通过扫描认知工具二维码学习与情境高度匹配的资源。组内协作阶段在教师自主开展泛在学习后开展，参训教师通过组内分享交流，协同设计一节应用一种或几种学习到的教学认知工具的教学设计方案。组间交流阶段，各组派代表阐述设计思路，其他小组通过点评和提问的方式与其交流，最后，培训者对小组教学设计点评和小结，在所有小组阐述后，进行评分，评选出优秀的教学设计方案。总结反思阶段，培训者就培训整体情况进行总结反思，总结点评教师学习情况。

培训结束后对参训教师的问卷调查和小组访谈结果表明，参训教师在"泛在学习""学习内容""协同知识建构""教学设计能力""活动态度"五大维度上的表现均比较积极，参训教师对泛在学习这种新型学习方式有较高的接受度，对学习内容较为满意，对协同构建教学设计方案的方式也有较高的认同感，且此次培训提升了教师的教学设计能力，教师普遍对活动持有积极态度。整体而言，这种教学培训模式可以帮助教师提升教学理念，培训内容具有针对性，可以满足教师学习的个性化需求，促进教师学习积极性的提升，提高教师的合作能力与合作意识。

五、教师基于学习元的社会化学习模式

目前网络学习还存在着辍学率较高、学习层次较浅的问题。如相关研究表明，在网络学习的过程中，爽约者、旁观者和顺便访问者居多，而被动参与者和主动参与者比较

---

① 陈敏.一种整合情境的多态性泛在学习资源聚合模型研究[D].北京师范大学，2015.

少，并且主动参与者是随着学习的进行而逐渐减少的。造成这一现象的原因多样，如学习者的学习动机以及信息技术水平的影响、课程内容本身的影响等，但最重要的原因是忽略了人在网络学习中的重要作用，在网络学习环境中，个体学习居多，而群体协商较少，学习的社会属性不足，在一定程度上直接或者间接地影响了学习者的参与率以及学习的可持续性。

在线社会化学习是指基于社会化网络的，以联结、沟通、分享和创新等为主要活动的一种新型的学习方式，是通过协作共享空间寻找、消费、创建和贡献信息的新范式，是数字化学习在社会化网络时代的新发展。

（一）模式相关支撑理论

1. 社会学习理论

社会学习理论基于网络的社会化学习。班杜拉的社会学习理论强调观察在人的行为获得中的作用，认为人的多数学习是通过观察获得的；重视榜样的作用，榜样行为以及榜样与观察者的人际关系都将影响观察者的行为表现；强调个人对行为的自我调节，这些自我调节主要是通过设立目标、自我评价，从而引发动机功能来实现[1]；主张建立较强的自信心，对自己能力的较高预期，有助于克服困难并付诸努力。[2]对于社会化学习来说，学习发生在一定的实践共同体中，个体可以通过观察共同体中其他成员实现学习，其行为表现亦会成为他人观察学习的对象。

2. 情景学习理论

情景学习理论基于网络的社会化学习的支撑。人类学家莱夫和温格在《情景学习：合法的边缘性参与》一书中，延承班杜拉对学习的社会性特征关注，摆脱了学习单一认识论观点，提出了学习是在参与实践共同体活动的观点。对于社会化学习来说，一方面，我们需要关注实践共同体对学习者的重要性；另一方面，在考察学习者的社会化学习行为时，要以动态发展的眼光关注其在实践共同体中的角色转移与身份定位。

3. 联通主义思想

联通主义思想基于网络的社会化学习的指导。联通主义思想被誉为 21 世纪网络学习的指导理论，对于社会化学习具有重要的借鉴意义[3]：首先，其所强调的学习和知识存在多态性的观点、学习是不确定节点与信息资源随机建立连接的过程、学习可能存在于物化的应用中、决定什么有意义与学习什么也是学习的过程，与社会化网络学习的过程长期性、知识多源性、环境复杂性等特征具有同源性，都来自对学习的社会性关注。其次，联通主义强调在开放联通的网络时代，学习能力比获取知识更重要，而社会化学习的有效开展需要联通主义所强调的学习能力的支撑。

---

[1] 乐国安，纪海英. 班杜拉社会认知观的自我调节理论研究及展望[J]. 南开学报（哲学社会科学版），2007（5）：118-125+134.

[2] 李晶晶. 班杜拉社会学习理论述评[J]. 沙洋师范高等专科学校学报，2009，10（3）：22-25.

[3] 孟召坤. 社会化网络学习行为影响因素研究[D]. 南京师范大学，2016.

（二）模式过程

以学习者为中心，以自下而上构建社会性知识网络为主线，构建了基于社会性知识网络的学习模型。学习的内容，以及与此内容相关的人也是一种重要的学习资源；学习是基于单个知识节点的社会性建构和多个节点之间的社会化连接的一种社会化参与过程（图4-5）。该模型包括四个层面三个维度，其中四个层面分别指学习者角色、交互行为、内容单元以及社会性知识网络环境。在社会性知识网络中，学习者是内容的联结者、学习活动的参与者和网络节点的塑造者。内容单元是一种动态、开放的课程单元，由教师和学习者共同开发，具有动态生成的属性。在基于内容的交互过程中，学习者可以学习当前的内容单元，基于内容单元进行交流、协商、创造、评论等，还可以和有共同兴趣爱好的学习者进行社会性互动。基于社会性知识网络的学习环境是一个联结学习网络中的用户节点和知识节点，促进知识贡献和创造以塑造新的网络节点的生态环境。三个维度分别指学习特征维度、学习的（社会性）属性维度以及学习评估维度。学习特征维度主要体现在交互行为、内容单元以及学习环境三个层面，学习的社会性主要体现在知识的社会性、学习者的社会性及学习过程的社会性三个方面，社会性知识网络的学习为实现这三种社会性提供了可能。

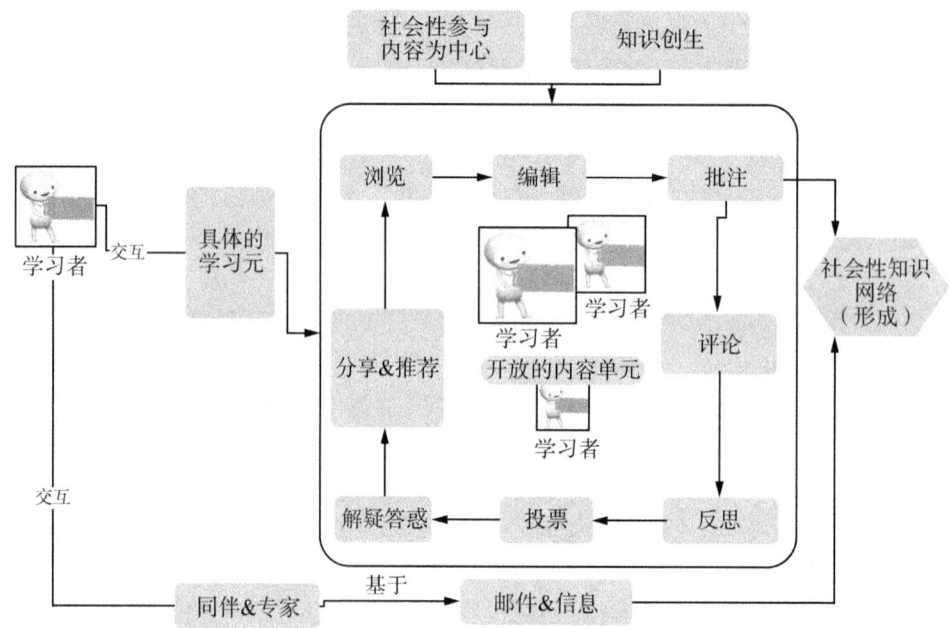

图4-5 基于学习元的社会化学习流程

（三）案例分析

学习元平台通过开放的课程、开放的资源组织形式、开放的学习方式以及开放的用户群体实现社会化学习，该平台提供了基于社会性知识网络的学习活动、学习方式以及交互建构过程的资源及工具支持。接下来通过学习元平台发布的以"英语学科小课题研究与教学论文写作"为主题的教师培训活动来验证模式的效果。

1. 学习任务

在课程学习之前，由教师和助教根据培训需求，发布相关的学习任务。教师可以结合自己的兴趣与教学需要，通过观摩案例和浏览关于英语学科小课题研究与教学论文写作方面的相关资料，促进学习者形成对本研究主题的初步理解，进而细化分解出自己的研究课题。

2. 学习资源

开发者在学习元平台基于任务要求发布主题相关的学习资源，在学习资源层面根据学习呈现相应的课程资源网络。教师在确定选题的基础上，通过连接与当前内容单元、学习主题相关的知识网络，以及在连接学习过程中形成的社会性网络，拓展自己对研究选题的认识，进一步了解学习者个体的研究方案撰写方法、思路与策略等。

3. 学习支架

教师参与主题研究网络群就足以保持教师的知识与经验的更新。

4. 协同建构，促进知识贡献和创造

在群体协同编辑阶段，学习者作为学习内容的分享者和贡献者，作为学习网络的连接者和塑造者，作为学习过程的社会化参与者。每个小组内的成员都可以查阅其他成员的评论和批注，并且进行相应观点的补充和编辑，目的是生成更深层次的理解。在小组成员进行协同编辑和评论的基础之上，小组之间进行评阅和编辑，这是一种组间的协同学习过程，通过组内以及组间的协同编辑，促进了学习者对当前主题的深度理解，促进了群体观点的连接。

5. 满意度调研

在对基于学习元平台社会化学习的 33 位教师的调查中，可以发现不同年龄段的教师对于这样的学习形式都是比较满意的，也说明了社会性知识网络的学习具有比较明显的优势（图 4-6）。

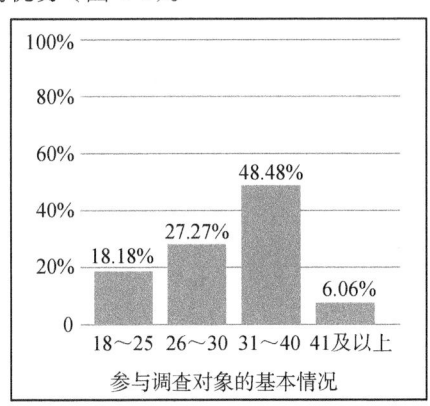
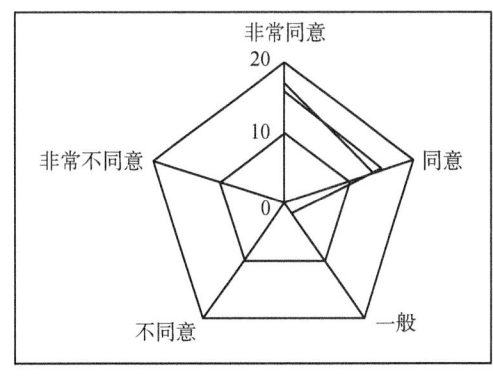

图 4-6　基于学习元平台社会化学习满意度调查

六、教师基于 MOOC 的在线学习模式

MOOC（Massive Open Online Courses）是大规模开放性在线课程。MOOC 课程是基于技术的精细化教学设计，其主要包括短小讲授视频、即时思考问题、讨论解决问题、集成模拟练习、开放作业同伴互评等特征。[①]

当前的教师培训，主要包括面授培训和面授与网络相结合的混合式培训等，多以传统面授培训为主，辅以一定时长的网络远程学习。面授培训考虑到教师平时的教学任务和工作，一般安排在寒暑假期间集中授课，很多教师在假期中参加各种培训班疲惫不堪。各地的教师发展资源分布也存在不均衡，相同或类似的培训课程重复开班，资源不能共享。此外，面授培训还存在成本高、人数受限制和时间协调难等问题。现有的网络培训，一定程度上解决了时间和空间的问题，但内容多为面授培训的照搬，以讲座形式居多，缺少互动交流、培训效果不佳等问题也比较突出。MOOC 的出现，为教师培训的开展提供了一种新的解决方案，能够为广大教师提供跨地区、跨学校、跨学科的沟通、交流机会。[②]

（一）模式相关支撑理论

1. 灵活学习理论

有人将灵活学习定义为一种具有创新性的教育路径，为任何人在任何地点与任何时间提供设计良好、以学习者为中心的交互式学习环境。MOOC 在对象、目标、技术等多个方面都符合灵活学习的特征，能够纳入灵活学习的范畴。一方面，MOOC 除了本身能够作为灵活学习的实现手段外，有关 MOOC 平台技术与教学方法的探索也能够为其他灵活学习手段提供支持；另一方面，MOOC 致力实现人人皆可学的目标，服务于继续教育与终身学习，这也是灵活学习所倡导的。

2. 转化学习理论

转化学习在 20 世纪 70 年代提出，是指成人学习者通过对个人原有经验的修正和重构，重新形成审视自己和看待世界的方式。转化学习理论（Transformative Learning Theory）是成人学习领域研究学习者转变的经典理论，可为研究教师的深层转变提供理论分析框架（图 4-7），将教师经过 MOOC 学习产生的转变分成意义图式的转变和意义视角的转变。其中，意义图式的转变对于教师学习者来说是知识的扩充和能力的提升，如对教学策略、教学方法、教学资源的丰富，属于浅层的转化；而意义视角的转变是观念集群的改变，如教师在师生观、课程观、教学观等观念上的转变，甚至人生观的转变，属于深层的转化。

---

① 汪琼. MOOCs 改变传统教学［J］. 中国教育信息化，2013（19）：26-28.
② 高瑜珊，汪琼. 教师教学能力提升类 MOOC 的探索与实践［J］. 电化教育研究，2017，38（10）：124-128.

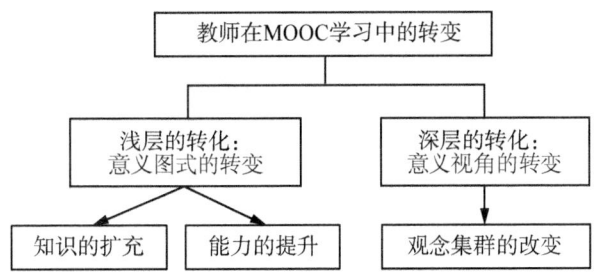

图 4-7　基于 MOOC 学习的转化学习理论框架

3. 翻转课堂教学法

翻转课堂也称颠倒课堂，通过对知识传授和知识内化的颠倒安排，改变了传统教学中的师生角色并对课堂时间的使用进行了重新规划，实现了对传统教学模式的革新。在翻转课堂中，信息技术和活动学习为学习者构建出个性化协作式的学习环境，有助于形成新型的学习文化。

（二）模式过程

李伟等学者基于 MOOC 的"翻转课堂"培训模式在基础教育师资培训中进行探索，该模式在具体实践过程中包含培训体系设计、培训活动组织、培训效果评价和保障体系构建四个环节。

（三）案例分析

以河南省基础教育资源公共服务平台为例，通过对网站已有资源的改造和国内知名平台 MOOC 资源整合，建设河南省基础教育师资培训 MOOC 资源素材库；结合全省基础教育师资培训的现状和特点，在"翻转课堂"的理念指导下，构建河南省基础教育在线培训模式，以实现师资培训中"导、学、教、评、思"五位一体的融合；在具体实践过程中要做好体系设计、活动组织、效果评价和后台保障四个环节的工作，重点解决培训内容泛化、培训资源获取、学习者管理和培训质量监控四个关键问题。

1. 体系设计

基础教育师资培训体系设计在内容上包括课程体系、知识体系、评测体系和交流体系四个方面的内容。

（1）课程体系

建立河南省基础教育师资培训 MOOC 资源库，每门 MOOC 包含课程大纲、考核要求、课程拓展等课程信息。课程大纲是培训者根据参训教师的专业和领域进行分类制定，它包括每门课要完成的教学目标、各个培训环节的基本内容和框架以及培训活动的理论与实践的构成比例等。考核要求由培训者制定，用来考核参训教师的学习效果以及纪律和培训课时，从而使受训者根据考核要求调整自己的学习内容。课程资源拓展是基于 MOOC 平台为参训教师提供对某个专题或培训主题更多的拓展信息，使不同教师根据自己的程度选修不同的课程。

（2）知识体系

根据基础教育教师培训的要求，建立基于MOOC平台的显性的和隐性的学习知识体系。显性学习内容可以通过MOOC中的视频、图片和文字呈现，或者通过翻转课堂中的培训者的讲解传授，是参训教师能直接获得的；隐性学习知识或能力包括教学技能技巧、沟通交流能力、活动组织能力，通过MOOC中的案例分析、交流，或者通过翻转课堂中的培训者和参训教师、参训教师之间的交流、碰撞获得。

（3）评测体系

建立对MOOC资源平台评价和翻转课堂中的评测体系，可以利用平台的自测功能以及基于参训教师之间建立的各类社交平台进行，对翻转课堂的效果评价需要组织者、培训者以及参训教师三方共同完成。

（4）交流体系

培训中的交互活动包括以MOOC平台中的论坛以及QQ、微信等工具进行的交互活动，亦包含在翻转课堂中由培训者组织的面对面深度交互活动，保证交流体系的开放性、主体性、安全性和互动性。

2. 活动组织

（1）路径组织

MOOC平台建有资源学习课前指引和自动测评系统，参训教师在培训前通过导引对培训资源进行自学，然后利用系统测评来了解自己的掌握程度，培训教师根据参训教师的水平差异从而确定不同的培训路径。

（2）节奏组织

培训组织者根据培训前的测试和培训过程中对学员情况的了解，自主决定培训课程内容的难易程度以及上课进度，不求步调统一，但不能让学员掉队。

（3）知识网构建

平台把每次参加培训的课程资源进行整合，包括国内外MOOC资源整合、平台之间的资源整合、培训者之间的资源整合、培训者新旧知识的整合以及线上和线下知识资源的整合，构建一个覆盖基础教育师资培训方方面面的开放性知识网络系统。培训者和参训者既是这个知识网络系统的搬运工，也是新知识的创造者，还能根据自身职业特点选择适合自身的知识网体系。

3. 效果评价

（1）课前测评

培训前的测试是基于MOOC平台自动提供知识预习和水平掌握程度的平台测试，能够及时了解参训教师的个人水平和程度差异，从而能够因材施教，制定不同的培训方案和培训活动组织形式。

（2）过程测评

由于课堂时间的有限性，培训过程的自动测评在翻转课堂的培训模式中显得尤其重要，建立基于能力培养目标的 MOOC 平台自动测评系统，测评时间要短，能够让培训者及时了解并把控培训节奏。

（3）跟踪评估

翻转课堂培训模式需要过程性评价和结果性评价相结合，而培训后的实践评估是结果性评价的主要形式，建立学校、培训者、组织者、参训教师和学生等多方组成的实践评价小组，总结问题，进行反思。

4. 后台保障

（1）资源的后台保障

平台为参训教师提供学习内容和延伸资源的支持服务，包括一般性提供培训的知识服务和信息链接，另外分类对学员提供精准的知识服务内容。

（2）活动的后台保障

活动后台保障包括培训活动指导语、范例、典型支架等活动信息的提供，以及为培训者提供仿真培训活动体验的支持。

（3）评价的后台保障

评价的后台保障包括培训前、培训中和培训后的评价服务内容，培训前评价主要通过系统平台自测，培训中评价为系统评价和人工评价相结合，培训后评价由培训者、组织者、受训者三方进行综合评估等。

本讲小结

"技术不会替代教师，但不会技术的教师会被掌握技术的教师所替代"，技术的更新迭代倒逼教师自己要成为一位终身学习者，教师只有通过不断更新自己的能力和知识结构，才可能成为能够融合新技术、新理念、新方法，不断提高教育教学效率效果的开拓型、创新型教师。本讲从个体、群体以及开放型课程等角度，梳理了技术支持下的典型教师学习创新模式，从中我们不难看出，个性化、情景化、社会化、自适应性等是这些模式中涌现出的共同特征。此外，应尊重教师在学习过程中的"主体"性，教师不仅是培训知识的被动学习者，更是知识的参与者、协同者和贡献者。随着技术的发展，和教师教学场景高度关联、匹配教师最邻近发展区需求的学习内容，遵循实践逻辑、推动教师将外在学习内容转化为内在能力提升，最终推动教师课堂教学行为的转型升级，是后续教师学习领域的重点发展方向。

本讲关键词

技术支持　教师培训　创新学习模式

进阶思考

近年来，在云计算、大数据、移动互联网等技术的推动下，传统的以静态内容呈现为主的在线教育，逐渐迈向了以服务创新为导向的新形态，推动了技术支持下的学习由自主学习范式向自适应学习范式的变革，形成了线上线下混合式培训模式、教师职后培训学习与支持服务体系等探索技术，促进智能时代的教师终身学习和专业自主发展。在智能学习时代，对于教师培训，技术支持下的教师学习模式还可以从哪些方面进一步提升与创新呢？

提升练习

1.【单选】在线社会化学习是指基于社会化网络的以（　　）等为主要活动的一种新型的学习方式。
   A. 联合、交流、分享、创新　　B. 联结、沟通、分享、创新
   C. 联合、沟通、共享、创新　　D. 联结、交流、分享、创新
   答案：B

2.【多选】教师获得微认证的过程大致步骤为（　　）。
   A. 选择活动后台保障　　B. 收集活动后台保障
   C. 提交活动后台保障　　D. 分享活动后台保障
   答案：ABCD

3.【单选】情境适应的教师培训模式主要分为哪四个阶段？（　　）
   A. 泛在学习、组内协作、组间交流、点评总结
   B. 联通学习、组内协作、探究学习、评价提升
   C. 情境创设、合作探究、组间协作、评价巩固
   D. 泛在学习、组内协作、组内交流、点评总结
   答案：A

4.【多选】对基于MOOC平台的交互电子白板教师培训的理论与实践的探索，在构建激发双路径学习发生的环境时，需要哪些策略来实现？（　　）
   A. 提问质疑　　B. 共同设计
   C. 情感表达　　D. 批判性反思
   答案：ABC

参考文献

1. 甘永成，陶舟. e-Learning、知识管理与虚拟学习社区 [J]. 电化教育研究，

2006（1）.

2. 王阿习，陈玲，余胜泉.基于SECI模型的教师培训活动设计与应用研究——以"跨越式项目全国中小学语文和英语骨干教师培训"为例［J］.中国电化教育，2016（10）.

3. ［美］理查德·阿兰兹.学会教学［M］.丛立新，等，译.上海：上海华东师范出版社，2007.

4. 崔慧丽，朱宁波."教育者微证书"：美国新的教师专业发展模式［J］.湖南师范大学教育科学学报，2019，18（5）.

5. 杨盼，曲中林.美国教师微认证述评［J］.上海教育科研，2019（4）.

6. 魏非，等.微认证赋能师范生教师职业能力精准测评研究［J］.中国电化教育，2021（12）.

7. 杜志强.走向"互联网＋个性化"的中小学教师培训［J］.教育科学研究，2021（2）.

8. 龚宝成，等."国培计划"有效路径：网络远程培训［J］.山西广播电视大学学报，2012，17（1）.

9. 李洁，马宁.基于教学设计方案诊断的网络个性化培训模式研究［J］.中国电化教育，2014（1）.

10. 陈丽.远程教育学基础［M］.北京：高等教育出版社，2004.

11. 李洁，马宁.基于教学设计方案诊断的网络个性化培训模式研究［J］.中国电化教育，2014（1）.

12. 陈敏.一种整合情境的多态性泛在学习资源聚合模型研究［D］.北京：北京师范大学，2015.

13. 余胜泉，陈敏.泛在学习资源建设的特征与趋势——以学习元资源模型为例［J］.现代远程教育研究，2011（6）.

14. 陈敏，等.有效学习视角下的泛在学习环境评价研究［J］.开放学习研究，2018，23（4）.

15. 乐国安，纪海英.班杜拉社会认知观的自我调节理论研究及展望［J］.南开学报（哲学社会科学版），2007（5）.

16. 李晶晶.班杜拉社会学习理论述评［J］.沙洋师范高等专科学校学报，2009，10（3）.

17. 孟召坤.社会化网络学习行为影响因素研究［D］.南京：南京师范大学，2016.

18. 汪琼.MOOCs改变传统教学［J］.中国教育信息化，2013（19）.

19. 高瑜珊，汪琼.教师教学能力提升类MOOC的探索与实践［J］.电化教育研究，2017，38（10）.

20. 缪静敏,等.欧洲慕课发展趋势及启示[J].中国远程教育,2022(5).

21. 陈向明.对教师实践性知识构成要素的探讨[J].教育研究,2009,30(10).

22. 汪滢,汪琼.基于Moodle的双路径学习设计与实践——以全国中小学教师交互式电子白板网络培训为例[J].中国电化教育,2015(11).

第五讲
网络协同备课与案例分析

本讲概述

本讲针对基于网络信息化背景下协同备课教研新模式进行阐释。首先介绍了教学设计相关理论，为支持教师信息化教学设计方案的规范编写，对教学设计的定义、可依托的教学设计理论和系统化方法以及信息化教学设计成果等进行阐述和分析，重点介绍了"主导—主体"教学设计模式；其次概述了网络协同备课的重点策略，重点介绍了基于协同知识建构模型的高认知投入、深层次知识建构备课行为；最后，以智慧学伴平台为案例介绍了基于网络的教师协同备课模式和混合式深度备课模式。

知识结构图

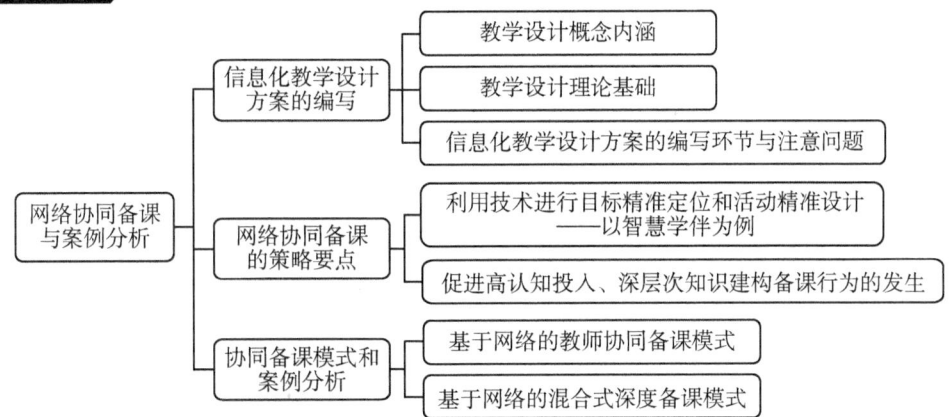

学习目标

学完本讲，你应该能够做到：
1. 编写规范的信息化教学设计方案。
2. 用自己的语言解释网络协同备课教研一般模式。
3. 列举促进教师群体网络深度备课的相关策略和行为。

读前反思

1. 信息化教学设计方案与传统教案有哪些区别？
2. 教学设计需要依据哪些理论方法？
3. 基于协同建构模型的协同备课教研活动应该如何开展？

一、信息化教学设计方案的编写

（一）教学设计概念内涵

教学设计是一种系统的教学过程设计，它以优化教学效果为目标，以学习理论、教学理论和传播理论等为指导，运用系统方法，分析教学问题、确定教学目标、建立教学策略和方案、实施和反馈教学活动和评价、修改和完善教学方案。教学设计涉及教学的各个环节，包括教学内容、方法、媒体、资源、活动、评价等，要求教师根据教学目的和对象，选择合适的教学策略和方案，实现教与学的有效互动和最佳匹配。何克抗教授表明"教学设计是一种系统的教学过程设计，它以优化教学效果为目标，运用系统方法，将学习理论与教学理论的原理转化为具体的教学目标（或教学目的）、教学条件、教学方法、教学评价等教学要素的系统规划"[1]。教学设计要求教师根据不同的教学目标和内容，选择适合的教学方法和媒体，激发学习者的兴趣和动机；根据不同的教学环境和条件，灵活调整和优化教学过程，提高教学效率和质量；根据不同的评价方式和标准，收集和分析教学数据，判断和反馈教学效果。

教学设计内容包括明确教学目标、选择教学方案、教学方案实施、教学评价、教学方案修改五个环节。其中，明确教学目标为课堂教学指明方向，确保教师对课堂教学活动的过程能够清晰认识和整体把握；教学方案的实施、教学资源的优化配置，避免了教学活动松散、本末倒置等问题；对实施方案进行评价和修改，保证了教学活动高效、有条不紊地开展。同时，教学资源的科学、合理、有效利用为提高课堂教学效率提供保障；教学设计通过经济、高效地选择教学资源和媒介工具，合理拟定教学进度、精确时度，从而取得最佳教学效益。因此，教学设计作为理论与实践沟通的桥梁，实现了理论与实践的统一；不仅将教学理论应用于教学实践，而且使教学理论得到实践的检验，促进教学理论的充实和完善，并将教学经验升华为科学理论。

归纳以上的观点，对教学设计的一般定义为：以学习论、教学论、教育传播学、信息技术等作为指导思想的理论依据，采用系统方法，分析学习需要、确定学习目标和任务体系，整合教学策略和制定解决方案，开展评价活动和试行解决方案，并在评价基础上改进工作和方案的有序过程。教学设计的目的是实现教与学的最优化。

（二）教学设计理论基础

1. 依托教学、学习理论

没有理论指导的实践是盲目的实践，因此教学方案务必要依据理论指导，包括学习理论、教学理论、系统理论、传播理论等。当任何一个教学理论被转换为实践或设计方案时，它背后所体现的理论和思想也会随之显现。这就要求教师在教学过程中，遵循

---

[1] 何克抗.也论教学设计与教学论——与李秉德先生商榷[J].电化教育研究，2001（4）：3-10.

一定的理论开展教学实践，在信息化环境下，教学理论的发展和创新日益显现出多元化和综合化的特征，常见的教学理论有建构主义理论、学习理论、"主导—主体"教学理论等。建构主义理论强调知识是学习者在社会文化环境中与他人互动的过程中主动建构的，教师应该提供丰富的学习情境和资源，引导学习者进行探究和合作，促进学习者的自主和创新能力。学习理论认为学习是一种认知和情感的整合过程，教师应该关注学习者的个体差异和学习风格，采用多种教学方法和媒体，激发学习者的兴趣和动机，帮助学习者建立有效的学习策略和元认知能力。"主导—主体"教学理论强调教师和学生是教与学过程中的主导主体，教师应该尊重和发挥学生的主体性，与学生共同参与教学活动的设计、实施和评价，实现教与学的对话和互动。这些教学理论均对教学实践过程具有一定的指导作用。

为了阐述学和教的理论对课堂教学设计的影响如何体现，下面以推荐教师关注的"主导—主体"教学设计理论为例进行说明。这一理论是北京师范大学教育技术学院何克抗教授在分析了"以教师为中心"和"以学生为中心"两种教学模式的特点后，将两者取长补短，提出的一种新的教学模式。在"主导—主体"教学模式下，教师和学生都是教与学过程中的主导主体，他们之间是平等、互动、协作、共享的关系。学生是主动的学习者，他们不仅接受教师的指导，而且参与教学活动的设计、实施和评价，自主地探究问题、建构知识、表达观点、反思经验。教师是教学过程的组织者、指导者，意义建构的帮助者、促进者，他们不仅传授知识，而且创设情境，提供资源、引导讨论、激发兴趣、反馈评价。教材（教学内容）所提供的知识不是学生知识的唯一来源，而是学生主动建构意义的对象之一，它可以是多元化、开放性、问题导向的。媒体也不仅仅是帮助教师传授知识的手段，而且是用来创设情境，进行协作学习、讨论交流，即作为学生自主学习和协作式探索的认知工具与情感激励工具。

"主导—主体"模式教学设计流程是一种综合了"以教师为中心"和"以学生为中心"两种教学模式的优点的教学设计方法，它具有以下四个正向影响：（1）它可以根据教学内容的性质和难度，以及学生的认知结构和水平，灵活选择"发现式"或"传递—接受"教学分支，使教学更符合学习者的实际情况和需求。（2）它在"传递—接受"教学过程中基本采用"先行组织者"教学策略，即在教学前对学习者进行必要的预备活动，激发其对新知识的兴趣和预期，激活其相关的先前知识，为新知识的接受和理解打下基础，同时也可采用其他的"传递—接受"策略（如示范、讲解、演示、训练等）或自主学习策略（如自我探究、自我评价等）作为补充，以达到更佳的教学效果。（3）它在"发现式"教学过程中也可充分吸收"传递—接受"教学的长处，如进行学习者特征分析，以便为不同类型的学习者提供不同层次和形式的指导和帮助；或促进知识的迁移，以便让学习者将所发现的知识应用于不同的情境和问题中。（4）它便于考虑情感因素（即动机）的影响：在"情境创设"或"选择与设计教学媒体"中，可通过适当创设的情境或呈现的媒体来激发学习者的动机，如引起其好奇心、兴趣、欲望、期待等；而

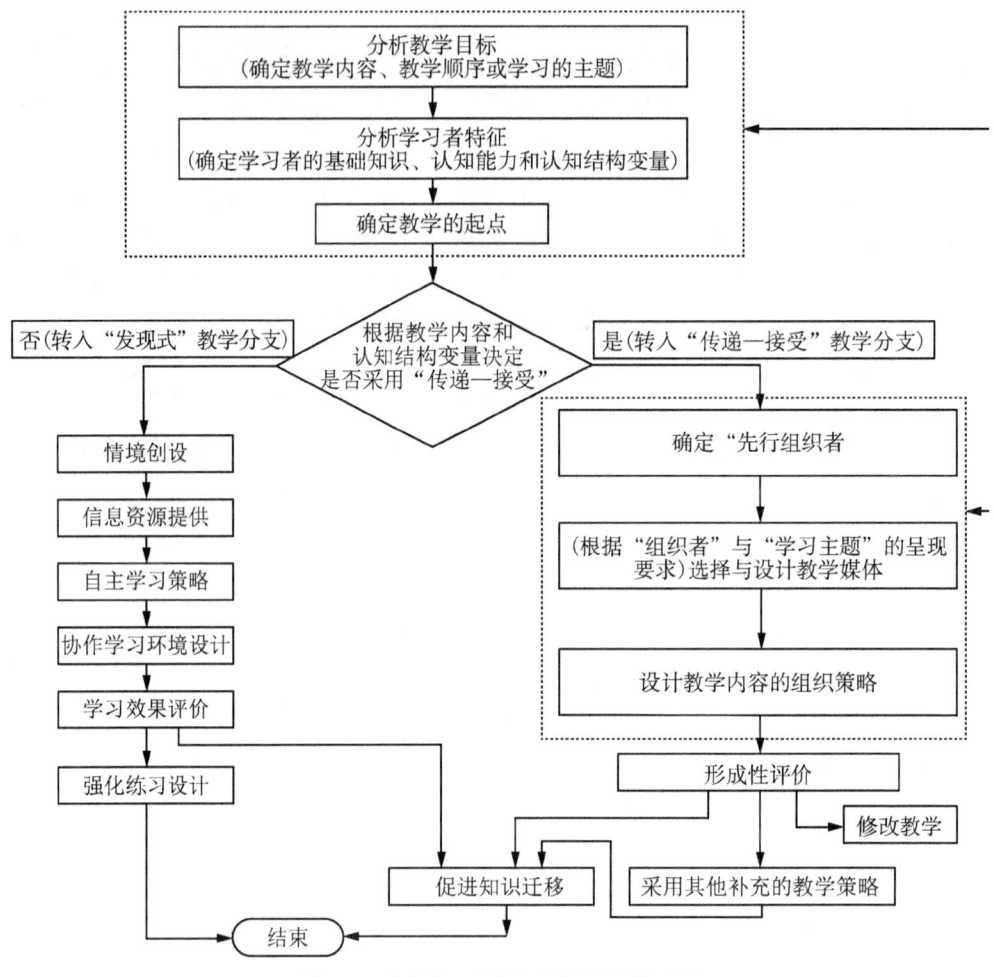

图 5-1 "主导—主体"教学设计模式图

在"学习效果评价"环节或根据形成性评价结果所作的"教学修改"环节中,则可通过讲评、小结、鼓励和表扬等手段促进学习者三种内驱力的形成与发展,即自我效能感、归因感和目标导向感(视学习者的年龄与个性特征决定内驱力的种类)。

"主导—主体"教学设计模式既强调了学生的主体地位,促进学生的意义建构和自主学习,又注重教师的主导作用,使教师能够有效地组织、指导、帮助和促进学生的学习,是一种教与学并重的教学模式。以其作为理论依据进行教学设计可促进课堂教学的优化,提高教学效果和质量。因此,进行教学设计时必须以教学理论和学习理论为理论基础和决策的科学依据,如建构主义理论、认知负荷理论、元认知理论、动机理论等,只有这样才能实现教与学的最优化。

2. 系统思维理论和方法

教学设计领域的一本经典著作《系统化教学设计》(第6版)提出:与传统的教学观相比,较现代的教学观更强调教学是一个系统化的过程,在这个过程中,每个成分(如教师、学习者、教材和学习环境）都对学习的效果和质量有着重要的影响。这种认识通常叫作系统观，它主张采用系统化方法来设计教学，以提高教学的有效性和效率。系统化方法的核心是系统的概念，它从技术上来说是指由相关部分组成的整体，这些部分协同合作，共同实现某个既定目标。系统各组成部分之间通过输入输出建立联系，整个系统使用反馈来判断是否达到了目标，如果没有达到目标，就需要进行调整和改进。基于这样的理念，教学系统设计从最初确定教学的指导思想，到明确教学的目标和内容，再到分析学习者的特征和需求，从教学方法、教学活动程序、教学组织形式等一系列具体教学策略的选择、制定，直到对教学效果进行评价和反思，都是从各种教学理论中吸取精华并综合运用，以保证整个教学设计过程获得成功。

　　教学系统设计是一种以系统方法为指导的教育设计方法，它旨在构建一个能够有效促进学习的教育系统。系统思维理论和方法对于教学系统设计的产生和发展有着重要的影响，主要体现在以下三个方面：（1）教学系统设计首先将教育、教学作为一个有机的整体来分析和处理，并运用系统方法对其进行全面的设计、开发、运行和管理，使之成为一个具有优良功能和高效性能的系统。（2）教学系统设计考虑了教学系统的各个组成要素，如教师、学习者、教材、学习环境等，并将基于系统方法的设计过程规范化，提供了一套可行的教学系统设计的操作程序和技术方法。（3）随着系统理论的不断发展，人们开始从更广阔的角度审视教学系统——将教学系统视为一个嵌在社会大系统中的子系统，从而拓展了教学系统设计研究的范围，不仅关注教学系统内部的结构和功能，而且将教学系统与能够提供丰富学习资源的社会系统相互联系和协调。

　　因此运用系统化方法设计教学，就是要把教学过程看作一个由多个组成部分构成的整体，每个组成部分都有着重要的作用和功能，就像软件系统中的各个部件一样，为了实现期望的输出效果，必须有效地协同工作。这意味着软件系统中的各个部件要有明确的功能和职责，函数与参数要能够相互配合和沟通，要能够处理可能出现的错误和异常，要能够适应不同需求和环境。只有这样，软件系统才能达到预期的目标和效果。同时，教学系统不仅要有评价系统输出的学习效果的机制，还要有在学习效果不理想时进行调整和改进的机制。这就要求教师在进行教学设计时，应用系统方法分析教学系统中各要素之间的本质联系和相互影响，并在设计中综合考虑和协调它们的关系，以提高教学系统的有效性和效率。

（三）信息化教学设计方案的编写环节与注意问题

1. 具体各环节计划

　　教学设计的目的是要创建一个能够有效促进学习的系统化的环境，而教师作为这个环境的设计者和管理者，需要作出许多重要的决定，例如：提供什么样的教学内容和材料；如何安排教学的步骤和顺序；采用什么样的教学方法和活动；选择什么样的媒体和工具来支持不同类型的学习等。这些决定应该是基于系统的、目标导向的原则和方法，因此教学设计需要被分解成几个不同的任务，形成一个具体的环节流程，也就是教师需要对每个环节进行具体的规划，形成可操作的实施方案。

第一，教学目标分析。教学目标是教学设计的出发点和归宿，各个环节的具体计划都是为了实现教学目标而制订的。分析一个教学目标的理由和依据是为了确保各个环节之间的一致性和协调性，以及最大限度地提高达成目标的效果。在课堂学习系统中，教师、学习者、教材、学习环境等要素以各种方式相互作用，共同促进学习这一总目标的实现。

第二，学习者特征分析。这一环节是指在教学开始之前，对学习者现有的知识、能力、技能、兴趣、动机等进行测量和分析，以了解学习者的学习起点和需求。换句话说，就是要弄清楚学生已经掌握了哪些与当前学习任务相关的知识和技能，以及为了达成教学目标，他们还需要哪些知识和技能。这一输入与预期的输出之间的差距就是教师需要教授的内容。只有明确了这一差距，我们才能对教与学作出合理的安排。

第三，教学策略设计。教学策略是指为完成特定的教学目标而采用的教学活动的程序、方法、形式和媒体等因素的总体考虑和选择，也就是在不同的教学条件下达到不同的教学效果所采用的不同的方式、方法、媒体等。教学策略主要解决教师"如何教"和学生"如何学"的问题，使教学设计研究具有针对性和实效性。

第四，学习环境设计。学习环境是影响学习者学习的外部环境，是促进学习者主动建构知识意义和发展能力的外部条件。这要求教师在设计教学、实施教学时，需要从学习者的层面看待教学，构建体现学生主体性的学习环境，这也是有效教学的基本条件。一个好的学习环境应该具有开放性、多态性、互动性、支持性等特征。

第五，媒体和资源设计。由于多媒体教学系统和现代教育技术资源具有交互性、集成性和多维性的特点，可以使原来抽象、枯燥的学习内容通过图形、动画等表现形式而变得直观；可以有效实施以教师为主导、学生为主体的教学模式，实现教师与学生的双向交流，为学生创造一个自主学习的教学环境。因此，在设计媒体和资源时，要考虑它们与教学目标、内容、方法、活动等的匹配度，以及它们对提高教学质量和效率的作用。

第六，教学评价设计。教学评价是指对课堂教学实施过程中出现的客体对象（如教师、学生、内容、方法等）所进行的评价活动，对课堂教学具有导向、激励、决策和鉴定功能，是促进教师专业发展和提高课堂效果的重要途径。在设计教学评价时，要明确评价的目标、对象、内容、标准、方法、工具等，并要注意评价结果的反馈和利用。

2. 教学设计方案编写注意问题

教学设计方案是对教学设计的整体规划和说明，它可以有两种编写格式，即论述式和表格式。论述式的教学设计方案用文字描述教学设计的各个要素和环节，表格式的教学设计方案用表格形式概括教学设计的主要内容。不管采用哪种格式的教学设计方案，都要涉及教学目标或学习目标、教学内容、学生的行为、教师的活动、教学媒体和时间分配等方面的描述。这些方面都是教学设计的重要组成部分，相互关联、相互影响。其中，教师普遍在教学目标的编写方面存在问题，如目标不明确、不具体、不可量化评估等。这会影响教学设计的质量和效果，因此教师需要提起重视和改进。

（1）注意教学目标编写的规范性

①布鲁姆教学目标分类表

布鲁姆教学目标分类表是一种常用的教学目标编写的参考工具，它将教学目标分为三个领域：认知领域、情感领域和心理技能领域。其中，认知领域指学生的知识、理解、应用、分析、综合和评价等能力，情感领域指学生的兴趣、态度、价值观和情感等，心理技能领域指学生的动作、操作、技巧和习惯等。每个领域下又有不同的层次，从低到高依次表示教学目标的难度和复杂度。教师在编写教学目标时，可以根据教学内容和要求，选择合适的领域和层次，用相应的动词来描述教学目标。

课程专家洛林·安德森等对布鲁姆教学目标分类学进行修订，提出新的目标分类理论和体系。新的分类框架主要针对认知领域，包括认知过程维度和内容维度。认知过程维度是描述教学目标的动词，涵盖记忆、理解、应用、分析、评价和创造；内容维度是描述教学目标的名词，包括事实性知识、概念性知识、程序性知识和元认知知识四种类型，每一种类型下还有更详细的亚类。教师在编写教学目标过程中可基于表5-1中横向纵向两个维度进行参考。

表 5-1 教师布鲁姆教育目标分类表

内容维度	认知过程维度					
	记忆	理解	应用	分析	评价	创造
事实性知识						
概念性知识						
程序性知识						
元认知知识						

②内外结合表述法描述目标

内外结合法是为了弥补行为目标的不足。格伦兰提出了用内部过程与外显行为相结合的方法来描述教学目标，他把教学目标分为两个水平：对学生学习结果的内部状态的描述（内），先用描述内部过程的术语（知道、理解、掌握、欣赏、尊重）表述总体目标，侧重描述学生内部的心理发展；再用 ABCD 法描述外部行为表现（外），列举反映这些内在心理变化的外显行为，侧重描述学生达到目标时的具体行为，是总体目标的具体化。ABCD 法指用四个要素来描述行为目标，即对象（Audience）、行为（Behavior）、条件（Condition）和程度（Degree）。例如，语文课的一个教学目标可以这样表述：【内部心理过程】理解议论文写作中的类比法。【行为样例】用自己的话解释运用类比法的条件。【ABCD 法】在给定一篇议论文的情况下（条件），学生（对象）能够准确地（程度）用自己的话解释运用类比法的条件（行为）。

（2）注意信息化课堂突出技术使用的三个重点

在打造信息化课堂过程中，教师可以利用各种信息资源和技术工具来支持"教"与"学"的有效开展。教师为了支持学习者的主动探究和完成意义建构，在学习过程中要为学习者提供各种信息资源和认知工具，包括各类教学媒体和学习资料、学习软件、学习平台等。这些信息资源和认知工具不仅用于辅助教师的讲解与演示，还要用于支持学生的自主学习和协作式探究。但需要注意的是，教师在选择和使用技术工具时，要考虑它们是否与课堂教学的目标、内容、方法、活动等相匹配，是否能够促进学生的认知、情感和社会发展，要注意以下三点：①要突出"认知探究工具"的作用——作为获取、分析、加工、利用、评价信息的工具，帮助学生扩展知识视野，提高思维能力，解决问题。②要突出"情感激励工具"的作用——作为动机激励与情操陶冶工具，激发学生的学习兴趣，培养学生的价值观，增强学生的自信心。③要突出"协作交流工具"的作用——作为协作交流、促进意义建构的工具，促进学生之间的互动与合作，共享与交流信息，建立共同的理解。由此保证教师为学习者提供的教学媒体、资料、软件等能真正起到认知探究工具、协作交流工具及情感激励工具的作用。

（3）形成信息技术支持下教学设计成果——教学设计单元包

在信息化教学背景下，教学设计的理念和方式已经发生了变化，不再是侧重教授知识的内容和对教材的重新组织的传统教案，而是侧重教学活动和教育资源的设计和利用的信息化教学设计。信息化教学设计的成果是一个包含了多种元素的教学设计单元包，它是为了实现特定学科单元教学目标，基于现代信息技术开发的一套相互关联的课程单元教学规划和支持材料。教学设计单元包一般包括以下几类。

第一，教学设计方案。它是对教学设计的整体规划和说明，包括教学目标/学习目标的定义、教学对象分析、教学策略与教学活动设计、教学媒体的选择和分析、具体的教学流程图等。教学设计方案要体现教学的目标导向性、系统性、实效性和创新性。

第二，多媒体教学课件。它是为了支持教学活动而设计的各种计算机应用软件，是文本、图形、图画、声音和动画等多种媒体元素的集合体。目前，常用的多媒体编辑软件有 Powerpoint、Flash、FrontPage 等。多媒体教学课件可以使抽象、枯燥的教学内容变得直观、生动，可以实现教师与学生之间的双向交流，可以为学生创造一个自主、互动的学习环境。多媒体教学课件可以由教师自己制作，也可以使用现成的商品化软件，但要注意课件的质量和适用性，要符合教学的需要，符合学习者的特征，具有教育性和科学性及较强的实用性。

第三，学生作品范例。它是为了帮助学生了解学习成果的形式和要求，而由教师设计、制作的一些参考样本。教师在提供范例时要强调范例只是一个参考，不是一个标准，范例是对学生的启发，教师要鼓励学生在范例的基础上进行创新和改进，而不是简单地模仿或复制。

第四，学习参考资源。它是指围绕教学内容和目标收集和整理的各种有助于教学和学习的资源。这些资源不仅包括教师收集的供自己教学备课用的资源，如相关的文献、资料、案例等，也包括学生在学习过程中完成的各种作品，如调查报告、实验报告、课题研究等。收集的资源要按照教育资源建设技术规范的要求进行整理，如添加元数据、分类标签等，便于资源建设和资源共享，延长资源的生命力，增加资源的利用率，提高资源的利用价值。

第五，活动过程模板。它是指根据学习内容和学习活动设计的需要，教师事先准备好的一些学习记录表单的样例，如实验报告模板、信息调查模板等。这些模板可以帮助学生在学习过程中按照一定的格式和要求填写一些调查表、实验报告、记录单、活动评价表等。这样有助于学生将主要精力集中在学习任务上，提高学习的效率。当然，在开展研究性学习的过程中，由于任务的多态性以及个性化，有些记录表单是无法预先设计的，教师可以鼓励学生自行设计。

第六，活动过程评价量表。它是指在教学活动中所采用的评价方法（对参与活动的学生的观察评价、问卷调查等）、评价的对象（学习的差异、情感差异、信息处理能力差异等）、评价量表、评价数据、对评价数据的统计和分析等。在课堂教学中，包括对教学活动过程中学生的表现（主要是课堂参与、协作学习过程中对小组的贡献、完成任务的情况、学习过程的态度与兴趣）、学生的作品等进行评价的具体项目及标准。这些量表包括课堂观察表、学生互评表、学生自评表、教师评分表等。这些量表可以帮助教师对教学效果进行客观和全面的评价，为教学改进提供依据。

二、网络协同备课的策略要点

（一）利用技术进行目标精准定位和活动精准设计——以智慧学伴为例

网络协同备课是一种利用信息技术和网络平台，实现教师之间的教学资源共享、教学经验交流、教学设计合作的教研活动。网络协同备课不受时空的限制，可以扩展教师的视野和资源，提高教师的专业水平和教学效果，具有跨时空、共享、协作、平等的特点。[1]但是，网络协同备课也存在一些问题和挑战，如目标不明确、活动不规范、沟通不顺畅等。因此，在开展网络协同备课的过程中，需要利用以下策略，让网络协同备课的深度和效果发挥出来。

智慧学伴是一种智能教育平台（北京师范大学未来教育高精尖创新中心研发），它汇聚了学生学科核心素养发展的学科能力表现指标体系，学习指标描述精细而具体，可以帮助教师针对实际教学制定精准的教学目标。智慧学伴还提供了多种功能和服务，如数字化试题库、组卷功能、诊断报告、个性化推荐等，可以帮助教师进行目标精准定位和活动精准设计。因此，教师可以将传统纸质导学案转换为数字化试题，借助智慧学伴平台组卷功能发布课前微测。教师课前引导学生自主学习并完成习题，利用课前微测的诊断报告探查学生学科能力发展的瓶颈，明确课堂教学中的重难点和教学活动。

---

[1] 黄芳.网络协同备课助力化学教师专业成长[J].知识窗（教师版），2020（3）：54.

结合前测数据报告，制定教学设计目标

学习目标掌握情况	题号	班级平均得分率
能找到具体问题中的数量关系，并列出符合题意或客观条件的一元一次方程（识别与记忆、简单问题解决能力）	1, 2	95%
挖掘题目中隐含的等量关系或规律，列方程解决具体问题（综合运用能力、探究与建模）	3, 4, 5	56%

题号	班级得分率
1	99%
1.1	100%
1.2	97%
2	91%
2.1	92%
2.2	89%
3	62%
4	57%
5	49%

图 5-2　《一元一次方程》课程学生前测

以《一元一次方程》教学为课例，教师利用智慧学伴平台发布课前微测，测试学生对一元一次方程的认知层次能力，包括识别与记忆、简单问题解决、综合运用能力、探究与建模等。学生前测情况结果如图 5-2 所示，数据显示学生在低认知层次能力中的识别与记忆、简单问题解决方面的班级平均得分率为 95%，说明掌握程度较好。但是在综合运用能力、探究与建模方面的班级平均得分率只有 56%，这说明学生在高层次能力认知方面掌握情况较弱。由此，教师通过精准分析将本节课教学目标设为：①能用一元一次方程分析和解决一类有趣的图形问题，探索图形间等量关系。②通过观察、实验、动手操作，分析各种量之间的联系，探究等量关系（探究与建模）。③培养学生用方程方法分析问题、解决问题的能力（综合运用能力）。这些教学目标既符合课标要求，又体现了由浅到深、层层推进的原则。教师将本节课教学重点设为：将生活中的问题转化为数学模型，这是一元一次方程的核心内容和应用价值。教师将本节课教学难点设为：能够从复杂的几何图形中找到等量关系列出方程，这是考验学生观察力、思维力和创造力的关键。综上，教师通过基于技术的诊断和分析，对学情进行了精准刻画，并根据诊断结果制定了合理的教学目标和教学重难点。

（二）促进高认知投入、深层次知识建构备课行为的发生

1. 协同知识建构模型

"知识建构"是一种认为知识是由学习者在与环境的互动中主动创造和改变的认知理论，此理论认为知识建构是一个创建、分享个人知识并不断修正公共知识的认知过程，是通过创建公共认知目标，小组协同讨论、协商以达到综合的想法，以及创建新的共同的认知产物的过程来实现的。具体而言，协同知识建构指多个学习者在社会互动中共同参与知识建构的过程，它包括个体建构和社会建构两个循环。个体建构指学习者在自己的心智中形成和改变自己的知识结构，社会建构指学习者在与他人的交流和合作中形成和改变共同的知识结构。协同知识建构突出强调群体活动的重要性和人工制品的重要性。人工制品指学习者在协同知识建构过程中产生的各种文本、图表、模型等，它们可以反映学习者的思维过程和成果，也可以作为学习者之间交流和协商的媒介。从认知的不同阶段和知识形态的动态发展两个方面来描述知识建构过程。结合知识建构理论，有学者提出了面向知识建构的教师网络协同备课模式，参考相关知识建构模型，依据知

识协同建构的内在规则来设计外在活动,让教师经历共享、质疑、协商和综合、实践整个过程。这样可以促进教师高认知投入、深层次知识建构备课行为的发生。

在知识建构过程当中,要特别地注重活动的设计,进而形成一定的制品。例如,教师在协同备课知识建构过程中,通过教研活动的多模态设计,形成典型教学方案等制品,要强调过程中彼此的交流与对话,促进双方外化的表达,对不一致的地方进行进一步辩论等深层次对话,并在这种交流过程中进一步形成意义的建构和理解,从而使方案质量逐步提高。表 5-2 呈现了在备课过程当中不同层次知识建构的备课行为及其样例。

表 5-2 不同层次知识建构的备课行为例表

层次	具体描述	分析样例
第一层次:分享信息观点,针对讨论主题进行描述	对某个观察结果或者某个观点进行描述	例如:针对网络协同备课方案提出自己的评价和观点
	对其他参与者的观点表示认同的描述	例如:对网络协同备课方案的设计表示认同
	证实其他学习者所提供的例子	例如:证实其他参与者的设计
	相互询问、回答以澄清描述的问题	例如:对协同备课方案的设计进行针对性的提问以达到最佳的理解
	详细地说明、描述、确定一个问题	例如:详细地说出协同备课方案中的问题
第二层次:学员发现和分析各种思想、概念或者描述中不一致的地方,深化对问题的认识	确定并描述不一致的地方	例如:说明参与者跟教师备课方案不一致的地方
	询问、回答问题以澄清不一致的地方与差异程度	例如:针对其他教师或者方案的设计提出疑问
	重申学习者立场,并利用学习者的经验、文献、收集到的正式数据或者相关的隐喻建议或者类比来进一步阐述、支持其观点	例如:通过列举自己的教学经历来例证自己的教学设计观点
	提出替代假设	例如:针对某一处的设计提出直接替换的设计思路

续表

层次	具体描述	分析样例
第三层次：意义协商，进行知识的群体建构	协商或者澄清术语的意义	例如：针对设计点中的某一个话语的含义形成统一意见
	协商各种观点并分辨其重要性	例如：分析替代设计跟原设计之间的差异，并说明哪一个更好
	鉴别相互冲突的概念间存在的共同之处	例如：发现两处不同设计之间的相同之处
	提出并协商体现妥协、共同建构的新描述	例如：直接修改协同备课方案，且修改的最终结果不被其他参与者重新修改
	整合包含隐喻或者类比的建议	例如：能够从一定的高度总结设计思路的异同
第四层次：对新建构的观点进行检验和修改	略	例如：教师对在协同建构中收获的知识进行教学实践验证
第五层次：达成一致，应用新建构的观点	略	例如：教师在验证新知识之后重新进行修订

2. 常见深度备课行为及案例

（1）替代策略或资源分享

这是一种深度备课的常见方式，它指教师在教学某个内容时，分享自己的教学策略、方法或相关资源，以达到更好的教学效果。同时，教师还要阐释自己选择这种策略或资源的设计原则或依据，让其他教师了解其背后的思考和理念。

如图 5-3 所示，在进行《丑小鸭》导入课题时，原设计教师的思路是通过简介安徒生导入课题。第二位教师则提出了相关替代策略：出示一张鸭子和天鹅的图片让学生辨认，告诉学生今天我们将学习一篇小故事，有一只鸭子变成了天鹅。你们想知道故事的经过吗？请看动画片。这种导入方式可以引起学生的好奇心和兴趣，激发他们想要了解故事的动机；同时，也可以预设故事的主题和情节，为后面的阅读做好铺垫。第三位教师又提出另外一个替代策略：通过出示图片，还可以随机教学"鸭"这个字，利用板书的机会指导学生正确书写。这样围绕一节课的导入，通过替代策略或资源的分享，汇聚、分享了不同的导入策略，方便教师间进行比较、协商和选择。

第一课时

一、简介安徒生，导入课题
1、简介安徒生

我的分享：如何导入的方法

我：出示一张鸭子和天鹅的图片让学生辨认，告诉学生今天我们将学习一篇小故事，有一只鸭子变成了天鹅。你们想知道故事的经过吗？请看动画片。

我的想法：随机教学"鸭"，利用板题的机会指导写字。

图 5-3 替代策略或资源分享案例

（2）对话或协商

这是一种深度备课的常见方式，它指教师在讨论某个教学方案时，对方案中的某些具体环节处理不理解或不认同，以问题形式提出自己的质疑（包括支持、反对、质疑、解释、补充），在此基础上进行探讨和协商，以达成共识或改进方案。

如图 5-4 所示，在课堂中设置全班交流识字方法，但引导学生总结不同的识字方法这个环节，由于原有设计阐述不具体不深入，课题组借此契机进一步引导，建议围绕识字教学策略进行持续分享和分析，推动教师进行群体对话，在对不同识字方法进行交流的基础上，推动本课设计细化、深化。

3、全班交流识字方法，引导学生总结不同的识字方法。

课题组：这节课适合用什么识字方法？结合这个课来具体分析一下吧，老师们可以参考201"丑小鸭"中识字环节的协同修改

请参与讨论：识字教学策略分享

4、去掉拼音读生字词。

图 5-4 对话协商案例

（3）修订

这是一种深度备课的常见方式，具体是指教师在审阅某个教学方案时，对方案中不规范、不得当、不深入细化之处直接进行修订，以提高方案的质量和可行性。

如图 5-5 所示，原有方案仅仅说明要开展拓展阅读，但是对阅读什么、阅读方式缺乏必要的说明和预设计。对此，对方案进行进一步的补充和修订：①拓展阅读，明确具体的阅读篇目（还可以明确具体的阅读问题，比如安徒生童话有哪些主要特点？安徒生童话给你带来了哪些启示和感动？你最喜欢哪一篇安徒生童话？为什么？）。②进一步明确阅读的要求。通过直接修订，可以发现并改进方案中存在的不足，使方案更加规范、合理、深入细化，从而提高教学效果和效率。

四、走进资料城

1. 拓展阅读：99页"课文学习"《字谜》《安徒生》。

2. 大声朗读，注意读书姿势。

图 5-5 修订案例

(4) 方案收敛，主备教师对方案点评予以及时反馈并进行迭代优化

主备教师需要和参与协同教师进行持续对话，表现为主备教师要回应每个参备教师的问题和建议，结合其他教师的反馈，对方案进行持续收敛和修订。如智慧教研平台，每次主备教师做了修订后，方案都会保留相应版本，两份方案版本差异的部分还可以直接以修订方式进行对比呈现，进而有助于教师反思其教学设计的演化过程。

(5) 基于备课内容，提供相关拓展性的学习资源或材料

在群体备课过程中，有的需求不一定能在群体内得到满足，需要协同备课组织者诊断教师教学设计中的共性问题，确定本次协同备课的教研主题，并引入外部资源——在线推送学习资源和材料，推动教师在学习基础上，引入新的理论和方法，再对方案进行完善。对于推送的资源，可以鼓励教师们以微批注或评论方式分享各自的阅读心得。在此过程中，教师个体通过跟学习材料之间的交互，为后期的网络协同备课提供知识储备。根据方案诊断，发现教师有效问题设计能力普遍需要提升，进而为教师推送相关有效问题设计文献。

(6) 组织机制保障和群体动力支持

在协同知识建构过程中，需提供技术操作、小组分工、活动流程说明、评价方案等相关说明材料。明确协同备课激励机制，根据参与积极性、协同贡献度等因素推举最佳协同备课小组、最佳协同备课教师等。为促进教师深度研讨和协同，避免教师的"面子工程"对备课深入度的影响，必要时可以采取网络匿名方式进行分享和研讨，去掉方案原设计人员信息，让教师放下包袱、坦诚分享，促进教师关注设计本身。此外，还可以进行必要的过程干预和参与提醒，对组内参与度强、贡献多的组员提供积极的正面反馈，并及时对参与度弱的教师提供干预和指导。

三、协同备课模式和案例分析

自1952年教研组在我国产生之日起，协同备课便成为我国中小学普遍采用的教研方式并活跃于基础教育领域，是促进教师专业发展、提升课堂教学质量、形成良好教研文化的重要途径。然而，有研究者指出传统协同备课活动具有以下弊端：第一，跨区域教研交通不便，这种依赖时空统一的组织方式成本高且效率低下；第二，对教学设计的观察不够细致，难以高效、精准聚焦和提取，进而难以产生深层次、高质量的对话和碰撞，而对执教者而言，也难以从大家的碎片化的修改意见中直接获得一致的、针对自身教学的解决方案。上述问题导致传统备课难以实现精准、深度化，因此听评课活动的有效实施需要借助信息技术的作用。

（一）基于网络的教师协同备课模式

基于网络的协同备课模式围绕相关教学主题通过编写教学设计方案，教学设计方案分享，教学设计方案比较阅读、点评，教学设计方案的协同修改、创建，教学设计方案实施，反思教学等活动，完成个人知识构建，完成知识在教研群体中的共享、比较、争

辩与协商、进化，并通过知识的实践和检验，最终完成知识的内化和组合化。下面对面向知识建构的教师协同备课流程的 6 个实施环节进行阐述。

1. 确定协同备课分工，社区发布公告，明确协同备课要求

在开始校际协同备课之前，根据教学主题和目标，确定协同备课的小组和成员，分配协同备课的任务和角色，通过社区发布公告的形式通知所有参与者，并通过学习元的形式明确协同备课的要求和标准，以保证协同备课的顺利进行。

编写方案、确定小组。参与备课的教师在线提交体现个体知识建构的教学设计方案，形成相应的协同备课知识群。这体现了教师对相关教学设计知识的外化和显现化过程。

2. 同组教师方案协同建构、网络交流、修改批注

根据参备人数进行分组，同组教师对同一方案进行协同编辑，包括对方案内容进行群体修订、评论（对方案整体进行评论和打分）和微批注（针对方案的某个部分提供支持、批判、提问、解释、补充批注等）。

3. 聚焦问题，并提供活动、资源和策略指导

根据方案协同过程中涌现的问题，协同备课组织者根据参与教师所在年级及学校等，组织线上协同备课与集体听评课活动，活动过程中，依据平台评论总结梳理出所执教课例优点、待改进点及待讨论点，并组织教师进行研讨发言；可以邀请外部相关专家根据教师的问题推送相关学习资源（课题阅读材料、其他老师的优秀方案），对教师协同备课不能解决的问题提供方法和理念指导。

4. 组间互访，二次修订

组织者鼓励不同组进行互访，浏览其他组的方案，在吸收经验同时，贡献自己的策略或意见。根据组间交互过程中产生和形成的新的见解和观点，各小组回到组内重新审视自己的修改意见，并通过协同编辑方式作出进一步的修订。组内协同、组际互访和组内二次协同，推动了教学设计知识的共享、质疑、协商和综合。

5. 区域研讨课、根据方案开展课堂教学

完成了设计方案后，接下来需要将其应用在教学实践中，教师根据协同教学设计方案进行执教，同组教师进行教学现场课观摩，在观摩的基础上开展评课。通过知识的实践化，反过来可以进一步验证、修正相关教学预设，以实践推动理论知识的理解和反思，从而实现理论和实践的互补。

6. 教学反思、完善方案

教师参考协同备课过程中课题组专家及同科组教师建议，结合课堂实践的相关评课反馈意见，反思教学设计预设和生成的差异及原因，进一步完善方案，以教学反思的形式提交到网络平台。教师通过对协同备课过程的反思和梳理，进行知识的提炼和收敛，在实现教师个体知识的内化和组合化基础上，为后续协同备课活动提出了新需求、新主题。

（二）基于网络的混合式深度备课模式

除了完全基于网络开展协同备课，平台还可以开展线上非实时、线上实时和线下交流相混合的备课活动，基于网络的混合式深度备课模式是一种融合线上和线下环境的备课方式，可以提高备课效率和教学质量。这种模式体现在教师备课过程的不同阶段和不同环境中。在混合式备课模式中，线上侧重教师自主备课和群体教师协同在线备课。教师可以利用网络平台获取各种备课资源，进行自主备课，独立思考和设计教学内容。同时，教师还可以与其他教师进行在线协同备课，分享教学经验、教案和教学资源，互相借鉴和提供反馈。而线下侧重群体教师研讨交流，结合群体教师的实践和反思，将备课内容应用于实际教学中，通过实际教学进行操作和反思，如图 5-6 所示为混合式协同备课的参考模式。

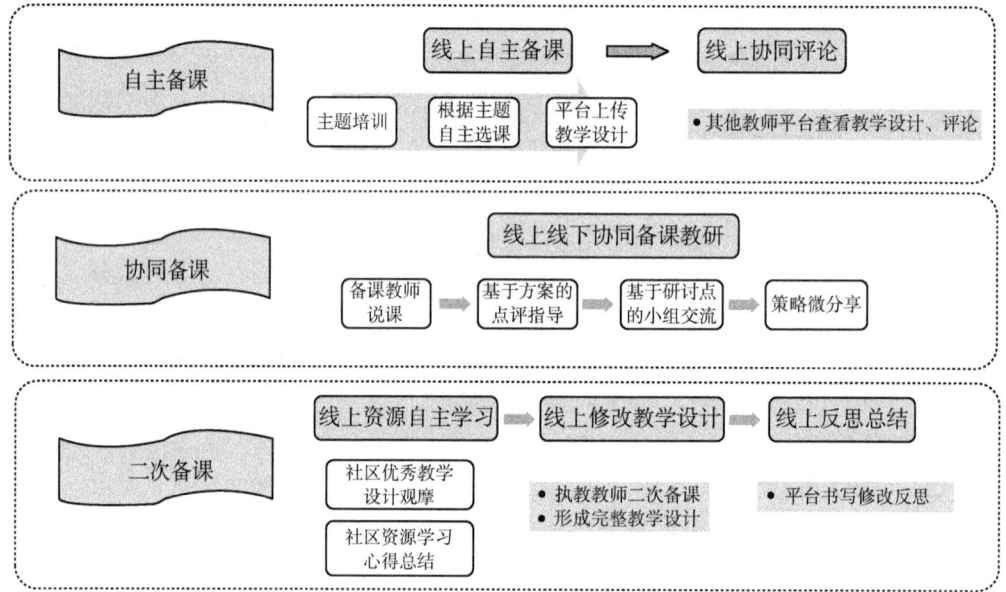

图 5-6　基于智慧教研平台的教师协同备课流程

下面结合西部某中学参与智慧教研的活动案例对本模式的各个环节进行详细介绍。

（1）自主备课

①确定学科教研主题

在开展自主备课之前，通过访谈、问卷、深入课堂观察等深入调研，总结得到该实验学校教师特点：各科组教师数量较多，教师平均年龄较大，科组教师备课理念陈旧，集体备课缺乏积极性和模式指导。因此，智慧教研活动目的定位于协助教师在理念方法及教研模式方面得到学习；前置调研为后续备课活动进行前期预测性准备，找到突破点及教研主题。

②开展相关主题培训

确定学科教研主题后，基于主题开展相关主题培训、专家讲座，为本学期后期教研活动的开展提供相应的理念及资料支持。

③执教教师根据主题自主选课

教师根据主题培训和教学内容，自主选择合适主题的备课篇目；并在课题组相关外部专家指导下，完成自主备课，上传至智慧教研平台。

（2）协同备课

科组教师线上协同查看评论：同科组教师平台查看执教方案，在评论区初步发表个人观点和建议；课题组外部专家挖掘评论中共性焦点，并设置研讨点，为后续深入协同研讨做好必要的准备。

组织开展线上线下协同备课教研活动，如本案例中，线上基于腾讯会议平台，课题相关专家在视频一端进行实时交流，视频另一端教师聚集在一起，根据需要和课题专家进行实时交流，或者和线下的科组教师进行现场交流和备课。

①备课教师说课

备课教师从说教材、说学情、说目标、说重难点、说教法学法、说教学过程、说板书、说设计意图、说教学活动等模块介绍教学设计整体意图。

②课题组基于方案点评指导

课题组外部专家教师提前查看执教方案，结合教研主题和平台同科组教师的评论，从教学设计的优点和待讨论点给出备课建议指导。

③基于研讨点小组交流

科组教师结合课题组外部专家对教学设计的点评，围绕提出的研讨点进行小组交流，并汇报交流所形成的结果，这既是对方案本身的修订和反馈，又体现出设计之上的相关方法和策略的交流和研讨。

④策略微分享

备课组织者或主持者对讨论结果也提出总结建议，并在教师讨论结果的基础上针对研讨点，提供相关拓展资源。如本案例中，课题组专家基于教师的研讨和需求，在协同完毕后，基于主题的语文阅读策略开展微分享，促进教师对相关知识的拓展和学习。

（3）二次备课

①线上资源自主学习

根据备课需要，组织者或主持者在社区进一步上传主题模式下的优秀教学设计资源等，在更多优质方案中，进一步理解相关策略知识，为后续的二次备课提供相关方法策略基础。

②二次修订

观摩完社区资源之后，科组所有教师根据自主学习情况在平台完成学习心得书写，主要围绕教学设计的优点、待讨论点和个人学习启示进行分享，形成对方案修订的二次反馈。

基于多元反馈，备课教师在平台完成对教学设计的再次修改。通过教学设计的前后对比，主备教师可以跟踪自己每次修订后的进阶过程。

③撰写线上反思总结

科组所有教师根据协同备课活动以及社区优秀资源学习，对自己参与协同备课整体过程进行反思。反思内容围绕教学设计修改内容、修改原因、个人收获等进行撰写，并在平台社区提交。

结合相关案例过程发现，在此模式下，执教者和参与协同的同科组教师、相关外部专家经历了线上非实时到混合再到线上非实时的交流和协同过程；与第一种模式相比，教师在活动的环节和环境方面体会更加丰富和多元，线上实时或线下研讨活动的参与，一方面推动备课活动的纵深发展，另一方面也避免了纯线上非实时交流在情感互动方面的欠缺，协同备课群体氛围感不强、教师交流效率低下等问题。当然，本模式只是线上线下协同备课应用中的一个参考模式，具体环节可以根据参与对象来源的差异、参与对象的数量差异等学校具体情况进行修订和灵活改造。

本讲关键词

网络协同备课模式　教学设计方案编写　混合式备课模式

提升练习

1.【多选】"主导—主体"教学模式下，教师是（　　）。
　A. 主动的学习者　　　　　　B. 组织者
　C. 指导者　　　　　　　　　D. 设计者
　答案：BCD

2.【多选】在如今信息化环境下，对教学实践过程具有一定指导作用的常见教学理论包括（　　）。
　A. 建构主义理论　　　　　　B. 学习理论
　C. "主导—主体"教学理论　　D. 多元智能理论
　答案：ABCD

3.【多选】"教学设计单元包"包括哪些内容？（　　）
　A. 教学设计方案　　　　　　B. 学生作品规范/范例
　C. 教学课件　　　　　　　　D. 评价量表
　答案：ABCD

参考文献

1. 乌美娜.教学设计[M].北京：高等教育出版社，1994.
2. 何克抗.也论教学设计与教学论——与李秉德先生商榷[J].电化教育研究，2001（4）.
3. 何克抗，付亦宁.开创有中国特色的教育技术理论与实践之路——何克抗教授专访[J].苏州大学学报（教育科学版），2017，5（4）.
4. 黄芳.网络协同备课助力化学教师专业成长[J].知识窗（教师版），2020（3）.
5. 张妮，等.教师协同课例研修中的知识建构行为模式分析[J].电化教育研究，

2022，43（3）.

6. 李虎.论集体备课［J］.地理教育，2008（6）.

7. 善维维，马秀玲.浅谈如何通过课堂观察提升教师教学反思能力［J］.课程教育与研究，2015（35）.

8. 陈玲，许明雪，郭晓珊.技术支持下的智慧教研［J］.中小学数字化教学，2023（5）.

9. 陈玲，等.面向知识建构的教师区域网络协同备课模式研究——一项基于学习元平台的实践探索［J］.教师教育研究，2013，25（6）.

10. 刘爱华，温余汉."网络协同备课"的实施［J］.江西教育，2022（20）.

▶▶ 第六讲
▶ 技术支持下的听评课模式及案例

本讲概述

课堂是教育行为最常发生的地方，有效的课堂观察能为教育研究提供真实的第一手资料，并成为课堂教学改进的有效起点。本讲主要介绍课堂观察方法与技术，如何利用技术工具为教师开展基于数据的协同听评课提供有效支撑等。现场听课环境下，通过文本、视音频、图片等多媒体方式全面记录教学进程及建议思考，同时利用课堂观察量表对课堂量化评分，生成系统性的课堂诊断报告，精准定位教学问题，为课后深度研讨提供依据，同时针对教学问题精准推荐个性化的学习资源，为教师精准改进提供支持。利用网络和课堂视频，专家名师、学科教师还可以打破时空边界，借助课堂视频开展远程精准检课。技术支持下的听评课能快速透视评课研讨点，提升了教研效率和效果。同时，可以让更多区域、更多领域的教师和专家有更多机会参与诊课，使得教研活动的组织更加灵活、高效，优质资源的覆盖范围更加广泛。

知识结构图

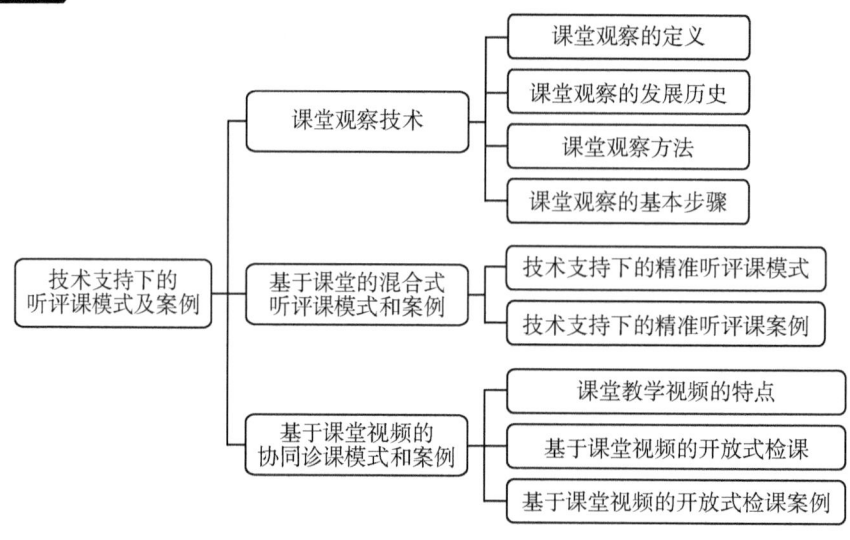

学习目标

学完本讲，你应该能够做到：
1. 说出常见的课堂观察方法和技术。
2. 阐述基于课堂的混合式听评课模式基本流程并能够迁移应用于日常教研活动中。
3. 阐述基于课堂视频的协同诊课模式基本流程并能够迁移应用于日常教研活动中。

> **读前反思**
>
> 1. 你曾经在教研活动中使用过哪些课堂观察技术？
> 2. 你知道如何利用视频课例进行线上协同诊课吗？
> 3. 技术支持下的听评课活动应如何组织？有哪些基本流程？

一、课堂观察技术

自从有了课堂教学，观察课堂的行为就一直存在。课堂是教育行为最常发生的地方，有效的课堂观察能为教育研究提供真实的第一手资料，并成为课堂教学改进的有效起点。但是，作为一种科学研究方法的课堂观察至今仍然是"一项被遗漏的教师专业能力"。

（一）课堂观察的定义

课堂观察是教师获得实践知识的重要来源，也是教师用以收集学生资料、分析教学方法的有效性、了解教学与学习行为的基本途径。

课堂观察是研究者带着明确的目的，凭借自身感官及有关辅助工具（观察表、录音录像设备）直接（或间接）从课堂上收集资料，并依据资料做相应研究。

（二）课堂观察的发展历史

在 20 世纪五六十年代，西方的科学主义思潮把课堂观察作为一种研究课堂的方法。1950 年贝尔斯提出"互动过程分析理论"。20 世纪 60 年代，美国课堂研究专家弗莱德斯提出"互动分类系统"，系统通过对课堂中的师生语言的记录，来分析和改进教学行为，这意味着现代意义的课堂观察的起步。[1][2]

在西方，课堂观察被运用到教育研究中，大致经历了三个阶段[3][4]。

1. 第一阶段——探索阶段

在探索阶段，课堂观察作为一种方法被引入教育研究领域。20 世纪二三十年代，自然科学中的观察、心理实验室中的观察以及在社会学和人类学研究中对特定群体对象的观察研究，影响了教育领域的研究者，他们开始尝试通过观察的方法研究课堂。20 世纪 50 年代，观察方法在教育研究的文献中已经开始出现。

2. 第二阶段——工具发展阶段

在工具发展阶段，课堂观察的方法和工具大量涌现。20 世纪 50 至 70 年代，受教育

---

[1] 梅云霞.课堂观察：内涵、分类与价值[J].教育导刊，2012（3）：12-15.
[2] 张瑾，朱珂.基于课堂观察的教学行为分析研究[J].现代教育技术，2012，22（4）：25-28.
[3] 崔允漷，等.课堂观察 20 问答[J].当代教育科学，2007（24）：6-16.
[4] 杨玉东."课堂观察"的回顾、反思与建构[J].上海教育科研，2011（11）：17-20.

研究中科学化思潮的影响，定量化、系统化、结构化的观察方法不断出现，研究者们不断探索系统性的观察记录体系，并运用到课堂研究中。其中的典型代表为美国社会心理学家贝尔思于 1950 年提出的"互动过程分析"理论，他开发了人际互动的 12 类行为编码，并以此作为课堂中小组讨论的人际互动过程的研究框架。在某种程度上，贝尔思的研究拉开了比较系统的课堂量化研究的序幕。而美国课堂研究专家弗兰德斯于 20 世纪 60 年代提出了"互动分析系统"，即运用一套编码系统，记录课堂中的师生语言互动，分析、改进教学行为，这标志着现代意义的课堂观察的开始。根据学者霍普金斯在 1993 年所做的文献回顾，在这一时期的大约 200 个有代表性的系统观察量表中，大多数来自美国。系统化、工具化的课堂观察在美国被大量开发，课堂观察的专业性和技术性得到很大发展。

3. 第三阶段——拓展研究阶段

在拓展研究阶段，课堂观察方法和技术围绕有效教学的探讨深入发展起来。自 20 世纪 70 年代中后期以来，课堂观察被大量应用到课堂教学研究中，随着科学研究方法，尤其是教育科学研究方法的不断完善，编码表、项目清单等科学、量化研究工具的引入，录音机、录像机等媒体技术的发展，丰富了课堂观察手段与技术，使课堂观察更具可操作性。但是，量化的课堂观察在加深对课堂教学的描述和认识的同时，无法掩饰其纯技术的缺陷。人们开始质疑量化工具的"科学性"，一些基于解释主义和自然主义的定性观察方法重新引起重视，课堂观察中结合定量与定性方法研究教学的有效性成为主流。从 20 世纪 70 年代开始，人种志研究等质性研究方法开始走入课堂观察。完整的文字描述呈现了课堂全貌，使原本被剥离出来的课堂事件、课堂行为回归情境本身，从而使研究者利用个人经验能够更好地理解、诠释课堂。如罗森希恩和弗斯特综述了 20 世纪 70 年代以前的研究者在使用课堂观察时潜在使用的"有效教师的九种特征"。艾奇逊和高尔在此基础上，结合现代媒体技术的发展（如录音、录像技术的普及），发展出针对有效教学特征的 21 种定量与定性相结合的课堂观察技巧。英国学者瑞格在 1999 年出版的《课堂观察简介》中指出，课堂观察技术具有很强的主观选择性，并从定量观察和定性观察两大维度对课堂观察方法做了系统梳理，反思了每一类方法的优劣。

以上三个阶段的划分并非泾渭分明，比如，在工具发展阶段也有很多研究者在使用定性的观察方法参与观察，这种划分不过是说明课堂观察方法在不同的阶段体现出的主流发展趋势。课堂观察在西方沿着科学化的轨道，从单一走向多元，从定性到定量、再到定量与定性相结合，不断地深入发展，同时观察方法的理论也不断深入实践，成为研究者和教师有意识且经常使用的重要研究方法。

我国并非没有课堂观察方法的研究和应用，只是多被作为其他研究方法的辅助手段，尚未引起足够重视。教师对课堂观察方法使用的自觉程度很低，经验性成分较重，缺乏必要的课堂观察方法和框架的指导。课堂观察技术自 1995 年引入我国以来，经历了从研究者视野的理论探讨到课堂教学实践中的应用、再到作为教师专业能力提升的工具几个阶段，其实践角度的工具价值已逐渐被一线教师所认可。课堂观察正逐步进入中小学的课堂教学研究活动中，成为提升教师专业能力的一条有效途径。

（三）课堂观察方法

教师要想对课堂进行全面综合的诊断与分析，就必须综合运用多种课堂观察方法。根据不同的分类标准，课堂观察可以划分为不同的类别，依据收集课堂资料的特征及属性，可将课堂观察主要分为定性观察和定量观察。

定性观察是指研究者依据粗线条的观察纲要，在课堂对观察对象做详实的多方面的记录，并在观察后根据回忆加以追溯性的补充和完善，分析手段主要是归纳法。文字记录是描述性的和评价性的，并且可以把现场感受和领悟记录下来。该方法用质化的方式收集资料，并以非数字化的形式（如文字等）呈现观察结果。定量观察是运用一套定量的、结构化的记录方式（工具表）进行观察。该方法使用结构化的方式收集资料，以数字化的方式呈现资料的观察结果。

常见的课堂观察方法有以下几种。

1. 定性观察————课堂观察田野笔记[①]

课堂观察田野笔记主要指观察者采用书面语言的形式，记录在课堂中所看到、听到、想到的有关信息，并且以质化的方式收集资料、以非数字化的形式呈现的一种定性观察方法。可以说，课堂观察田野笔记是定性课堂观察的最基本的一种方式。课堂观察田野笔记应重点记录人们的话语，或者直接引用，或者至少是要义，以帮助观察者透视课堂中的环境、人及活动；观察者同时还应记录评论、情感、最初的解释和假设等信息，以方便观察结束后做进一步的分析研究；课堂观察田野笔记一般适用于开放式观察，即观察者拥有比较宽泛的观察主题。

课堂观察田野笔记大致分为三类：一是大量基础笔记，观察者用自己看得懂的方式全面、详尽地对课堂进行记录；二是结构笔记，记录个人的感受和体会；三是分析笔记，记录研究者的初步分析。课堂观察田野笔记的描述要尽可能详细，在观察过程中要特别注意对外显行为的记录，进行课堂观察时，要及时记录观察者当时的第一感觉和最初对观察到的现象的一些解释和假设，有时甚至需要配合使用录像录音等技术工具。

2. 定量观察————记号体系分析方法

记号体系分析方法指预先列出一些需要观察并且有可能发生的行为，通常列在一张事先制定好的记号体系观察表上，观察者在每一种计划观察的事件或行为发生时做个记号，并于观察后统计记号数量及观察行为所发生的频次，再进行深入分析的一种观察分

[①] 吉鑫，陈涛.常用课堂观察方法运用探究[J].软件导刊（教育技术）.2016, 15（2）：16-17.

析方法。它以结构化的方式收集资料，并且以数字化的方式呈现课堂。由于需要观察者时时刻刻关注教师行为和学生行为，所以常为3人以上的一个团队，这样的教师与学生行为记录很容易通过计算产生，因此，记号体系分析方法对课堂信息的分析与加工比较经济适用，但是这样的记录也有局限性，如只能记录事先设定好的有限数量的事件，若记号清单所列观察对象过多，则观察者就很难获得成功，记号体系只记录事件的发生而不记录事件的内容，对后续资料的整理不能提供连续性的事件本质。

3. 定量、定性观察——S-T 分析方法

S-T 分析方法属于一种典型的编码体系分析方法，它基于对课堂教学过程中的信息进行收集、分析和处理，综合了前面两种观察方法，具有易操作等特点。它能抽取教师教学活动中本质、客观问题，还原课上的关键事物点，判断课堂教学性质，获取具有共识的、客观的教学信息。此方法需借助记录技术，如录像机、录音笔等。S-T 分析中的行为仅有教师（T）行为和学生（S）行为两类：教学过程中，对 T 行为主要从听觉和视觉两个维度进行测量，分别是教师在课上的讲话行为，板书及演示等行为。具体表现为使用课本语言、自己的语言，借用板书，借用声像、示范、点名、提问等，此外所有的行为都属于 S 行为。

教师通过对教学过程的实际观察或观看录像资料，以一定的时间间隔，对观察的内容进行采样，并根据样本点的行为类别，以相应的符号 S 或 T 记入，由此构成 S-T 时序列数据，简称为 S-T 数据。S-T 法通过计算教师行为占有率 Rt 和师生行为转换率 Ch，将师生互动行为模式分为练习型、混合型、教授型、对话型四类，并可以诊断课堂教学中的师生互动模式等问题。

4. 定性观察——LICC 模式[①]

课堂观察 LICC 模式是由华东师范大学课程与教学研究所崔允漷教授与浙江省余杭高级中学在合作探讨"基于合作的教师专业发展"过程中，逐渐构建出的一种教师同伴合作研究课堂的听评课模式。该模式下的课堂教学主要由学生学习（Learning）、教师教学（Instruction）、课程性质（Curriculum）与课堂文化（Culture）四个维度组成，故简称 LICC 模式。该模式提供了一套程序与技术用于改善学生课堂学习、促进教师专业发展。在实践演绎的基础上将课堂的四个要素分为学生学习、教师教学、课程性质和课堂文化，其中学生学习是课堂的核心，另外三个是影响学生学习的关键要素。出于观察的需要，遵循理论的逻辑，将每个要素分解成 5 个视角，再将每个视角分解成 3～5 个可供选择的观察点，这为我们理解课堂、确定研究问题、明确观察任务提供了清晰的认知地图和实用的研究框架（表 6-1）。

[①] 崔允漷.论指向教学改进的课堂观察 LICC 模式[J].教育测量与评价（理论版）.2010（3）:4-8.

表 6-1　LICC 模式

要素	视角	观察点举例
学生学习（L）	(1)准备 (2)倾听 (3)互动 (4)自主 (5)达成	以"达成"视角为例，有三个观察点： • 学生清楚这节课的学习目标吗？ • 预设的目标达成有什么证据（观点/作业/表情/扮演/演示）？有多少人达成？ • 这堂课生成了什么目标？效果如何？
教师教学（I）	(1)环节 (2)呈示 (3)对话 (4)指导 (5)机智	以"环节"视角为例，有三个观察点： • 由哪些环节构成？是否围绕教学目标展开？ • 这些环节是否面向全体学生？ • 不同环节/行为/内容的时间是怎么分配的？
课程性质（C）	(1)目标 (2)内容 (3)实施 (4)评价 (5)资源	以"内容"视角为例，有四个观察点： • 教材是如何处理的(增/删/合/立/换)？是否合理？ • 课堂中生成了哪些内容？怎样处理？ • 是否凸显了本学科的特点、思想、核心技能以及逻辑关系？ • 容量是否适合该班学生？如何满足不同学生的需求？
课堂文化（C）	(1)思考 (2)民主 (3)创新 (4)关爱 (5)特质	以"民主"视角为例，有三个观察点： • 课堂话语（数量/时间/对象/措辞/插话）是怎么样的？ • 学生参与课堂教学活动的人数、时间怎样？课堂气氛怎样？ • 师生行为（情境设置/叫答机会/座位安排）如何？学生间的关系如何？

（四）课堂观察的基本步骤

无论哪种类别的课堂观察，在具体运用过程中都有观察前、观察中和观察后三个基本阶段。观察前必须确定观察目标、观察背景、观察方法和材料准备；观察实施过程包括进入课堂情境和进行观察记录，主要是文字记录、表格工具、录音录像等。课堂观察结束后，应尽快对收集的资料进行整理和分析，通过对所记录的课堂事实进行系统分析、统计和研究，形成观察报告。

二、基于课堂的混合式听评课模式和案例

听评课是教师专业发展的重要方式，是中小学教师职后提高自身教学能力的重要途径之一，是联系教师与课堂教学质量的纽带，直接服务于教师专业成长和教学工作。教师在参与教研活动的过程中，寻求教育、教学工作中的有效途径。智能技术的支持为教师教研活动的组织和开展提供了更多可能。

（一）技术支持下的精准听评课模式

使用移动工具开展协同听评课，执教教师完成教学设计进入教学方案实施时，听课教师使用协同听课 App 对教学实施的过程进行多维度记录实现实践知识的分享，汇聚多位教师的听课记录提炼课堂优点、改进点、分歧点并进行群体协商讨论，根据课堂诊断推送策略、解决问题，为执教教师改进方案优化实践提供支持。

1. 确定主题，编写方案

根据教研主题，教师撰写教学设计方案，并需要在智慧教研平台提交教案，此过程是教师个人实践性知识外化的过程。听课教师可打开智慧教研平台中授课教师的教案，以评论、点赞等操作对教案进行评价，提出质疑或者分享经验。

2. 方案实施，实践应用

授课教师在课堂教学实践中实现自身个体知识的外化与分享。

3. 课堂听课，观察记录

教师群体以分工合作的形式，围绕教研主题及观察点手持听课本 App，通过多种富媒体记录方式记录教学信息，实时记录对课堂过程性的评价和反思，记录学生反馈的信息并及时评价教学效果。教师通过听课本 App 提供的支架记录待讨论点和困惑，从而将个体知识外化，实现群体知识的显性化。

4. 协同评课，问题诊断

听课结束之后，智慧教研平台将所有人的记录进行汇总，对同一节课的不同记录进行知识聚合。通过"详细记录"能够查看按照课堂时间流记录的详细信息，"统计数据"能够分析课堂教学活动类型及所占的时间，"问题列表"汇聚了教师课堂问题设计及师生问答情况和效果评价。应用听课本 App 使得教师协同查看、讨论，汇总存在的问题，在质疑协商中促进对知识的理解，完善教师群体知识与个体知识。

在面对面谈话评课中，教师利用工具记录上课教师自评内容、他人评课内容，在此过程中群体知识得以积累，个体知识也得到建构。

5. 总结收敛，反思收获

授课教师和听评课教师通过群体观点的综合和收敛，提出修改意见和解决策略形成一致的听评课建议。每一次听评课教研之后，听课教师利用"听课大师"提供的反思支架撰写所学所获、疑惑等，让教师外化个人知识"知道了什么"。授课教师参考群体的

评价和建议,在智慧教研平台提交教学反思。

6. 策略推送,问题解决

平台根据诊断的薄弱点和待改进点为教师推荐个性化的资源,教师可以通过认真学习资料进而解决个性化的问题。

7. 修改方案,实践检验

执教教师结合群体讨论的建议和资源学习,对方案进行有针对性的修改,并通过执教进行实践检验。

(二)技术支持下的精准听评课案例

以北京师范大学在广州市荔湾区龙津小学组织的基于听课本 App 的数学学科协同听评课活动为例,对模式进行具体阐释。案例选择人教版小学数学四年级上册《条形统计图》一课,该课以 4MAT 模型为引导,探索课堂有效问题设计,更好地培养了学生的思维品质。应用学习元教研空间+听课本 App 的相关功能提升校本教研效率,促进新入职教师专业发展。

第一阶段,课堂观察,富媒体实时记录。教师利用听课本系统,通过教学设计模式、课堂胶片模式等方式记录教师执教全过程数据,并将数据上传平台进行智能分析。

第二阶段,查看并分析数据,进行深度互动,讨论修改。通过提问技能量表、TPACK 评分等数据分析,针对执教教师课堂教学中的问题设计,从课堂问题的设计、提问类型及理答回应方式、课堂师生占比及结构优化等方面提出改进意见。

结合数据分析和研讨建议:应增加自主学习、讨论与实践操作,如数据整理、统计分析的过程,放手让学生实践,让学生在讨论的基础上解答问题。

结合数据分析和研讨建议:

(1)减少是何类、增加为何类问题。在生活问题情境中设计如何类和若何类问题。

(2)提问类型及理答回应方面:

减少齐答,增加指问答,适当提问不举手学生,对走神的学生可先给任务再回答。

对难度大的问题,讨论交流后再答。

理答中减少对学生答案的重复或补充,改为:谁听明白了?想法很好,谁和他一样,再说说。你有不同想法吗?

评价的语言更具体些,补充肢体语言的赞许等。

结合数据分析和研讨建议:进一步阅读教材和教师用书,做好重难点知识的确定,了解学生学习起点和拓展点,在解决重难点知识的基础上优化技术应用,提高效率。

第三阶段,精准学习与提升。平台根据教师的薄弱点和待改进点推荐相关学习资源。

第四阶段,完善方案,再次执教。通过精准分析,执教教师根据修改意见完善教学方案,再次执教。

从两次评价的数据分析看来,该执教教师的第二次教学活动,在问题设计的思维训练层次、问答回应效果、课型结构的合理性、教师个人 TAPCK 等方面均有一定的进步。如 TAPCK 分值从原来的 84 提升到 95，从原来不达平均水平到大多数指标都超出均值，可见教师对教材、课堂组织、教学技术等的应用有了很大的提高。

提问的类型方面的数据表明，教师在课堂中的问题更具有启发性，更能够培养学生的逻辑推理和策略解决能力。第二次执教教师教学行为，从对话型变成混合型，学生的探究活动安排更充分，内容更丰富。这样更符合探究式教学的模式。可见，基于数据分析，有针对性地为教师提供课堂改进的意见，对教师自我诊断及有效提升课堂教学有较大的帮助。

第五阶段，教师反思。通过基于课例的精准教研，执教教师反思：技术为教学研讨提供更多的便利；借助技术工具开展的课堂观察和评价功能，能够提供更精准的课堂教学诊断意见，有助于进行教学改进研讨，实践证明，基于数据的教学改进研讨更具针对性和时效性；基于数据分析的课堂评价，让教师对个人的教学情况有更清晰的了解，有助于自我反思，对促进教师专业素养的提升很有帮助。

三、基于课堂视频的协同诊课模式和案例

基于课堂视频的协同诊课以课堂视频为主要载体和分析对象，对课堂视频中展示的真实的课堂教学场景进行细致观摩和分析。课堂教学的优势和特点，为教师群体协同观摩和诊课提供便利，成为教师协同专业发展的有效支撑力量。

（一）课堂教学视频的特点

长期以来，传统听评课逐步形成了约定俗成的评价模式，有一套基本通用的理论与方法。在实践过程中，传统听评课也容易出现任务相对繁重、目标不清、专业性不强等缺点，致使听评课活动花费了很多时间，获得的效果不理想。从另一个角度来看，并非所有教师都能在日常听评课后获得有效反馈以促进自我反思，来自同事的非正式反馈可能出于对人际关系的考虑，并不会呈现过多建设性反馈。听评课往往根据经验进行探讨，其客观性和专业性有待进一步加强。基于课堂教学视频的有效的听评课具有生动性、具体性、可操作化、基于循证等特点，能为课堂研究提供丰富资料，达成对教师诊断、评估、教研的目的，可以促进教师间的相互学习，是促进教师专业发展的有效方法。

1. 生动性

根据认知负荷理论，从认知的角度来看，人们更倾向使用视频实例来说明规则，视频带来的视觉刺激更加直接和强烈，避免了其他记忆加工的干扰，同时提供生动的二手体验，使教师更有动力学习，并且能捕捉到课堂情境的复杂性。

2. 具体性

视频是观察课堂的窗口，教师可以针对具体的教学主题进行分析，同时还可以聚焦不同的角度进行分析。

3. 可操作化

视频的形式是以可管理的大小模块进行存储的，可以进行倒回、快进和暂停操作，从而留下宝贵的时间进行思考。

4. 基于循证

视频是教师的一面镜子，展示了自己的课堂活动，"耳听为虚，眼见为实"，视频提供了循证的反馈，提供了重新观察课堂的机会。

5. 具身化

动态图像会引发代替体验和情绪反应，而这有助于教师将直觉和理性的思维模式联系起来。教师利用自身经验来认知视频所呈现的现象，此时教师所认知的就是一种自我经验的"外化形象"，由此将视频学习过程比作教师与教师所认知的这个"外化形象"进行应答，以此说明了视频学习/教育现象学是一种具身化的学习。

（二）基于课堂视频的开放式检课

课堂教学视频以其生动性、具体性、可操作化、基于循证和具身化的特点成为教师学习的重要资源，下面对北京市中小学教师开放型在线研修平台中的开放式检课模式进行介绍，了解如何基于课堂视频开展协同诊课。

1. 开放检课平台

待检课的学员教师把自己近期日常教学课例上传到平台，由多位（如三位）指导教师认领，对待检课学员教师的课例进行线上听课，在听课过程中可选择教师常用的过程性课堂分析量表进行记录分析，并根据执教情况推荐学习资源，进行课后实时研讨并且持续交流互动（图6-1）。

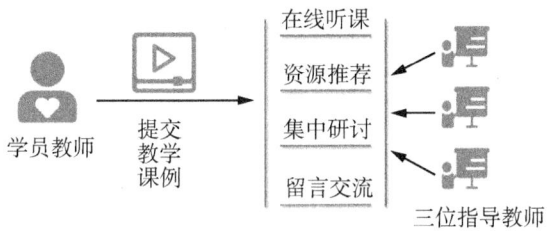

图 6-1　开放研修平台检课业务介绍

2. 开放式检课流程

指导教师进入开放检课——检课中心，通过学科、教材、年级等选择合适的课例，点击详情查看具体内容，包括听课截止时间和课后研讨时间，确定自己可以在规定时间内完成相应活动；查看认领情况：哪些学校、哪些教师会跟我一起检课；确认参与后认领课程——开始听课。

（1）在线听课

指导教师可以基于视频教学过程进行质性打点记录、评价（图6-2）。例如，指导教师可以利用平台提供的总结性评价量表对课例进行总结性评价，包括优点、改进点以及改进方案。基于所有听课教师的总结性评价平台会提取生成本节课的教学特色、待改进点和待讨论点，让课后研讨更加聚焦，基于所有教师提交的总结性评分生成本节课 TPACK 评价量表得分。

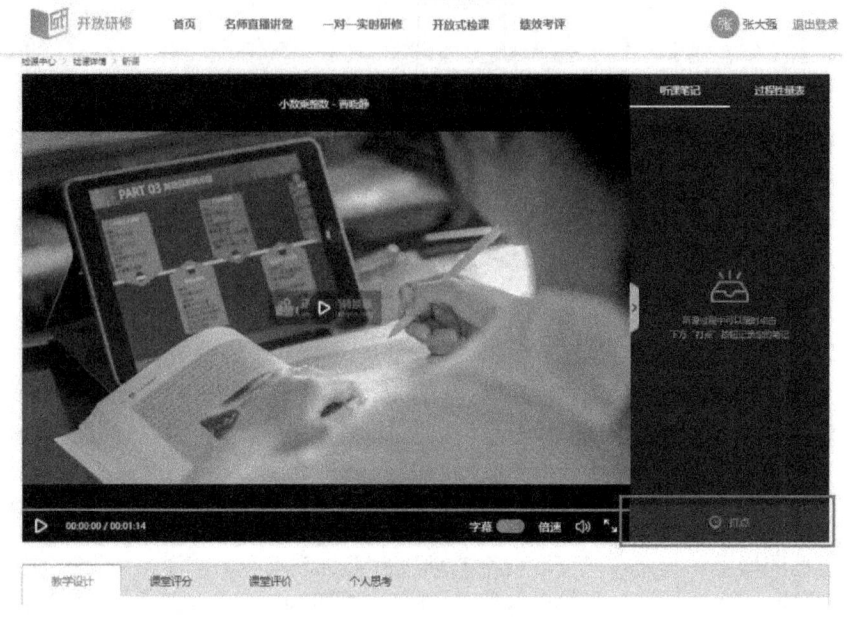

图 6-2　录播课打点听课

（2）过程性量表记录

基于过程性量表记录的专业性与精准性需要，平台提供了 S-T 量表、课堂提问量表等多样化的过程性量表，检课教师可以选择合适的量表记录课例的师生互动行为、有效提问（问题类型、教师挑选回答问题的方式、学生回答的方式、教师回应的方式）等，最终形成一份基于客观数据的检课报告，供后续研讨参考。

（3）协同评课

课后研讨环节，在进入直播间研讨前指导教师可提前查看其他听课教师的反馈以及系统生成的报告为课后研讨做准备。在研讨开始后，指导教师点击进入课后实时研讨，与执教教师以及参与听课的其他教师一起进行深入交流讨论。特别说明：课后研讨需执教教师先进入直播间后，指导教师才能加入。

（4）总结收获

课后研讨结束后教师可查看回放，也可随时与执教教师以及参与听课的教师进行留言交流（图 6-3）。最后，执教教师综合课堂评价的一些文本性建议和课后研讨的实时互动交流，总结本次检课学习收获。

图 6-3　留言交流界面

（三）基于课堂视频的开放式检课案例

通过上述介绍，发现开放式检课模式是在以往常用的经验观课法基础上，增加客观数据驱动的过程性观察量表辅助观课，是一种主观经验与客观数据协同提供课堂反馈和评价的检课方式。

1. 在线听课——主观经验的思考

检课教师基于学员教师上传的录播课视频进行观课，撰写听课笔记，并进行整体性课堂评价。记录听课笔记时，教师可以在特定的某一时刻生成想法，并及时进行标记。如高兴、失望、困惑、无情感四种类别标签，辅助教师记录课堂笔记。课堂评价是教师在听完整堂课之后，对课例的综合性优点、待讨论点的总结性评价。

2. 过程性量表记录——基于客观数据的观课报告

基于过程性量表记录的专业性与精准性需要，项目组结合课例使用了 S-T 量表、课堂提问量表，形成了师生互动行为、有效提问（问题类型、教师挑选回答问题的方式、学生回答的方式、教师回应的方式）检课报告，并将其发给检课教师，供检课使用。

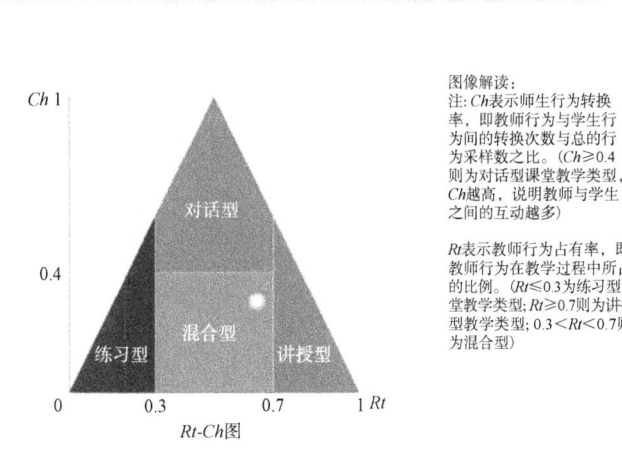

分析结论与改进建议：
T行为占有率为65%，S行为占有率为35%，学生行为和教师行为的分配合理，师生转化率为30%。
该节课是混合型教学类型。课堂教学过程如下图：

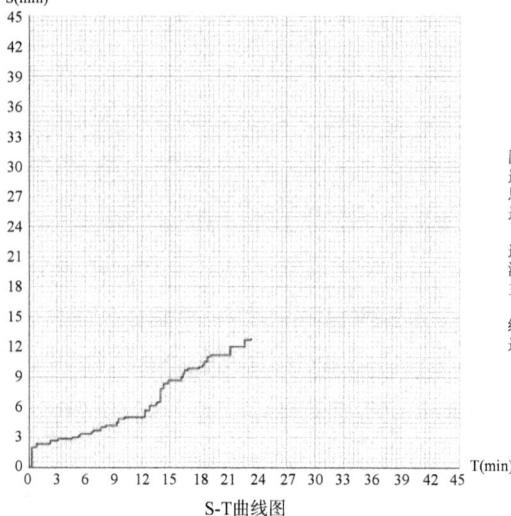

S-T曲线图

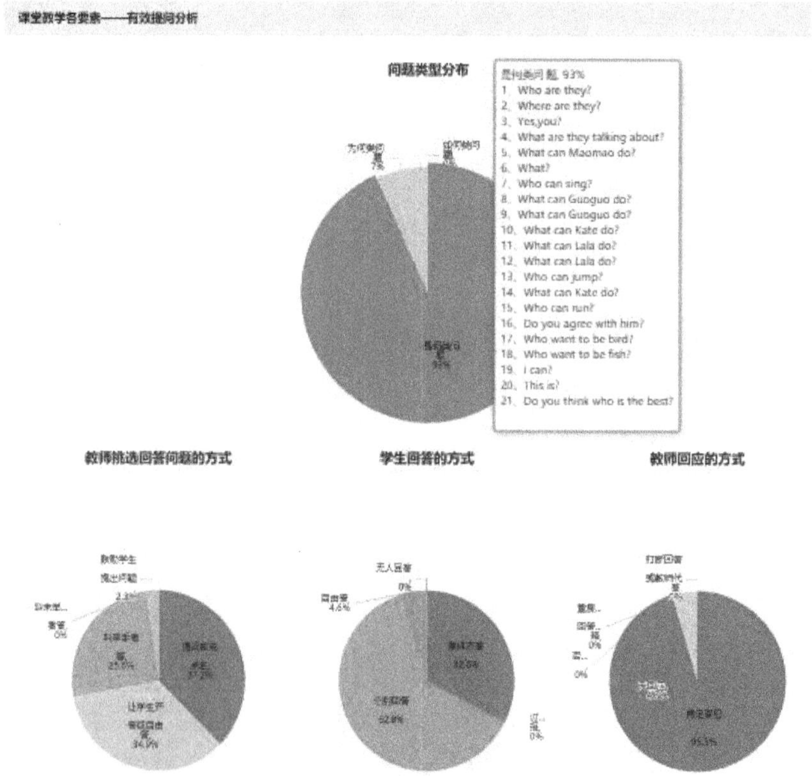

图像解读：
连续竖直线段:学生发言、思考、讨论等自主学习过程。

连续水平线段：教师讲授、演示、提问与评价等教师主导的教学过程。

线段频繁更替：师生互动过程。

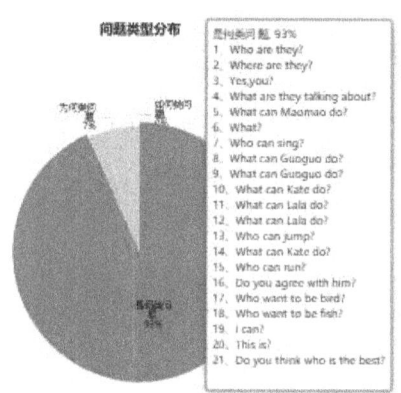

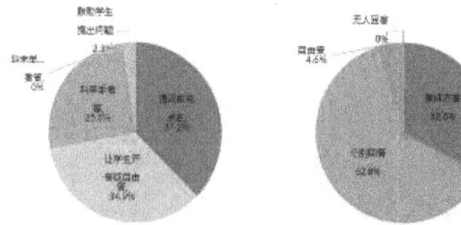
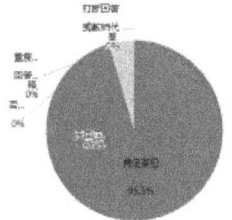

图 6-4　过程性量表

3. 协同评课——综合主观经验与客观数据

检课教师结合数据报告与个人教学经验进行评课交流。当教师的经验思考与量表报告反映的实际情况一致时，检课教师会结合数据刻画并佐证自己发现的问题，并针对性提出改进建议。量表数据具有客观性、有说服力的特点，能够更清晰地反映改进的方向。

例如，秦老师提出"小组活动时间"问题："小组活动只有1分钟的练习时间。"建议："小组活动时间可以增加一些，这样学生才能有更充分的练习，后面才能更好地呈现学习结果。""课堂小结"问题："课堂最后，教师带着学生一起进行小结。"建议："是否可以尝试让学生进行一点点学习收获的梳理？从低年级做起，将来慢慢地可能学生就能够提升知识的梳理、学习方法的总结或课堂学习的反思等相关学习能力。"S-T量表反馈的内容：T行为占有率为65%（Ch），S行为占有率为35%，师生行为分配相对合理。但教师行为占比接近70%，教师主导行为趋势较为明显，建议可以适当减弱些，增加学生活动。数据结果与教师的部分评价观点一致。

再如，谢老师提出"教学活动的层次性"问题："教学活动的层次性不强，一节课的活动都是停留在学生模仿说句子的水平。"解决方案是"活动应该逐渐加大难度，应该创设真实的情境，引导学生实际应用语言"与"有效提问"量表报告反馈"是何类问题占比最高93%，多次出现同一个问题，提问次数太多（了解意图是让学生重复练习），但问题单一、结果简单，建议可以将活动设计为自主练习，使全班学生能够在相同时间有更多机会练习，而不是教师主导的一对一形式，时间方面利用不够充分。为何类问题7%。虽然为何类问题较少，但在一定程度上体现了提问的深度与对学生思维的激发。建议根据学生的回答情况，适当体现问题设计的梯度，增加层次性，如为何、如何类的英语表达问题（How birds fly? If you are a frog, what can you do?），为学有余力的学生提供更多英语学习与表达的发展空间"，数据结果与教师的评价观点一致。

4. 执教教师总结心得收获

执教教师综合课堂评价的一些文本性建议和课后研讨的实时互动交流，总结本次检课学习收获，共计4条体验。其中第1条"教学活动的设计注意层次性"、第2条"提问问题的方式也要更加丰富"与研讨交流中的"有效提问"量表报告、谢老师的建议相一致；第2条"关注学生"与S-T量表报告、秦老师的建议一致。

本讲关键词

课堂观察　精准听评课　协同诊课

本讲小结

课堂观察技术经历了探索、工具发展、拓展研究等阶段，常见的课堂观察方法主要分为定性观察和定量观察。听评课是教师专业发展的重要方式，智能技术的支持为教师教研活动的组织和开展提供了更多可能。利用移动工具可以实现远程群体协同听评课，数据更加客观、精准。团队基于教育领域研究二十余年，除了经常深入全国各地的中小学进行课堂观察实践与培训外，还将许多课堂观察方法嵌入智慧教研系统，通过混合式听评课模式、协同诊课模式、开放式检课模式的深度探索与应用，致力于将课堂观察方法与技术向更多的教师推广，并切实引领教师实现专业发展。

只有将课堂观察用于提炼教师的教学特点，发现教学中的问题，从而促进教师的专业发展，才有可能让被观察教师放下包袱，让观察教师客观地观察与诊断课堂，教师们才能因此形成一个课堂研究共同体，从而彼此受益。

提升练习

1.【填空】课堂观察源于西方的科学主义思潮。在西方，课堂观察被运用到教育研究中，大致经历了_____、_____、_____三个阶段。

2.【单选】课堂观察可以划分为不同的类别，依据收集课堂资料的特征及属性，可将课堂观察主要分为（　　）。

　　A. 定性观察和定量观察　　　　B. 自然观察和实验观察
　　C. 直接观察和间接观察
　　答案：A

3.【判断】课堂观察田野笔记属于定量观察。
　　答案：错

参考文献

1. 崔允漷，等.课堂观察20问答[J].当代教育科研，2007(24).

2. 杨玉东."课堂观察"的回顾、反思与建构[J].上海教育科研，2011(11).

3. 吉鑫，陈涛.常用课堂观察方法运用探究[J].软件导刊（教育技术），2016，15(2).

4. 崔允漷.论指向教学改进的课堂观察LICC模式[J].教育测量与评价（理论版），2010(3).

5. 陈玲，等.教师区域网络协同备课中的协作脚本设计.中国电化教育，2012(12).

6. 梅云霞.课堂观察：内涵、分类与价值[J].教育导刊，2012(3).

7. 张瑾，朱珂.基于课堂观察的教学行为分析研究[J].现代教育技术，2012，22(4).

第七讲
基于网络的问题解决模式和案例

本讲概述

教师教研过程是各种教育教学问题解决的过程，本讲围绕教师遇到"问题"的粒度和复杂度差异，介绍了三种典型的问题解决模式及其对应案例：基于问题的一对一研讨模式、基于反思问题的群体协同解决模式和基于主题的网络协同教研模式。三种问题解决教研模式各自有不同的特点，在参与群体规模、组织形式、参与方式、操作的难易程度等方面都存在不同，相应技术对不同模式的支持作用也存在差异。多种教研模式的提供，有助于教师在日常教学中进行针对性的参考和选择。

知识结构图

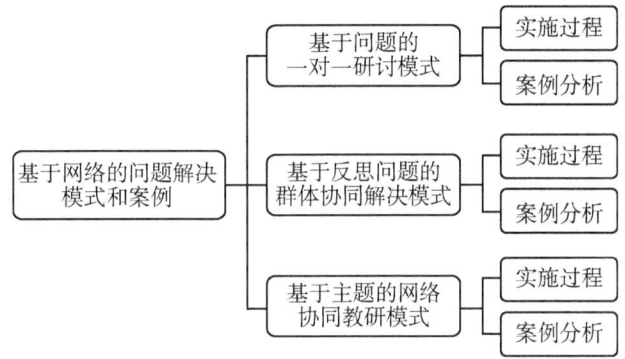

学习目标

学完本讲，你应该能够做到：

1. 说出三种基于网络的问题解决的教研模式。
2. 阐述基于问题的一对一研讨模式、基于反思问题的群体协同解决模式和基于主题的网络协同教研模式的特点及实施流程。
3. 在自己教学过程中尝试运用至少一种模式进行问题解决，并形成案例。

读前反思

1. 你平时在教学中对于教学问题是如何解决的？
2. 如何借助网络技术更好地解决教学问题？
3. 有哪些不同形式的基于网络的问题解决教研模式？

近年来，"互联网＋"技术为破解传统教研时空受限、资源不足、内容陈旧等难题带来了新机遇。中共中央、国务院《关于全面深化新时代教师队伍建设改革的意见》要求"教师主动适应信息化、人工智能等新技术变革，积极有效开展教育教学"。教育部《关于实施全国中小学教师信息技术应用能力提升工程2.0的意见》指出，要"探索基于'互联网＋'的教研组织形式"。目前，基于"互联网＋"背景，涌现了视频直播教研、远程协同教研、数据驱动的精准教研等多形态的教研方式[1]，对教研活动中组织形式与技术手段的融合研究，也逐渐受到了关注。例如，郑世忠等[2]认为"互联网＋教研"是以提高教师"参与感"与"获得感"为目标，以互联网思维为工作思路，以混合教研、实证教研、合作教研为主要组织形式的新型教研方式。张晓红等[3]提出分层联动教研模式，结合互联网技术实现各层教师的"同课异构"联动发展。然而，"互联网＋"背景下教师教研的模式创新仍然面临着挑战，在一定程度上还存在着缺乏顶层设计、定位选择难、技术支撑低效、效果评估模糊等现象。[4]因此，深入研究"互联网＋教研"的模式及发展路径，对促进基于互联网的教研效果优化具有重要意义。

教研是教师专业发展的重要方式，是中小学教师职后提高自身教学能力的重要途径之一，是联系教师与课堂教学质量的纽带，直接服务于教师专业成长和教学工作。教师在参与教研活动的过程中，寻求教育、教学工作中的有效途径。智能技术的支持为教师教研活动的组织和开展提供了更多可能。

前面的几讲对教师课前的备课学习、课中的研讨进行了模式的分析和案例的介绍，教师在上述业务开展中可能会遇到各种待解决问题，如何基于网络或技术手段提高教师教研问题解决能力就成为教师专业发展上的重要问题，也是本讲的核心主题，即如何利用技术、网络进行问题解决的教研并形成一定的模式或范例。本讲分为三个模块，第一部分为基于问题的一对一研讨，教师的个性化问题借助一对一的方式，请一些有经验的教师或者专家做相关的指导。第二部分不仅为一对一个性化问题的解决，也可以是基于反思问题的群体协同解决。在问题协同驱动和网络的支持下，教师群体可以发挥智慧来解决问题，实现教师之间的互帮互学。第三部分是基于主题的网络协同教研模式。以区域的、集体的形式进行对教学的研讨，从而达到从集体学习的角度解决教学问题的目的。

---

[1] 胡小勇，张华阳.信息技术支持的教师教研：热点变迁、前沿及趋势[J].教育信息技术，2019（Z1）：7-11＋6.

[2] 郑世忠，张德利.继承与超越：从"网络教研"到"'互联网＋'教研"[J].中小学教师培训，2016（10）：22-25.

[3] 张晓红，等.分层联动教研模式的建构——以中学物理为例[J].课程·教材·教法，2018，38（6）：78-83.

[4] 陈思.迈向新时代的教师专业发展——2018年基础教育人才发展20人北京论坛会议综述[J].北京教育学院学报，2018，32（5）：88-92.

一、基于问题的一对一研讨模式

基于问题的一对一研讨，可以借助网络搭建一个问题解答和提问的空间（图 7-1）。有问题的教师可以在网络平台上根据自己的问题搜索相关专长的教师，进而与有专长的教师发起一对一的互动。在一对一的互动中，教师可以借助网络技术进行实时的协商研讨，从而达成解决教学问题、促进教学能力发展的目的。在研讨的过程中，教师的问题可以得到有效的解答。在解答之后，教师可以就双方研讨后的收获、反馈等进行在线的评价。这种模式的优点在于，第一，教师个人可以基于自己的教学问题进行有针对性的、个性化的问题解决，在时间和空间上不受到限制。第二，从问题解决的效率上来说，具有高效性和可操作性，便于教师在日常教学中使用，提升教学水平。第三，一对一研讨的模式下，教师处于相对开放性的空间，有利于教师的深入沟通交流，也促进优质师资资源的流转，同时积累的问题库能转化成支持教师专业发展的知识库。

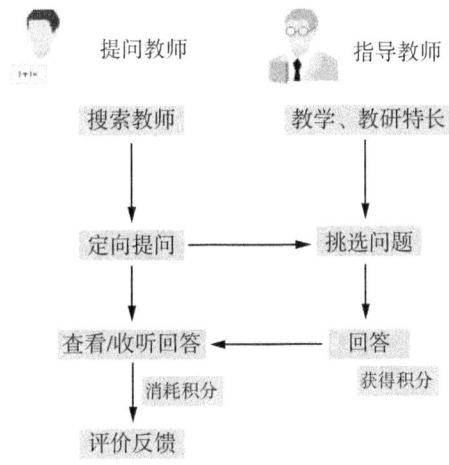

图 7-1 技术支持下的一对一问题研讨

（一）实施过程

基于问题的一对一研讨模式主要针对教师日常的个性化的专业发展。教师在教学过程中会碰到很多个性化问题，比如有些教师可能是在备课环节，对于某一课文的解读，或者在如何进行本课重难点的突破上存在问题。而有些教师在上课过程中存在问题：如何兼顾学生的差异性，怎么进行相关的分层教学等。还可能是在教师指导和评价学生的过程中有一些困惑需要解答。

总之，围绕教师日常业务中的各种个性化问题，可以请有经验、有这方面特长的教师给予相关的帮助。

图 7-2　基于问题的一对一研讨流程

结合技术平台的一对一问题精准解决的具体流程如图 7-3 所示，网络支持下的一对一问题精准解决一般分为两种方式，即预约方式和非预约方式。

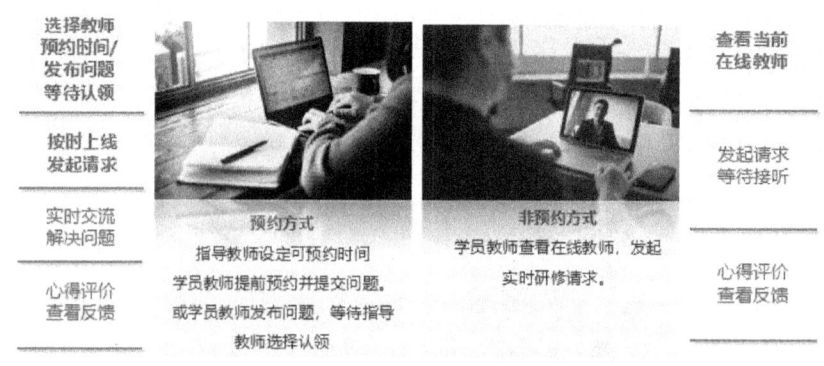

图 7-3　一对一问题精准解决流程

预约方式可以利用网络寻求远程的，并在相关领域有所帮助的教师进行时间的匹配。在具体的操作中，指导教师或者可以提供帮助的教师在平台上将自己可以提供帮助的时间呈现出来。基于此，有需求的教师可以根据自己感兴趣的、有相关特长的教师的对应时间来进行预约。在此基础上，在指定的时间和教师进行一对一互动。同时，预约方式的另一种形式为有教学问题的教师先发布自己的需求，供有指导能力、有指导资格的教师对这些问题需求进行查看和筛选，指导教师筛选到自己所能解决和回答的问题需求后，对应认领此类问题，在发布问题的教师所制定的时间内双方进行一对一的线上探讨，从而实现问题解决。

另外一种为非预约方式，即如果在提供的开放空间里参与的教师数量足够多的话，教师之间的互动研讨则为自发性的，也就是说，无论是提出问题的教师还是解决问题的教师，可以基于自己的空闲时间选择上线。教师在完成上线之后，自行查看同时在线的教师是否可以提供帮助并继续问题解决的研讨，在双方教师认同的前提下，教师之间可立即进行互动交流、问题研讨。这种非预约方式更适用于教师面临的突发的、临时的、随机的教学问题，教师之间以快速且高效的形式进行一对一问题研讨，解决教师的教学问题和困惑。

以预约方式为例，网络支持下的一对一问题精准解决指导操作流程分为四个环节：一是选择教师，预约时间。二是按时上线，发起请求。三是实时交流，解决问题。四是心得评价，查看反馈。以下部分案例内容来自北京市中小学教师开放型在线研修平台中的一对一研修活动。

1. 选择教师，预约时间

为了达到更方便教师们之间进行一对一的研讨的目的，网络平台提供了一个丰富的教师库，教师库把全市优质教师汇聚在一起。在教师库中，有问题的教师可以通过选择对应学科、职称、地区等方面检索相应的指导教师，并查看指导教师所示的预约时间。假使指导教师设置了可预约的状态，有问题的教师即可点击预约，并在交流之前，把希望与指导教师交流的问题、教学的困惑等以图片、文字等形式呈现出来，在这种条件下，接受问题交流的教师则更明确要解决的问题和内容，并据此提前准备对应的交流材料，以确保上线沟通研讨的效果，从而更加高效地解决教师的教学问题。

预约的时间也可以根据双方的实际情况动态发生变化，如遇到某些突发状况，导致预约不能如期开展，也可以选择取消预约，随后平台也会通过短信的方式告知教师双方，避免教师无效参与。

另外一种情况为有困惑和问题的教师可以将自己的问题在平台进行提前发布，指导教师可提前查阅问题并根据自己的时间和专业有选择地认领此类问题。在这种方式下，教师可以将自己的教学问题、需求等在问题发布中心进行发布，包括想要进行交流研讨的时间。时间匹配的指导教师会对问题进行查看并进行认领，从而实现配对。双方都可以在平台上随时查看认领的进展。

如果教师提出的问题和需求在指定的时间内没有指导教师进行认领，而问题也没有得到解决，教师还可以在平台上对问题进行修改和编辑，以便明确交流的问题，从而更好地实现解决问题的研讨目的。

2. 按时上线，发起请求

教师在完成了问题和时间的确认之后，对自身教学存在教学问题的教师和指导教师双方即可在之前所预约的时间进行上线，在平台进行实时的互动交流，沟通问题需求并进行互动交流学习（图7-4）。

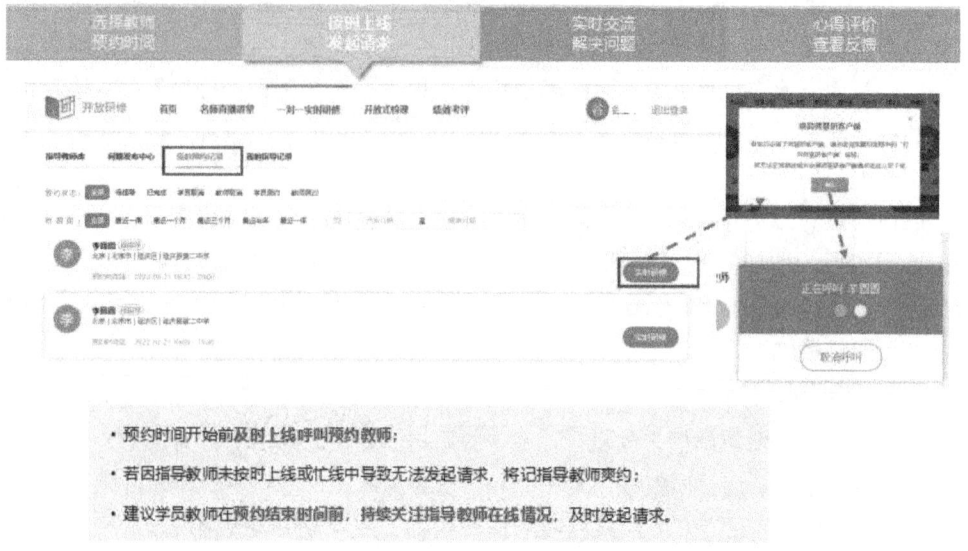

图 7-4 基于问题的一对一研讨按时上线发起请求环节

3. 实时交流，解决问题

为了能够更好地支持教师进行互动交流，需要为教师提供适合在线教研教学主题的在线空间。基于实时交流的空间和平台，教师之间可以通过 PPT 文档或者分享图片的形式来进行展示交流，还可以进行文字、语音等方式的互动。具体而言，为了达到有效解决问题的效果，两位教师可以进行无边界的交流，既可以选择用教学设计方案交流，也可以用呈现课例的 PPT 交流，还可以采用课例相关的文档资料等多种形式进行交流，同时也可以外接点阵笔等。除此之外，教师可以在平台上以共享白板的方式进行书写，通过对重点内容的书写、圈点，便于随时进行讨论内容的记录等，更加形象化地呈现交流，帮助教师高效地达成一对一互动解决问题的目的。

4. 心得评价，查看反馈

为了达到更好的指导效果，在教师完成交流和问答以后，参与研讨活动的教师可以把此次一对一研讨过程中的交流心得、感受和收获记录下来。心得评价主要可以围绕以下几点进行分享：通过这次交流我的收获是什么？对于提供指导的教师，可以进一步提供的一些建议，或者是进一步推荐的相关资源是什么？让参与的教师在实时的指导之后，还可以进一步地进行拓展学习。

研讨后的评价反馈，一方面可以让教师双方实现学习过程的记录，可以在一对一研讨结束以后，继续进行回看学习，回顾教师自己的教学问题合集，指导教师是如何进行帮助的。另一方面，互动平台对教师的参与行为和效果记录，可以被学校和区域所采纳，成为教师专业发展的痕迹，以及成长评价的依据。

（二）案例分析

开放型在线研修平台拥有北京市丰富的教师库，旨在通过教师之间的指导学习提升教师的教学水平和专业能力。平台拥有的一对一实时研修功能，能帮助教师们进行一对一的互动交流，能够支持基于问题的一对一互动研讨的实施。

以一对一实时研修的两位英语教师交流为例，基于问题的一对一研讨的组织实施具体如下。

1. 背景介绍

首先，双方教师互相了解，相互做一个简单的背景介绍，这种互动的方式能够拉近彼此的距离，同时也便于指导教师进一步定位对方的问题和需求是什么，并做相关的指导准备。其次，教师双方围绕具体的问题开展一对一研讨，在这个过程中，学员教师提出自己的疑问，双方进行深入的探究性讨论，指导教师进行相关教学经验总结和学习资源分享。最后，互动和分享完后，双方教师都进行反馈和总结，指导教师把针对问题的其他相关资源推荐到平台上，供有问题的教师进行参考。下面将对案例进行详细介绍。

两位教师都来自英语学科。指导教师非常有经验，在背景介绍交流环节就进一步地问了对方的基本教学信息，包括教材的信息、说课目的、课型等。

2. 指导准备

在彼此了解背景的基础上，进入了一对一问题研讨交流环节，学员教师根据自己的问题需求，将自己的说课稿进行屏幕共享，并提出自己的问题。而指导教师前期也对教材和相关资源进行了准备。双方通过共享的空间进行内容的互动，实现了围绕学员教师的需求点的深入探讨。

3. 说课指导

在探讨过程中，指导教师会根据自己的经验，从授课的理论依据、主题单元的框架、怎么能够更好地抓住学情、学生的学习目标设计和学生特征的关系，以及如何清晰呈现教学内容等方面进行有针对性的阐述和分析。指导教师根据学员教师的课件进行指导和帮助，对学员教师的说课做了详细的指导。在完成一对一的说课教学指导的基础上，学员教师还和指导教师进一步围绕评价主题进行研讨，包括教学设计该怎么落地等。指导教师也给出了拓展性建议，包括评价的维度、评价的方式等。

4. 反思总结、资源推荐

在最后的环节，双方教师不仅互相记录下了这次互动的心得和收获，指导教师还进一步利用推荐的相关页面，针对学员教师的有关评价设计的问题，提供了推荐阅读的资源。

基于问题的一对一研讨模式有效地帮助教师进行交流、问题解决，呈现了很好的效果。具体来说，第一，在此次研讨交流中，指导教师通过经验分享，解决了学员教师的问题。而且这种一对一的深入互动不仅实现了问题的解决，还根据主题进行了深入的推进。在深入的互动过程中，双方教师的探讨可能会上升到对教学的背景、对教学的理念、对教学的热点问题的探讨。学员教师收获的也不仅仅是一个问题点的解决，还会在这种一对一的研讨交流中受到指导教师人格、教学热情、教学态度的感染。

第二，在深入的探讨中，学员教师能够感受到全方位的帮助，这种深度的基于问题解决的一对一的方式，需要双方的背景信息的交换，而且交换信息越清楚，教师所收获的帮助越有针对性。

第三，在指导过程中，教师要善于利用资源，除了口头交流外，还可以借助一定的方案课件或指导教师的资源分享，如培训的讲稿等。这种基于内容的策略分享，更有利于教师之间思想的碰撞。对于指导者而言，要注意鼓励被指导者，营造融洽的互动氛围，更好地推进辅导和研讨的深入。

二、基于反思问题的群体协同解决模式

对比第一种一对一问题研讨教研形态，第二种形态则是多种问题解决，不仅是通过一种个性化的方式，而且是通过群体的、开放性的形式进行问题研讨解决。群体的协同开放性问题的应用场景是可迁移的，具有灵活性和随机性的特点。基于反思问题的群体协同解决模式是在一种开放的空间中，教师把自己的问题呈现出来，并与其他教师进行开放性的互动交流。这些交流的教学问题和沟通的结果会成为开放资源，不断累积，成为有类似问题或对此类问题感兴趣的教师的学习素材，从而实现群体互助，沉淀出群体智慧。这种模式的优势在于，教师可以随时发布自己的教学问题，和多位相关的专家、教师进行开放式的在线研讨和交流，这种模式不受时间空间的限制，教师能接触对应的专家去解决教学问题。总而言之，通过这种针对常见教学问题的互问互答的形式，可形成教师实践性知识的智慧库。

（一）实施过程

群体协同解决问题的模式，一般采用非实时的方式，即教师可以在开放的空间中进行提问。部分平台会设置一些激励机制，让问题吸引其他人关注，或给提供帮助的人一定的认可，如通过积分、悬赏的形式，也可以用邀请回答的形式，定向邀请相关领域的专家和教师回答问题。对于回答问题的教师而言，可以自主选择问题，并灵活地参与协同解决问题的过程。对于其他的参与教师而言，可以随时在问题广场或问题库中去搜索自己感兴趣的问题。

在机制设计方面，教师看到答案需要消耗一定的积分，也可以是完全开放的，不需要任何积分和奖赏，还可以根据需要设置一定的激励机制，通过这些机制来鼓励教师积极参与并提出自己的想法（图7-5）。

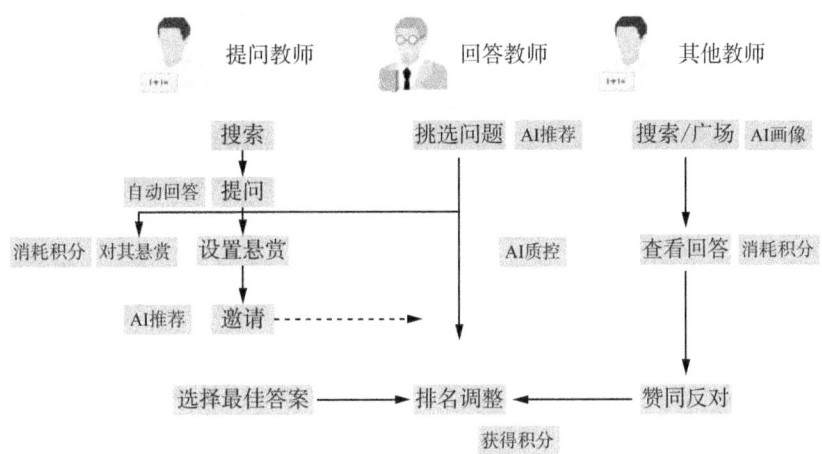

图 7-5 基于反思问题的群体协同解决的教研模式实施

(二) 案例分析

"中国好老师"公益行动计划网络平台(图7-6)支持建立学习共同体,能够支持基于反思问题的群体协同解决问题的实施。以"中国好老师"社区里的一个基于育人问题的开放式解答为例,展示具体基于反思问题的群体协同解决问题模式。

图 7-6 "中国好老师"公益行动计划网络平台介绍

教师在问答的广场中提出问题,平台甄选出一些有代表性的问题,成为每周的疑问,并将其置顶,所有进到问答中心的人都可以看到这一周教师提出的热点问题,每个人都可以针对自己感兴趣的问题分享相关的教学经验和感受反思等。

在"中国好老师"社区,参与回答的是来自全国各地的教师,教师们可以随时基于自己的兴趣选择回答的问题,并从自己的角度分享自己的感受,分享自己的经验。所有教师都可以浏览这些问题和答案，并针对这些答案进行点赞和讨论。此外，社区还可以对教师积累的问题和答案进行梳理和精选，从而形成优质的问答集锦，并传播和分享。看到相关问题的教师就可以直接看到精华的回答。

在群体协同解决的过程中，可采用积分激励等手段，对有贡献的、积极参与回答的、得到认可的、大家都点赞的教师给予一定的积分激励，让教师感受到在开放的空间中的贡献和认可。

具体的平台操作如下：首先，教师可以在这个活动的模块中看到所有的问题，包括每周一问的热点话题，教师可以点开这些问题，进行参与和回答。其次，教师也可以浏览别人的回答，还可以在别人回答的基础之上，做进一步的分享、点赞和评论，比较自己的回答和其他教师的回答有什么异同等。最后，教师可以把特别好的答案精选出来。教师对于精选出来的问题，还可以以资讯的方式进行二次发布，从而让这个问题以及相关的解答成为助力教师专业发展的资料库。平台对于参与积极、参与活动过程中答案获得认可最多、答案被采纳最多的教师，可以给予其一定的积分奖励。以上是基于反思问题的群体协同解决模式的具体案例内容。

三、基于主题的网络协同教研模式

《中国教育现代化2035》明确提出要"着力提高教育质量，促进教育公平，优化教育结构"。2019年《关于实施全国中小学教师信息技术应用能力提升工程2.0的意见》推动培训团队开展应用信息技术促进学科教育教学的研究，探索基于"互联网＋"的教研组织形式。2019年，中共中央、国务院《关于深化教育教学改革全面提高义务教育质量的意见》指出要完善区域教研、校本教研、网络教研、综合教研制度。

基层区校教研存在以下几点问题：（1）随意性。学校、区域无教研计划。（2）无方案。学校虽然也开展了教研活动，但缺少明确的研究主题，上课的教师不知道为什么上这节课，听课的教师不知道要研究什么问题。（3）重教轻研。有些学校的领导教研意识淡薄，造成学校教研可有可无、可多可少的现象发生，这类学校很少组织教师认真研究教学中存在的问题，从而导致团队互助环境缺失，教师相互研究的氛围难以实现，很难形成有利于教师专业成长的大环境。（4）方式陈旧。有些学校教研形式陈旧、单调，落后于教育政策、教师发展的需要，如有的学校方法单一，几乎都是听课评课，而且听课的不够投入，评课的不够深入，教学与研究脱节。基于这样的背景，研究者提出了基于主题的网络协同教研模式。这种教研模式的特点在于，与前面的一对一研讨模式和基于问题的群体协同解决模式相比，基于主题的网络协同教研模式具有综合性，也更加复杂。

（一）实施过程

基于主题的网络教研，首先围绕着一定的主题和内容，这些主题和内容来自教师群体共同感兴趣的问题。前面介绍的两种模式（基于问题的一对一研讨模式和基于反思问题的群体协同解决模式）更具有个性化，基于主题的网络教研的随机性更强，灵活性也更强。前文中的两种教研模式从时间上来看，持续性比较短。比如，教师遇见教学问题时，将问题发布至平台，然后有人回答，可能一个帖子就解决了，也可能教师与对应专家实时交流10分钟、半小时也能解决了。但是在主题教研当中，一般问题是共性的，这种共性的问题很可能是比较复杂的，它需要教师不断地学习、实践和反思，才能够有一个相对比较妥善的解决方法，所以这种共性问题可以作为教研的内容。

在此过程中参与的成员扮演着十分重要的角色。参与人员具有一定的广泛性，如何进行有效组织尤为重要，需要多人进行组织建构，比如课题的专家，或者教研的负责部门，或者学校相关课题的负责人等，总之需要有教研组织者，才能够更好地把主题教研落地（图7-7）。

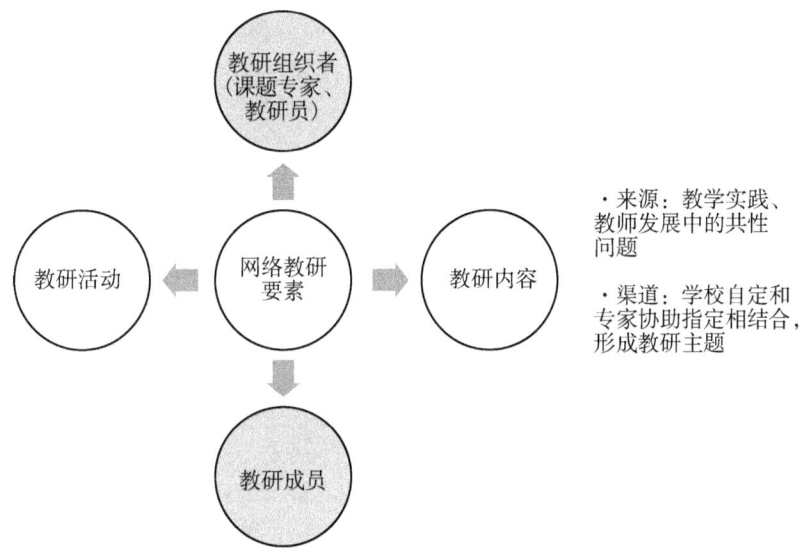

图 7-7　网络协同教研模式

基于主题的网络协同教研模式的活动形式，一般可分成几步。第一步由于主题的相对的复杂性，一般先要经历一个理论和技术的学习的阶段，也就是说，教师要进行相关的背景理论的学习。第二步是案例的延续阶段，学习和实践教学之间最好要有一个桥梁，这个桥梁就是别人体现这种新的理念的一个成熟的案例，教师可以通过案例学习，然后去模仿，模仿后再转移到自己的教学中，进行教学实践，在此基础上再进行教学上的创新。第三步就进入设计的阶段，教师需要将前期所学进行实践操作，可以找一节具体的课大家一起去磨课。备完课以后进入实践，教师一起进行对课例的听评课研讨，最后进行教学反思。这是一个完整的基于主题的网络协同教研流程。

在每一个教研的阶段，都特别强调深度的对话，深度对话其实也是一种多维的对话。这种多维性强调自我的输出和对话，强调和同伴的对话，也强调跟专家的对话。比如在理论学习阶段，自我对话就表现为教师通过写阅读笔记或者心得，将此外化，和同伴一起交流学习心得，专家针对大家的文献阅读情况做相应的点评和反馈。

本次混合式校际教研主题为"高效课堂教学——有效情境创设",该教研主题的发起者是教师群体,教师结合自己的教学实践,普遍感受到低年段语文课堂情境创设的质量会影响课堂的效率效果,对于如何创设有效的语文课堂情境都有浓厚的学习兴趣。

在保证教研问题是针对教学实践中的"真"问题基础上,课题指导者和教师前期通过网络和面对面的沟通和协商,参考行动研究的范式,形成表7-1所示的教研活动设计。在设计教研活动时,注重渗透以下几方面的原则:首先,以核心问题为导引,保证研究目标的聚焦性和导引性;其次,以任务为驱动,学后做、做后思,体现"做"中研和反思性实践的特点;最后,分布式认知理论认为人的认知并不是单独存在于个体之中,还会分布于个体之间、认知媒介中、认知环境中甚至认知文化中,在教研活动过程中,认知不仅存在于教师个体,而且存在于网络教研平台的共享资源、使用的技术工具、教师群体和专家中,因此,在各个阶段任务设计的时候,注重教师能够和自我、同伴和专家以及网络资源等建立互动和联系,通过多维对话来汇聚群体智慧,实现对教研问题的协同解决和教师个人专业成长。

表7-1 校际混合式教研阶段及相关任务说明

教研阶段	核心问题	自我对话	同伴对话	专家对话
理论学习（网络）	情境教学的相关理论基础、设计原则及策略是什么	分享阅读体会	交流阅读心得	文献推荐反馈点评
案例研习（网络）	优秀案例中的情境创设是如何开展的	推荐优秀案例	分享、交流案例	点评案例
实践应用（网络＋面对面）	如何在自己的教学中利用情境创设提升课堂效率效果	撰写教学设计实践与反思	现场观摩互评分享	组织观摩评课反馈
反思小结（网络＋面对面）	这次教研的收获及后续计划是什么	教研小结	分享教研成果	评价、总结

（二）案例分析

依托智慧教研平台,围绕着相关核心问题和任务,各教研阶段活动具体开展如下。

1. 理论学习阶段

校际教研初期,课题教师在平台中学习北京师范大学课题指导团队推荐的相关"情境创设"的文献资源共11篇。教师针对文献以微批注或评论方式同教研组内分享自己的阅读收获和体会。指导人员会对教师的阅读体会进行相关的点评和反馈。

2. 案例研析阶段

在理论学习和分享后,教师在线推荐优秀视频案例和交流,使理论学习成果外显化和实例化，积累情境创设策略和具体应用方式。根据指导人员提供的格式要求和相关优秀视频案例网站，18位教师每人创建了一个账号，共分享、推荐了36个案例片段，并注明案例来源及相关推荐理由。在此过程中，指导人员一直给教师提供远程操作的指导。

3. 实践应用阶段

在学习、积累其他人优秀策略基础上，教师尝试在自己的教学中进行应用和实践。根据上课进度，选定一年级《两只小狮子》和二年级《雷雨》作为协同备课内容，并确定4位教师分别担任其四课时的主备人。教师提前在平台上提交方案，其他教师通过网络对教学设计方案提供反馈建议，然后开展教师面对面现场观摩课，听课教师填写观察表并进行集体点评和交流，通过面对面的交流研讨，直面教学问题，实现教师自我对话、同伴对话和专家对话，使对话深度、广度和参与度达到最大化。现场交流完毕后，听课教师将自己的评课意见和学习反思提交到平台，执教教师则提交自己的教学反思，从中发现，不论是授课教师还是听课教师普遍感到受益很大。

4. 反思小结阶段

在反思小结阶段，每个教师根据前几个阶段的教研学习及自身实践体会，进行教研小结，实现个人对话、知识收敛和再建构过程。在教研最后阶段，在指导人员的帮助下，由一个教师代表进行教研阶段材料梳理、汇总众人智慧，形成以"情境创设"为主题的培训PPT，在全区面向所有语文教师进行教研心得和成果分享，这也体现了对群体知识的协同建构和传播。

总结校际教研各阶段对话特点及作用，形成如图7-8所示的支持"网络＋面对面"混合式教研多维深层次对话分析示意图，在开展校际混合式教研时，以问题为引导、以任务为驱动，从自我对话、同伴对话和专家对话三个维度推动教研的深度发展。

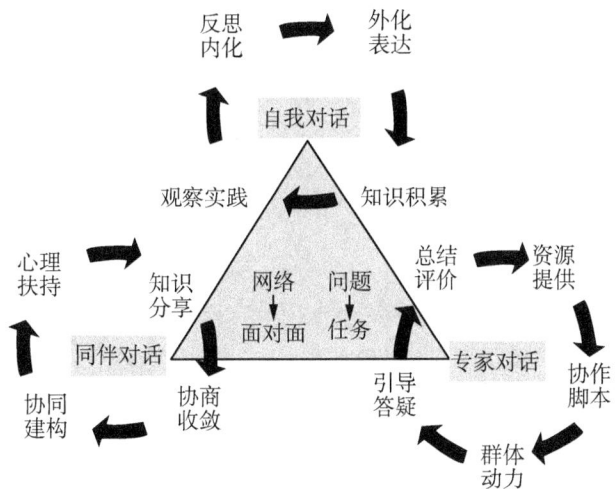

图 7-8　校际混合式教研多维深层次对话分析

本讲小结

本讲从基于网络的问题解决教研的角度，介绍了三种不同的问题解决模式及其对应案例，即基于问题的一对一研讨模式、基于反思问题的群体协同解决模式和基于主题的网络协同教研模式。通过三种各具特点、不同形式的教研模式帮助教师了解和掌握基于网络的问题解决教研的特点和流程，更好地为教师在教学过程中遇见问题时提供多种问题解决的方法和路径。

本讲关键词

网络教研　问题解决　一对一研讨　群体协同　主题教研

提升练习

1.【多选】基于问题的一对一研讨教研模式的实施流程有哪些环节？（　　）
　A. 选择教师，预约时间　　　　B. 按时上线，发起请求
　C. 实时交流，解决问题　　　　D. 心得评价，查看反馈
　答案：ABCD

2.【判断】基于反思问题的群体协同解决的教研模式的应用场景是教师随时发布自己的教学问题，和相关领域的同行或专家进行开放式在线研讨和交流，从而获得帮助。
　答案：对

3.【多选】基层区校教研存在的问题有哪些？（　　）
　A. 随意性　　　　　　　　　　B. 重教轻研
　C. 无方案　　　　　　　　　　D. 方式陈旧
　答案：ABCD

参考文献

1. 胡军哲.让教研成为一线教师生存常态［J］.中国教育学刊，2010（3）.

2. 胡小勇，张华阳.信息技术支持的教师教研：热点变迁、前沿及趋势［J］.教育信息技术，2019（Z1）.

3. 郑世忠，张德利.继承与超越：从"网络教研"到"'互联网＋'教研"［J］.中小学教师培训，2016（10）.

4. 张晓红，等.分层联动教研模式的建构——以中学物理为例［J］.课程·教材·教法，2018，38（6）.

5.陈思.迈向新时代的教师专业发展——2018年基础教育人才发展20人北京论坛会议综述[J].北京教育学院学报,2018,32(5).

6.李元昌.主题教研促进教师发展的实践探索[J].中小学教师培训,2009(11).

7.陈玲,汪晓凤,余胜泉.如何促进混合式教研中多维、深层次网络对话——一项基于学习元的案例研究[J].中国电化教育,2016(6).

第八讲
基于网络的知识分享和资源协同创生

本讲概述

本讲针对基于网络的知识分享和资源协同创生进行论述。主要论述了知识分享和资源协同创生的三种形态，即教师实践性知识的群体分享、视频俱乐部和教学资源的协同创生。教师实践性知识的群体分享强调每位教师都是知识的贡献者，通过网络技术来促进群体知识的汇聚和分享后，形成群体智慧库，继而进一步反哺教师。视频俱乐部主要通过教师观看视频片段，并就视频中的突出问题应用讨论交流的方式来促进教师的专业发展。在视频俱乐部中，可以发展教师的洞察力，针对视频中的多元问题可以进一步引导教师提升注意和推理能力、问题解决和反思能力。教学资源的协同创生强调在教师日常教学中同步生成，如在主题培训、协同备课、听评课研讨、总结提炼等活动中，积累课例、教学策略等资源，形成一个区域或者学校的教学知识库，从而支持教师的个性化学习和新教师的群体能力提升。

知识结构图

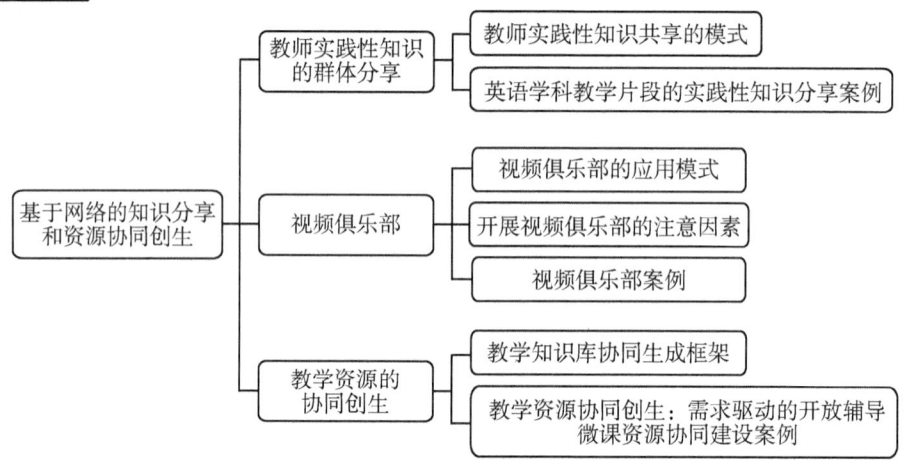

学习目标

学完本讲，你应该能够做到：
1. 说出基于网络的知识分享和资源协同创生的三种形态。
2. 在自己的教学中应用教师实践性知识群体分享的模式形成一个案例。
3. 用视频俱乐部的应用模式组织教研活动。
4. 通过学习教学资源的协同创生案例，理解资源协同创生的渠道。

> **读前反思**
>
> 1. 基于网络的知识分享如何操作？
> 2. 视频俱乐部都可以应用哪些视频？
> 3. 怎样实现区域或者学校内的资源协同创生？

基于网络的知识分享和资源协同创生包括三种形态，即教师实践性知识的群体分享、视频俱乐部和教学资源的协同创生。知识分享的本质是一种知识的流动与交互活动，可以被视为一个以知识提供者与接受者互动实现知识转化的过程。[1]群体的智慧如何外化和沉淀，从而让更多有需求的教师一起协同学习，是本章要解决的主要问题。

一、教师实践性知识的群体分享

教师的实践性知识是教师真正信奉的，并在其教育教学实践中实际使用和（或）表现出来的对教育教学的认识。[2]它区别于教师通过正规教育等途径接受的学科知识、教学法知识等理论性知识，更加强调知识的实用性、情境性等特征，故被称为实践性知识。[3]这类知识包括六个方面的内容：教师的教育信念、教师的自我知识、教师的人际知识、教师的情境知识、教师的策略性知识、教师的批判反思知识。这些知识来自教师个人的经验积累、领悟（直接经验），同行之间的交流、合作（间接经验），也来自对"理论性知识"的理解、运用和扩展。例如，教师上完课后会开展教学反思，总结提炼自己的教学策略和方法，即教师自己的教学亮点，如果将每个教师的亮点汇聚在一起，就会成为一个群体智慧库。在教师教学实践的亮点中汲取最能够体现其教学智慧的实践性知识，这就是教学实践性知识群体分享的目的。

（一）教师实践性知识分享的模式

教师实践性知识分享是指"教师相互之间通过一定的渠道交流分享实践性知识，以促进教师实践性知识的增值和教师专业成长的活动"[4]。教师实践性知识是教师专业发展和实践智慧养成的基础，是教师专业发展的动力，也是学校软实力提高的必由之路。结合教师实践性知识的内容和特点，笔者构建了教师实践性知识分享的模式：集体知识增长到个人知识增长的分享模式。

---

[1] 徐美凤,叶继元.学术虚拟社区知识共享行为影响因素研究[J].情报理论与实践,2011,34(11):72-77.
[2] 陈向明.实践性知识：教师专业发展的知识基础[J].北京大学教育评论,2003(1):104-112.
[3] 程凤农,谢娟.基于社会网络的校际间教师实践性知识共享模式研究[J].教学与管理,2014(15):36-38.
[4] 刘敏.教师实践性知识共享初探[J].贵州师范学院学报,2012,28(5):63-65.

1. 模式的一般流程

图 8-1 展示的是课后教师实践性知识分享，主要流程包括提交方案，上课实施—创建分享，自我诊断—群体分享，问题讨论—总结收敛，集体交流—反思收获，确定计划。即教师在经过上课实践后进行创建分享，对该节课的某个环节、策略或者微视频进行群体观摩、问题讨论，从而获得启发。在这个过程中，我们需要关注集体知识发展过程中的结构化和有序化，最后进行总结和收敛，在良好的总结收敛基础上，进一步反思提升自我和确定下一步计划。

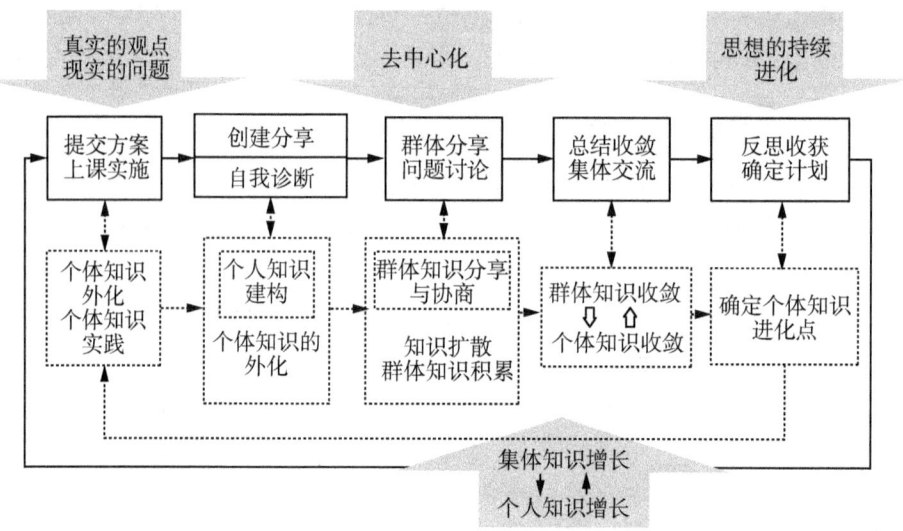

图 8-1　教师实践性知识分享参考模式

基于该模式，我们还需进一步关注技术、认知和情感方面的支持。首先是技术方面的支持，要在网络上开展分享，为了保证教师有足够强的动力，在网络上的交流更加顺畅，我们需要给教师提供技术方面的支持，避免教师遇到网络方面的障碍。其次是认知方面的支持，很多时候教师对于该分享什么、以什么样的形式分享并不清楚，所以我们应该提供一些支架，让教师知道该如何分享，在汲取智慧时，可以从哪些角度给予反馈等，这些支架可以给教师一些帮助，保证教师分享的质量和效率。最后是情感方面的支持，在群体的分享过程中，需要得到实施者和组织者的情感关怀，可以设立一定的激励机制，对参与的教师给予及时的鼓励，保证积极参与的教师被认可，促进活动的持续和高效开展。每个人都有获得别人的认可、赞赏，由此满足尊重、归属与爱、自我实现的需要，这种情感越强烈，越能促使个体主动表达自己对知识的理解、运用和相关考虑，愿意分享自己的教学经历、经验、灵感、体会等，愿意更多地评价、分析他人的知识[1]，最终实现知识的分享与扩散。

---

[1] 李兴保，武希迎.教师虚拟社群知识共享的过程模型和价值取向［J］.电化教育研究，2013，34（3）：73-80.

2. 教师实践性知识群体分享和进化的原则

在实践性知识群体分享和进化过程中，需要把握以下四项原则。

第一个原则是去中心化，教师群体实践性知识分享没有层级之分，每个教师都是教学智慧的创造者，教师在分享过程中应该遵循自愿、自主、自信的方式进行平等的交流和分享，教师既可以是创造智慧的人，也可以是吸收他人智慧的人。

第二个原则是要从真实的教学情境和问题出发，即这种分享能够不断推动和引导个体和群体的知识建构，对教学实践有帮助。

第三个原则是思想的持续进化，即群体和个体的协同进化。每个人都在不断发展和贡献，外化的教师群体智慧知识库也是在不断发展和进化的。群体知识和个体知识是协同发展的。

第四个原则是集体知识导向，学习者通过共同推进集体知识的增长而实现个人知识的发展。个人发展推进集体知识，集体知识又能够促进个人的发展。该原则强调教师在分享过程中，通过协同能够达到一个思想的提升，而不只是寻找一个标准的或唯一性的结论。

（二）英语学科教学片段的实践性知识分享案例

小学英语学科特别强调课堂的言语交际训练，言语交际往往需要在一个情境中发生，基于此广州市荔湾区开设了英语教学片段分享俱乐部，鼓励教师就英语课堂交际情境如何设计和实现进行交流和分享，助力教师英语交际情境设计多元化。通过俱乐部的开设，教师互相分享优质的教学片段，互相学习如何通过情境设计调动学生的学习动机，以及怎样在课堂利用交际情境促进学生深度对话。这种方式的实践知识分享没有唯一、固定的答案，每位教师都可以发表自己独特的见解，每位教师都拥有一些值得被分享的好方法。

在开展该活动的过程中，俱乐部主持人会鼓励教师不断反思自己分享的优质片段是怎样开展的、为什么这么设计、其实际效果如何等，并引导教师将教学反思以结构化的方式在网络上呈现出来。例如，为了让他人更好地了解自己的教学情境知识，可以把教学的一些背景或者有助于他人理解该片段的情境知识呈现清楚，如可以提供相关教学PPT课件（或电子白板课件）、设计方案等，还可以进一步阐述自己分享的原因，便于其他教师捕捉该节课的亮点。同时，教师在实践过程中的困惑和问题也可以及时提出，与其他分享者分享协商。通过群体分享和碰撞，渐渐创生出一些有价值、值得群体借鉴的教学策略和方法。教师还可以对这些策略和方法进行及时梳理，相同策略归类，同一策略下的实践实例及时梳理，用结构化的方式外化出群体协同结果，作为该活动的有效成果之一。

在第一个月群体知识分享之后，将不同年级的英语教师在不同的内容和主题中的共性策略做成第一级目录，然后把每种策略下的方法具体呈现出来，这样就会形成一个群体的知识目录，让所有分享者一目了然地看到本主题下包含的具体策略和实践实例，不断生成相关知识网络（图8-2）。

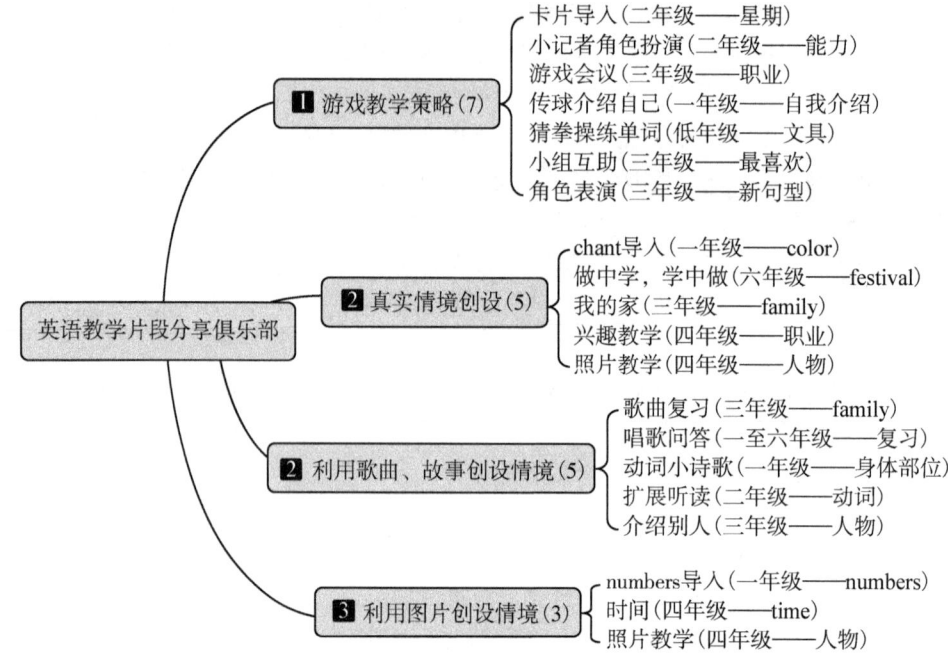

图8-2 英语学科教学片段的分享俱乐部第一个月群体知识分享和汇聚结果

在第二个月的时候，教师持续分享的策略类型和实例越来越丰富，群体知识在结构和数量上又会进一步拓展和丰富，如图8-3所示，这也是群体知识不断进化的结果。

在这个过程中，每个教师都是相关知识分享者和贡献者，在每位教师的贡献下，外化沉淀出的群体知识就像一棵树一样不断生长，从一个节点变成两个节点，再变成三个节点，每个节点下都有典型的、丰富的实例，这样就形成了一个围绕该主题的结构化的群体智慧库，继而反哺所有有相关需求的教师。

一位教师在进行知识分享后，浏览了很多其他教师分享的策略和方法，并且针对自己感兴趣的策略和方法进行了评论和补充，即在他人贡献的知识基础上进一步丰富知识结构。通过这种学习，该教师关于这个主题的学习知识面获得了扩展，之后该教师将新获得的知识迁移应用到教学实践中，通过对实践的反思，又生成新的方法和实例，促进集体知识的再增长，在这个案例中我们观测到一个教师个人知识进化过程，也看到了教师获得进步后反哺集体、推动群体知识进化的过程。

图8-4是教师在借鉴和迁移群体知识后，所做的This is my room的教学情境设计案例。

在教师实践性知识的群体分享中，每个教师都是平等的知识分享者，是群体知识的贡献者，每个人也可以从群体的知识中获取营养，从而不断促进个人知识的发展。这样的实践知识的深度分享和协同，促进了教师实践后的知识的不断进化和发展。

第八讲 · 基于网络的知识分享和资源协同创生

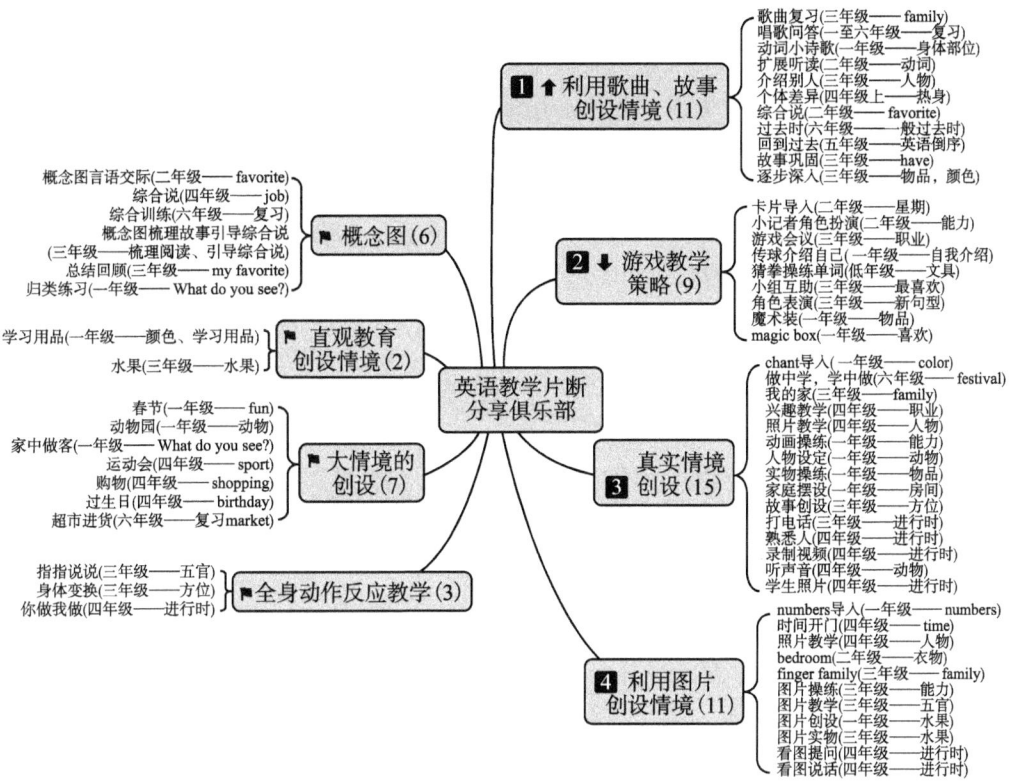

图 8-3　第二个月群体知识分享和汇聚结果

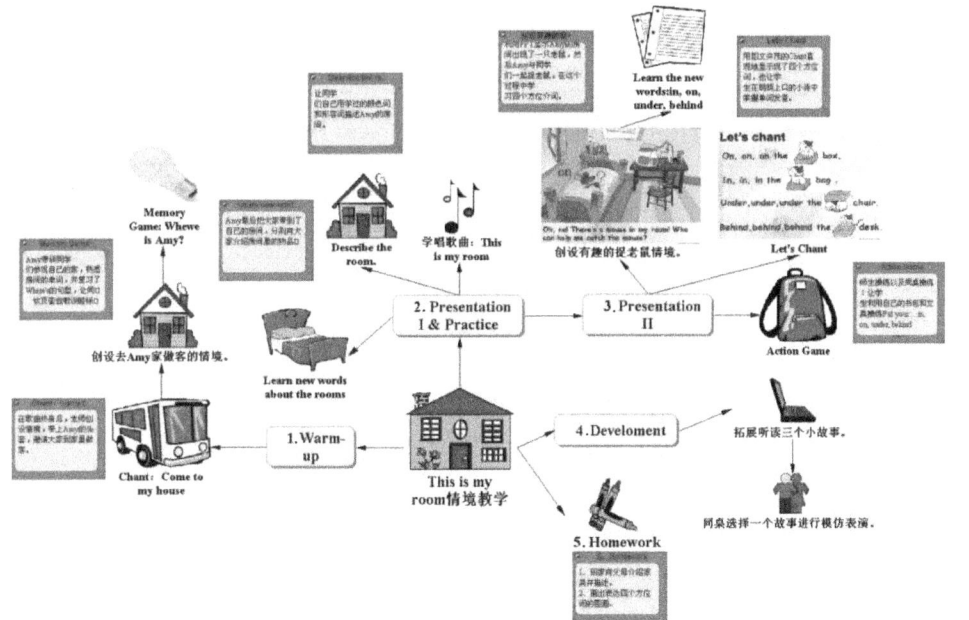

图 8-4　This is my room 情境教学案例

二、视频俱乐部

在 20 世纪 60 年代的美国，随着视频设备的出现，视频被引入教师教育。20 世纪 90 年代，研究者和教师教育者开始把课堂记录、观察用于视频俱乐部这种环境中。[①]视频俱乐部指的是一种基于视频案例的、面对面的教师专业发展研讨会，在视频俱乐部中，教师在约定的时间聚集在一起，现场观看、分析、讨论教学视频。通过视频俱乐部，发挥教师群体力量，能有效支持教师的教学实践，促进教师的专业发展。

随着网络技术的发展，当下衍生出一个新的概念，即在线视频俱乐部。在线视频俱乐部，即将传统的面对面俱乐部转移到线上（图 8-5）。与传统的面对面视频俱乐部相比，在线视频俱乐部研讨大多是异步的，时间更灵活，同时也允许更多的课例观摩和反思时间，从而在回应前进行深入的分析思考。同时，借助在线视频标记工具，教师在观看视频的时候可以开展同步观察和反思内容的标记，每位教师的标记文本被所有教师分享和协同，教师既可以对视频评论，也可以对其他教师的评论进行回应，从而促进教师群体互动，支持教师间开展深度视频协作分析和反思。

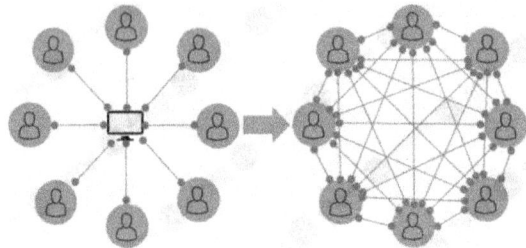

图 8-5　在线视频俱乐部模型

相关研究表明，基于课堂视频的观摩和研讨，能够很好地提升教师的专业视野。教师的专业视野就是学会运用学科知识和学科教学知识注意和解释课堂中的重要交互事件的能力，包括选择性注意（noticing/selective attention）和基于知识的推理（knowledge-based reasoning）两个部分（图 8-6）。选择性注意指识别某些关键时刻的行为，基于知识的推理定义为教师用来解释和理解这些时刻的过程，可分为描述（description）、解释（explanation）和预测（prediction）。

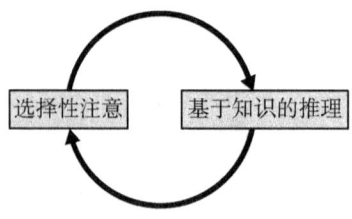

图 8-6　教师的专业视野内容

---

① 刘海华，徐晓东，杨飞. 国外基于视频的教师学习研究新进展与启示［J］. 电化教育研究，2015，36（5）：108-113+120.

同时，以视频为载体，能够让教师直观地还原课堂真实场景，然后通过教师的观点交换或者分享，进行观测和推理，视频作为载体来进行知识分享，和传统线下课例研讨更多凭借教师的观课感受和相关文本记录相比较，具有不可替代的独特优势。当一群教师一起观看视频时，他们会把他们自己的经验和观点带到场景中，并能分享对所发生事件的不同解释。教师基于课堂真实发生的事件进行阐述与解说，大大提高了问题的针对性。同时，教师可以集中注意力，群策群力地解决疑难问题，正因为同行多维度的争论可以进一步启发教师洞察和挖掘视频中的隐性知识。

视频的种类很多，在做视频俱乐部的时候，选择什么样的视频往往要根据视频俱乐部开展的目的来决定。教师可以选择未经剪辑的、完整的课堂视频，也可以选择课堂活动片段视频，如导入、新授、复习等典型课堂活动或环节的片段视频，还可以根据教研的目的选择典型视频片段，如某种优秀的教学技能，符合某个教学规律的优秀视频片段，或者是操作不当、具有一定改进空间的课堂事件视频，还可以根据自己研究的问题选择对应的焦点视频，如科学课探究学生科学思维的认知需求水平，以及教师行为如何影响学生的科学思维水平，就可以将视频划分为展示执行高认知需求时的学生高思维水平的视频片段，执行高认知需求时的学生低思维水平的视频片段，以及执行低认知需求时的学生低思维水平的视频片段。可以看出视频俱乐部开展所选择的视频不是固定和唯一的，根据目的和参与对象，可以有多种多样的形式。

（一）视频俱乐部的应用模式

这里主要介绍了视频俱乐部的两种应用模式：主题培训交流研讨和视频反馈周期。

1. 主题培训交流研讨

本模式借助视频，教师研讨时可以开展线下会议，也可以开展线上会议。主要环节包括以下几个步骤（图 8-7）。

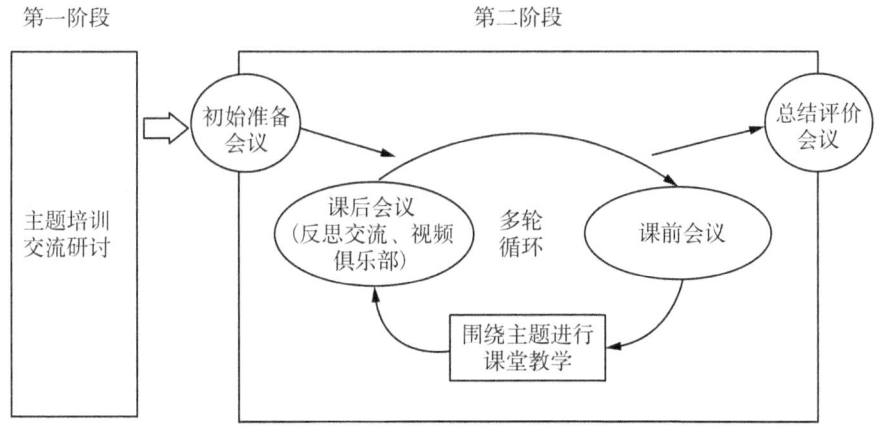

图 8-7　主题培训交流研讨模式

第一阶段：相关培训和准备；在活动开展前让教师了解本次视频俱乐部的关注点和研讨内容是什么，也可以做一些相关的技术理论或技术培训。

第二阶段（视频俱乐部教师轮流作为执教教师）：首先课前发放执教教师方案，发送讨论问题清单等，收集参与视频会议教师的建议；其次执教教师实践教学；最后在执教教师反思基础上，大家基于焦点视频进行研讨。

在课后会议中主持人先邀请执教教师描述视频片段开始前的事件，对要播放的视频进行必要的情境化描述。后播放视频片段，俱乐部其他成员在观看过程中可以自由发表评论，一般建议在完整观看视频后围绕教师注意的内容进行交流讨论，交流讨论之后由主持人对观点进行梳理形成群体共建知识。

2. 视频反馈周期

第二种模式是视频反馈周期，该模式更多是基于网络环境开展（图 8-8），主要包括五个步骤。第一，视频上传：记录和上传自己课堂的视频片段、教案以及课程中使用的其他材料（如任务单）到网络平台。第二，自我反思：基于网络的界面，参与者提供自我反思——在视频中对他们想要分享的特定事件进行注释。第三，同伴反馈：收集同伴反馈——同伴对视频片段和书面自我反思发表评论。第四，专家反馈：在线提供专家反馈。第五，反思平衡：第二次观看视频，自我反思，并对同伴和专家的反馈作出回应，旨在实现反馈平衡，包括在何种程度上认为作为替代的意见是有帮助的。

图 8-8 视频反馈周期

上述两种应用模式是供参考的基本模式，并非一成不变的，在具体应用过程中可以根据实际需求进行环节调整和优化。

（二）开展视频俱乐部的注意因素

在开展视频俱乐部的过程中，还有以下几点注意事项。

第一，明确目标，确定视频。教师首先要确定视频俱乐部选择视频的表征形式，确定好研讨的目标，还要注意如果缺乏对被发布的视频的语境理解会限制教师的讨论，在使用视频的时候，应该提供丰富的情境信息，包括教师的教学目标、学生特点、课程计划、学生作业样本、录像前后发生的事情等。

第二，设计观摩视频前、中、后的任务。组织者尤其要设计好观摩视频前、中、后的任务，任务要从多维度去考虑，引导教师做好有效性注意。观看视频前组织者要考虑什么样的任务能够增加教师在视频中看到他们想看的东西的可能性；观看视频的过程中要注意任务是否能够调动教师的参与度，即观察教师有没有做笔记、做标记、关注一些细节等；观看视频后还要进一步思考什么样的任务可能有助于教师个体或集体的理解。

第三，促进参与对象深入对话。促进参与对象深入对话即要求参与视频俱乐部的人员之间可以产生深度耦合，形成深入的对话。

第四，营造信任和平等的良好氛围。教师个体要密切与他人的交互，建立个体之间的相互信任关系。信任关系是影响知识共享的关键性因素。[①]作为执教者，在信任和平等良好的氛围中能够更放松地展示自己的视频，同时也能够进行更真实的探讨和互动。同时，教师也要注意教学经验、职称、称号、年龄等背景信息的差异在对话过程中的合理发挥，即不同职称和不同背景的教师，在对话的过程中，合理发挥各自的作用，避免资历浅的教师不敢表达自己真实的看法的情况。另外在活动初期也要避免选择一些负面视频片段，以免影响教师参与积极性。此外，还需注意在俱乐部内不要用两位教师的视频片段进行正负对比评价，尽量给俱乐部每位成员展示视频的机会，也要考虑视频焦点的多态性。

（三）视频俱乐部案例

1. 案例一：支持反思活动的视频标注软件设计与应用研究[②]

案例摘要： 作者利用 VB 自主设计并开发了一款单机版的视频标注软件 SmartVideo，用以支持用户的即时反思和认知复现，可以实现个性化的视频目录管理、观看视频、对指定视频片段添加评论、及时记录心得体会、分享和交流教师间的评论内容（含导入、导出和回复视频评论）以及回看评论所对应的视频片段。

参与对象： 该研究选取了 14 名小学语文教师为研究对象。

案例流程： 通过利用视频标注软件 SmartVideo 来支持教师如何在小学语文教学中"创设有效情境"，分别采用视频案例观摩和基于视频标准软件的方式开展视频案例的观摩及反思，最后运用内容分析法对教师利用软件进行即时反思与不用软件开展常规性的反思做定性与定量数据分析。

案例效果： 教师对于利用视频软件 SmartVideo 工具开展反思表现出了较为认真积极的态度。虽然教师在反思内容的层次上并不存在显著性差异，但通过对视频反思内容的分析发现，教师利用 SmartVideo 软件进行的视频反思活动能够促进反思维度的多样化，开拓了反思的广度。

2. 案例二：基于主题的视频俱乐部线上教研

北京师范大学未来教育高精尖创新中心引领某区初二数学教师开展基于主题的视频俱乐部线上教研，教研围绕初二数学组老师提供的 9 节课例视频片段，分"数与代数"和"图形与几何"两个主题开展教研活动，视频俱乐部的教研实施流程如图 8-9 所示。

---

① 张敏，郑伟伟.基于信任的虚拟社区知识共享研究综述［J］.情报理论与实践，2015，38（3）：138-144.

② 汪晓凤.支持反思活动的视频标注软件设计与应用研究［J］.现代教育技术，2014，24（4）：96-103.

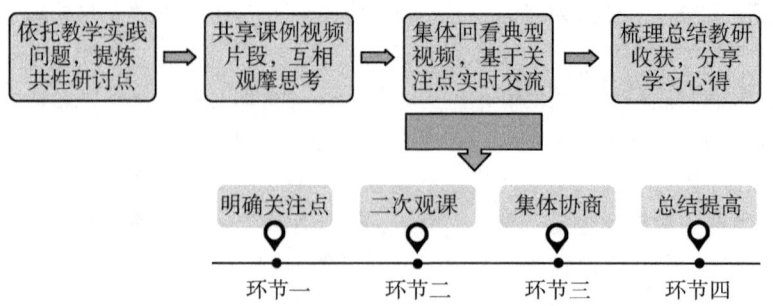

图 8-9 基于主题的视频俱乐部教研实施流程

（1）依托教学实践问题，提炼共性研讨点

基于课例视频的研讨方式解决数学教师在本学期教研主题中存在的教学问题与困惑。首先请教师结合自身的教学实践，回顾并提出自己认为亟待解决的实际教学问题或教学关注点。

（2）共享课例视频片段，互相观摩思考

①上传视频，围绕研讨点标记课例片段

请数学科组教师上传自己课例的录播课或教学片段、然后结合第一阶段研讨点与教师教学的关注点，进行课例片段标记分享。教师主要应用智慧教研平台听课打点（情感标签的标记）来进行标记，重点围绕第一阶段制定的研讨点、困惑点、关注点等进行标记分享。

②互相观摩学习，生成可视化思考

教师观摩同主题教学视频片段，发表对视频片段的观点和对其他教师评论的思考等。发布教师对上传视频片段进行内容描述并阐述选取视频片段的理由；每位教师选择 2~3 位教师的视频片段进行观看并发表观点，围绕研讨点或者相关经验均可；发布视频的教师在看到其他教师评论后，可以针对评论进行回复。

（3）集体回看典型视频，基于关注点实时交流

组织教师进行基于主题的视频俱乐部研讨活动，围绕各位教师提交课例片段中的典型案例进行集体回看与深入交流。研讨会共分为四个阶段，明确关注点、二次观课、集体协商、总结提高。其中二次观课与集体协商是基于每个典型片段的循环活动，直到完成所有片段的研讨。

①明确关注点

基于各位教师在智慧教研平台上对其他教师课例片段的观点和对其他教师评论的思考等，梳理提炼主要关注点。以"图形与几何"主题教研为例，在第一阶段教师共性研讨点的基础上，聚焦课堂教学中的真实问题，例如探究问题设计、探究过程组织等，明确"一个优质的探究教学活动应该具备哪些要素"的关注点。

②二次观课

教研组成员在前期自主观看基础上带着关注点，二次观看典型课例片段（依据研讨点依次观看）。观看前，先请分享者介绍视频背景。然后，主持教师播放典型片段，教研组教师回看。

③集体协商

基于二次播放的课例片段，教研组成员轮流发言，围绕关注点各抒己见，直到达成一致观点、形成更优解决方案等。

④总结提高

基于讨论的关注点总结收敛，形成研讨报告（基于建议的修正方案、基于不同情境的多种实施思路、课堂评价量表等），为优化与发展教学积蓄智慧。

（4）梳理总结教研收获，分享学习心得

视频俱乐部教研活动结束后，引导教师基于以下三个维度开展教研反思，即自身的教学问题是什么、通过教研活动学到了什么、之后教学活动中应该怎么做。基于教师的个体反思开展本次集体总结大会，集体总结主要围绕教师代表基于典型课例片段进行心得展示汇报、前期提交的教学困惑点是否得到解决、下一步的教学改进或规划方向三个维度开展。

通过集体总结大会，教师代表们表示收获颇丰，其中不仅是基于课例视频对自我教学行为的分析与改进，还有对其他教师优质教学方法的学习。总结来看，教师的生长点主要有：第一，教师如何在复习课中进行探究性教学，即结合教学重难点明确探究问题，将知识内容和学习方法融合进去，可以结合实例创设情境，探究过程中以教师为主导，学生为主体，注重师生、生生之间的交流与评价，加强生生间的互评和小结。第二，教师如何设计有效的问题链，结合学情将复杂问题细致化和简单化，让问题成为学生可以提出和解决的真问题。第三，教师如何让信息技术更好地辅助数学中的几何教学，使用几何画板、ggb 等软件，以及结合不同信息软件的优势，提高学生兴趣和参与度，将一些几何图形直观化，便于学生理解。

三、教学资源的协同创生

基于网络的知识分享和资源协同创生的第三种形态是教学资源的协同创生。教师使用的教学资源除了来自公用的资源，还可以以区域或学校为单位组建相关区本、校本教学资源和教学知识库，包括备课资源、课例资源或相关教学模式和策略类的资源等。校本、区本资源体现了当地教师的教学智慧沉淀，往往更契合当地学情的特点，也更能支持教师的个性化学习和专业能力的个性化提升。

（一）教学知识库协同生成框架

一个区域或者一个学校优质教学资源库的形成与教师日常的备课、上课、评课息息相关，在真实需求和任务驱动下，通过这些教师业务活动的实践生成，利用网络分享、标记等功能完成相关过程资源的汇聚、协同和创生。总之，技术让资源的沉淀和生成更便捷，在教师的日常业务中即可完成资源的生成和流转，通过主题培训、协同备课、听评课研讨、总结提炼等活动，积累、创生各类备课、课例、教学策略等资源。群体积淀的资源并非静态的，后续借助自动标记和智能推荐技术，再进一步反哺相关业务，根据需要将资源推荐给匹配相关需求的教师，从而实现从"人找资源"走向"资源找人"。

（二）教学资源协同创生：需求驱动的开放辅导微课资源协同建设案例

下面以需求驱动的开放辅导微课资源协同建设为例，介绍教学资源协同创生模式的具体流程。"开放型在线辅导"是北京市教育委员会协同北京师范大学未来教育高精尖创新中心，以及北京市的一批公立学校联合推出的开放型在线教师辅导服务。[①]其核心点就在于利用网络开展个性化教育公共服务探索，它是以解决学生个性化问题，促进学生个性化发展的开放型的辅导。

在辅导过程中，教师使用台式电脑或笔记本电脑并借助点阵笔工具，学生通过手机、平板电脑等移动终端，共同实现基于音频、图片和文本的实时在线辅导。辅导包括以下四种形式："一对一实时在线辅导"、"一对多实时在线辅导"、"问答中心"和"微课学习"。四种形态的辅导可以自由组合，开放辅导强调尊重学生的教育消费特点，是一种由学生个性化需求驱动的辅导：学生遇到问题或就自己感兴趣的领域进行交流，可以在网上呼叫在线教师，侧重师生之间基于学生发起相关学习问题或交流主题的深度互动。学生还可结合平台对自身提问问题的知识点诊断，开展对应推荐资源的个性化学习。同时，为保障学生学习效果和保护学生视力，平台将利用人工智能技术合理控制学生连续线上辅导时间。

开放型在线辅导项目是面向北京市所有初中生开放的一项政府主导的教育公共服务，在参与开放型在线辅导中，不同区域学生提出的学科问题背后的知识点的分布频次是不一样的，其中提问较多的知识点就形成了高频知识点，这些知识点往往体现了相关学科的学习疑难点。为实现更加高效的辅导，在辅导课题组整体统筹下，面向全市教师开展"高频知识点下的常见问题资源协同建设"，一方面支持后续同类问题的智能化解决，另一方面可以为线下教师的精准教学提供资源（图8-10）。

1. 学生高频辅导知识点汇聚，分类分析

首先，对分析出的高频辅导知识点进行提取和汇聚：例如，在一学年中，45个知识点共计被标记了16.8万次。

高频辅导知识点下的常见问题归类分析：提取高频辅导知识点辅导记录，参照平台

[①] 陈玲，刘静，余胜泉.个性化在线教育公共服务推进过程中的关键问题思考——对北京市中学教师开放型在线辅导计划的实践反思[J].中国电化教育.2019（11）：80-90.

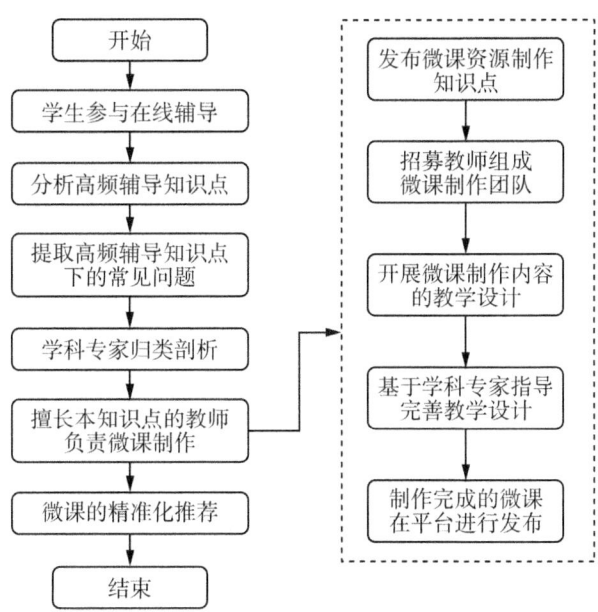

图 8-10 微课协同建设流程

记录的疑难点关键词，按"节"分类辅导记录（师生近期辅导知识点＋学生疑难点）。以北京版七年级下册《二元一次方程组》为例，本章内容共涵盖三部分知识（二元一次方程组、二元一次方程组的应用和二元一次方程组的计算），通过对二元一次方程组三部分知识相同/相近的关键词（学生疑难点）汇聚和分析，对辅导记录中的辅导内容进行了基于三部分内容的分类标识。通过标识，进一步揭示出学生在这三部分知识点的疑难所在，如在二元一次方程组的计算部分，主要问题是在计算、加减消元和代入消元等。

2. **高频问题点发布，招募教师**

通过区域联动，定向面向区域招募骨干教师，并组建微课制作微信群，用于微课制作主题、制作模板、制作要求、制作计划、制作技能的信息分享。

3. **资源设计，协商修订**

教师在领取任务和开展微课录制内容制作后，先进行资源设计及内容的内部审核，随后对资源设计方案进行一对一的协商讨论和修订优化。

在这个过程中要特别注重目标的精准把握，有针对性地提升教师制作微课的能力。如精准指向学科能力的资源设计——3×3学科能力体系，基于学科能力、学科能力的理论框架开展系统性的研究，从学生学习过程的视角，结合学生学习过程中的信息加工理论，构建了"学习—实践—创新"的学科能力理论框架。该理论框架由学习理解、应用实践和迁移创新三个能力维度构成，并基于情境性学习理论，组合情境因素的单位梯度而成，即熟悉（原型）、相似、陌生，如图8-11所示。

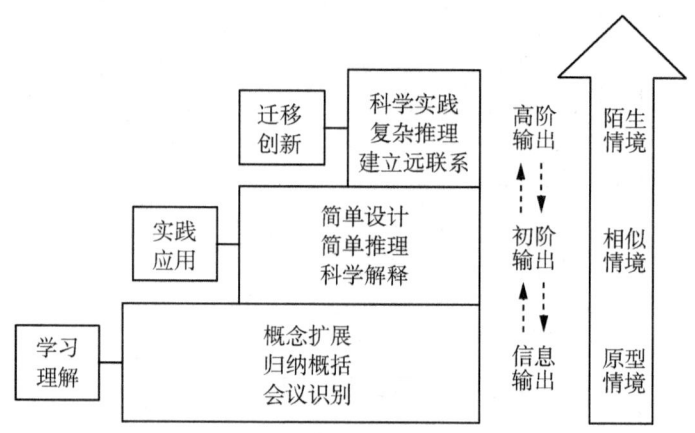

图 8-11　生物学科的 3×3 学科能力体系模型

教师在制作资源的过程中，目标指向要非常明确，根据不同学习目标，资源制作的思路和重点会有所差异。如指向学习理解类资源的内容适用新知识的讲授，创设丰富情境类的资源可以更好地支持学生对相关概念的理解或知识的学习。一般的微课教学可分为四个环节，如图 8-12 所示流程图。开篇点题，明确目标，即课程开始直接点题，明确本课的授课主题，点明本节课的教学目标；情境结合，知识讲解，即设置情境，开展知识讲解（适用于语文、数学、英语、历史、道德与法治、地理），或通过实验的方式直观展示（适用于物理、生物、化学）；内容归纳，知识小结，即教师进行知识的归纳总结；常见情境，巩固理解，即运用常见情境巩固本节课所学知识。

图 8-12　微课教学环节

4. 提供过程培训和支持——资源设计与制作素养提升

教师在进行资源设计与制作时，要以多媒体教学信息设计原则为指导，实现设计制作的资源更好地适配学生的学习，最大化发挥教学资源的教学效益，同时更高效地促进学生的知识内化。多媒体教学信息设计的九项原则，包括多媒体认知原则、空间接近原则、时间接近原则、一致性原则、双通道原则、冗余控制原则、提示结构原则、切块呈现原则以及交往特色原则。

5. 资源开发，在线标记

资源设计定稿后就可以进行资源的具体开发。资源开发过程中，通过资源制作技能的支持，以及资源制作成品的审核与修改，形成资源成品，随后由教师上传至开放辅导平台，并由学科管理员进行 3×3 能力体系的标记，标记后的资源就可以用于智能化推荐，支持学生的个性化学习。

6. 平台发布，应用跟进

在开放辅导平台的专题板块建立高频辅导知识点专题专栏，由教师制作的高频辅导知识点常见问题资源上传平台后均呈现在此板块，供师生浏览使用，同时通过智慧学伴公众号进行微课推送。在使用过程中还可以进一步收集使用者的应用反馈，结合使用者的使用频率和满意度，对资源进行持续修改和进化。

本讲小结

本讲主要探讨了基于网络的知识分享和资源协同创生的三种主要形态：教师实践性知识的群体分享、视频俱乐部和教学资源的协同创生。

首先，对于教师实践性知识的群体分享，讨论了其共享模式、群体分享和进化的原则，提供了英语学科教学片段的实践性知识分享案例，强调了实践性知识在教学中的重要性，以及群体分享的方式能够促进知识的传播和演化。其次，论述了视频俱乐部的应用模式，包括主题培训交流研讨和视频反馈周期两种常见形态，并阐述了开展视频俱乐部的教师要注意的问题。最后，探讨了教学资源的协同创生，强调教师在日常的主题培训、协同备课、听评课研讨、总结提炼等活动中，积累、创生和持续进化相关备课、课例、教学策略等资源。

综合来看，基于网络的知识分享和资源协同创生有助于教师之间的深度交流，通过对方案、视频、资源等体现教师教学实践性知识的相关产品的不断外化和群体进化，推动了教师相关实践性知识的不断发展。

本讲关键词

实践性知识　知识分享　视频俱乐部　资源创生

进阶思考

在当前的区域创新资源共享的过程中，请对以下问题进行思考并形成个性化的建议：受传统管理体制、运行制度和观念意识的影响，区域开放创新资源共享平台不完善，缺乏细化、可操作性的区域开放创新资源共享实践，开放创新资源的开发利用方面明显存在不足，降低了区域开放创新资源共享的效能，该怎样解决这个问题呢？

> 提升练习

1.【多选】基于网络的知识分享和资源协同创生包括哪些形态？（ ）
 A. 教师实践性知识的群体分享　　B. 视频俱乐部
 C. 教学资源的协同创生　　　　　D. 教师知识策略的形成
 答案：ABC

2.【多选】教师实践性知识群体分享和进化的原则包括（ ）。
 A. 去中心化　　　　　　　　　　B. 真实的观点，现实的问题
 C. 思想的持续进化　　　　　　　D. 集体知识
 答案：ABCD

3. 简单阐述您了解的视频俱乐部的概念。
 答案：视频俱乐部指一种基于视频案例的、面对面的教师专业发展研讨会，在视频俱乐部中，教师们在约定的时间里聚集在一起，现场观看、分析、讨论教学视频。通过视频俱乐部，发挥教师群体力量，能有效支持教师的教学实践，促进教师的专业发展。

4.【多选】开展视频俱乐部的注意因素有哪些？（ ）
 A. 明确目标
 B. 确定视频
 C. 设计观摩视频前、中、后的任务
 D. 促进参与对象深入对话
 E. 营造信任和平等良好氛围
 答案：ABCDE

5.【多选】以下哪些可以作为群体协同创生知识库的内容？（ ）
 A. 教学课件　　　　　　　　　　B. 综合课例
 C. 教学策略　　　　　　　　　　D. 微课
 E. 教学视频
 答案：ABCDE

> 参考文献

1. 徐美凤，叶继元.学术虚拟社区知识共享行为影响因素研究[J].情报理论与实践，2011，34（11）.

2. 李兴保，武希迎.教师虚拟社群知识共享的过程模型和价值取向[J].电化教育研究，2013，34（3）.

3. 刘海华，徐晓东，杨飞.国外基于视频的教师学习研究新进展与启示[J].电化教育研究，2015，36（5）.

4. 陈向明.实践性知识：教师专业发展的知识基础[J].北京大学教育评论，2003（1）.

5. 程凤农，谢娟.基于社会网络的校际间教师实践性知识共享模式研究[J].教学与管理，2014（15）.

6. 刘敏.教师实践性知识共享初探[J].贵州师范学院学报，2012，28（5）.

7. 陈玲，刘静，余胜泉.个性化在线教育公共服务推进过程中的关键问题思考——对北京市中学教师开放型在线辅导计划的实践反思[J].中国电化教育.2019（11）.

第九讲
教师跨区域协同、分享模式和案例

本讲概述

本讲将深度剖析教师跨区域协同、分享的四种模式，分别是远程同伴互助模式、基于网络的校际研讨模式、区域智力资源流转和协同模式以及大规模实践知识社区模式，并通过以下四个实例进行详细讲述：（1）"首都教育远程互助工程"和田项目之教师教育教学能力提升专项培训试点项目（以下简称"和田项目"）；（2）北京和深圳两所学校的跨区域协同教研；（3）北京市中小学教师开放型在线研修项目；（4）"中国好老师"在线社区。

我们的首要任务是解读远程同伴互助模式，揭示其独特之处和优势，包括远程、跨区域的协同特性，以及一对一互动交流与集体分享的协同效益。随后，我们将探索基于网络的校际研讨模式。此部分将首先阐释其政策背景，其后以北京和深圳两所学校的跨区域协同教研实例详细解读该模式及其实施流程，最终强调其特点和优势，如校际的"多对一"协同备课等。接着，我们将深入研究区域智力资源流转和协同模式。除了解读其政策背景，我们还将详尽描述基于网络的校际研讨模式的前期、中期、后期流程，并以北京市中小学教师开放型在线研修项目为案例。同样，我们也将讨论此模式的特色和优势。最后，我们将着重考察大规模实践知识社区模式。在此部分，我们将详尽介绍"中国好老师"在线社区的运行模式，包括育人课程在线学习、育人直播互动、育人经验在线分享、育人问题在线研讨，以及如何支持教师育人能力的提升等环节，并最后阐述该模式的优点。

通过本讲的学习，我们期望为教师提供一套跨区域协同、分享的有效模式和策略，从而助力提升教学效果和教育质量。

知识结构图

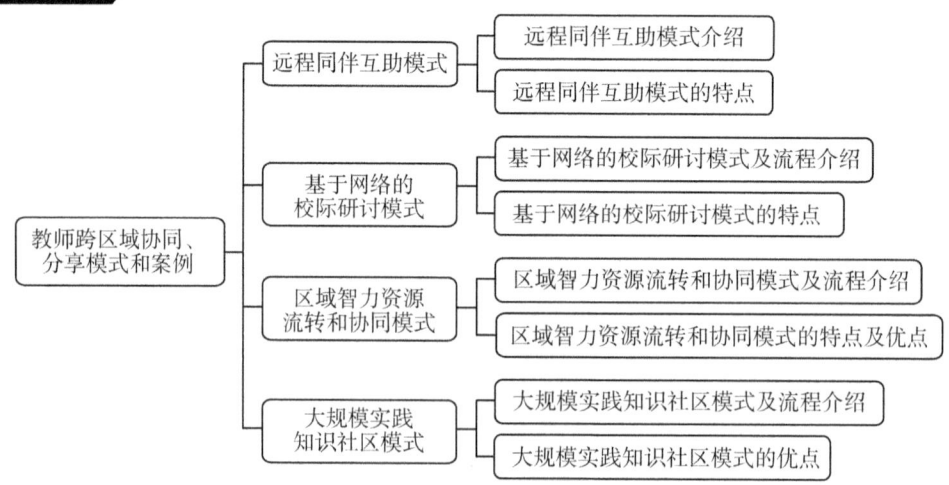

> **学习目标**

学完本讲,你应该能够做到:
1. 描述并区分教师跨区域协同、分享的四种模式。
2. 识别并匹配教师跨区域协同、分享的四种模式的各自适用场景。
3. 分析并解读教师跨区域协同、分享的四种模式的相关案例。

> **读前反思**

1. 智能时代背景下教师跨区域协同、分享的优势是什么?
2. 教师跨区域协同、分享有哪些特点?
3. 教师跨区域协同、分享教研应该如何开展?

一、远程同伴互助模式

2021年11月,联合国教科文组织发布的《一起重新构想我们的未来:为教育打造新的社会契约》中明确指出,教育公平是我们面临的主要挑战之一。党的二十大报告和2023年的第十四届全国人民代表大会,都重申了促进教育公平和教育质量提升的决心。

学校的师资资源直接关系学生的教育质量。随着技术进步,如何将优质的师资资源延伸到相对薄弱的地区,已经成为研究和实践的热点。在线研修工作坊、大数据与教育云录播平台等,都被视为促进教育公平的有效手段。

实际上,教师的专业发展是一个深度嵌入实践的过程。面对复杂的教学情境,教师往往需要及时的辅导和支持,来调整和完善他们的教学策略。因此,基于实践逻辑的在线远程同伴互助教研指导,为教育薄弱地区的教师提供了一个高质量的专业发展路径。

尽管同伴或专家辅导被广泛认为是促进教师专业发展的有效途径,但目前的实践方案主要集中在线下、校内的模式。在线同伴指导研究较为薄弱,尤其是在远程环境中如何开展同伴互助的研究。因此,基于"和田项目",本模块希望深入探讨远程同伴教师的线上互动与知识建构模式,为未来的实践和理论发展提供参考。

(一)远程同伴互助模式介绍

远程同伴互助模式作为一种教师专业发展支持方式,旨在通过为有需求的教师与远程导师进行匹配结对来实现教师能力提升。具体实施流程如图9-1所示。

整体而言,该教研模式涉及高校专家、学科专家、学科优秀教师和教研助理等多种角色的协同合作,以期为参训教师提供有效支持,并提升其教学能力。成功运行此模式及顺利开展各项活动,离不开专业平台的有效支撑和教研助理的活动协助。在此基础上,结对远程导师应提供持续伴随式交流,及时协助参训教师解决教学中的困惑和问题,从而有助于提升其教学能力和自我效能感。此外,高校专家应充分发挥顶层设计和

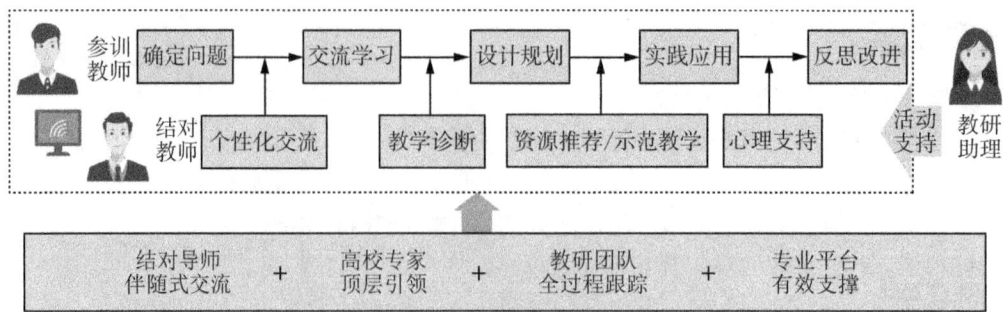

图 9-1 远程同伴互助模式图

引领作用,结合前沿学术研究,分析未来趋势和挑战,以明确后续教研方向。

远程导师与参训教师持续的一对一互动交流是整个模式的核心环节。首先,参训教师需深入思考并提出日常教学中遇到的困惑和问题,并向远程导师提供教学制品作为参考资料,如教学设计方案、课堂示范视频等。远程导师依据所提供资料,对参训教师的状态、发展起点及待改进之处进行诊断性分析,通过个性化交流协助参训教师制定符合其自身发展需求和规律的教研规划,以此来支持教师进行学习、个性化问题的解决和专业提升。接着,在充分了解参训教师先前能力的基础上,远程导师向其推荐相关教研资源或进行尽可能详尽的示范教学。例如,通过在参训教师面前进行课堂示范,为参训教师提供直观且具体的教学示范。随后,在参训教师充分学习的基础上,进行一系列教学实践应用。远程导师将围绕每一次的核心活动为参训教师提供持续支持,包括但不限于协助修改教学设计、提供建设性的听课意见以及给予适当的心理支持。在这一过程中,参训教师通过实践不断反思与改进自身教学方法,从而实现教师专业能力的提升。同时,活动主办方也可根据双方教师的参与和发展,给予必要的认可和激励。

在实施过程中,借助技术手段,对两位教师的交流全程进行跟踪和记录。除此以外,还可以结合观察、记录和访谈等手段,深入了解远程导师与参训教师在交流互动过程中的感受、体验以及对交流效果的评价。这有助于深入了解教师间互动的具体情况,从中发现教研过程中需要改进的地方并作出调整,从而更好地发挥交流的作用。

(二)远程同伴互助模式的特点

下文将结合"和田项目,说明远程互助同伴模式的特点及其优势。

1. 远程、跨区域、网络协同

远程同伴互助模式作为一种基于互联网技术的教研方式,实现了参训教师与远程结对导师之间的在线连接。这种模式摒弃了线下见面的需求,通过网络平台实现教师间的实时交流与合作,突破地域限制。其参与范围广、资源协同共享、灵活性高以及降低教研成本的优点得到了广泛认可。两地教师远程结伴,基于网络伴随式成长,促进了教学问题协同改进和教学资源共享共建,最终实现了跨区域教师教育智慧协同创生(图9-2)。

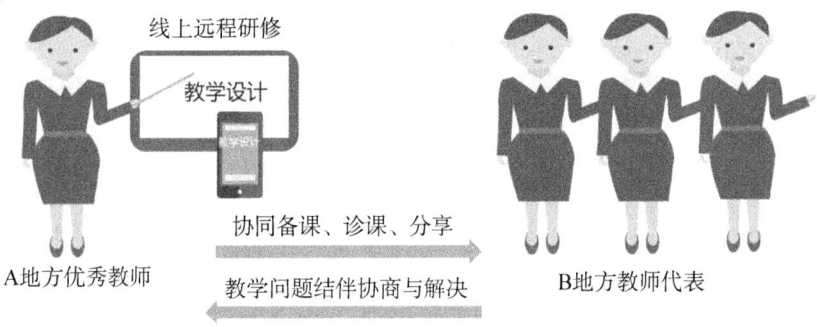

图 9-2 远程同伴互助模式的目的

上述特点体现出了以下几点优势。

第一,跨越地域障碍,促进教育精准扶贫。

传统的教育扶贫方法,往往受限于地域、资源和时间,难以实现广泛的知识传递和经验分享。而现代技术手段为我们打破了地域界限,为精准扶贫提供了前所未有的便利,尤其是网络教育和人工智能,使得教育资源可以迅速、灵活地传输和配置。这样,无论是在偏远山区的学生,还是城市中的教育者,都可以根据自己的需求和实际情况,获取最适合的教育资源和帮助,从而实现真正的"精准扶贫",确保支援能发挥最大的效益。

例如,在全面建成小康社会的重要年份2020年,北京师范大学未来教育高精尖创新中心在北京市援疆和田指挥部和北京市教委扶贫支援处的协助下,创新性地实践了党的十九届四中全会"发挥网络教育和人工智能优势,创新教育和学习方式"的精神。这种创新的教育支援和发展方式不仅促进了北京和新疆和田教师之间的经验交流和共同进步,而且显著提升了教育的整体质量。这种跨越传统方式的实践,展现了技术和创新思维在教育扶贫方面的巨大潜力。

第二,资源协同共享,多元合作扩展视野。

北京市优质的教学资源、经验和观点通过网络平台共享给和田地区初中、高中九个学科的教师。在结合当地教师发展需求的前提下,实现了北京市优质资源对接和输送,辐射和引领了更多和田区学校教师的发展。

这种构建跨区域、可持续的教师协同创新研修模式,既有助于提升和田地区教师的专业素质,又有利于拓展参训教师的教育视野,接触最新的教育理念与方法,增强教育创新能力,为教师职业的长期发展奠定坚实基础。

第三,方式时间灵活,提高效率节约成本。

通过远程互助同伴模式,教师可以不离开居住地开展跨区域教研活动,从而显著提高教研效率,降低不必要的人力、物力和时间投入,减少教研成本。

2. 一对一互动交流与群体分享相结合

远程同伴互助模式在"和田项目"中的应用展示了其在教师培训中的有效性。该模式借助“一对一互动交流”和“群体分享”两种方式，将“远程结伴”和“互动课堂”两种策略相结合，同时满足了个性化指导与集体教研的需求。这种模式为教育工作者提供了一个富有成效的远程培训参考范例。

“一对一互动交流”模式是远程同伴互助模式的核心环节。北京地区的教师利用微课、教学设计、教学课件等载体为媒介（图 9-3），与和田市同学科教师建立网络结对关系，通过语音、文本、图片等形式开展个性化问题的协商和研讨（图 9-1）。

图 9-3　北京专家与和田教师一对一互动现场及客户端界面

在“和田项目”实施的两个月（8 周）活动中，每对教师平均完成 19 次交流，每次交流时长在 39 分钟左右。双方教师对“一对一同伴研修活动”均有良好的反馈。北京教师表示通过研修了解了新疆教师教学现状。新疆教师表示每次与北京教师交流都能带来惊喜，有效促进了自身教学能力的提升。每对教师协同生成了各种方案，并分享到共享文档供更多的教师借鉴。

在“群体分享”模式中，例如互动课堂，这是一种面向群体的，支持“学科教研共同体”协同学习、交流的方法。在“和田项目”的前期阶段，北京师范大学未来教育高精尖创新中心对和田各学科教师的教研需求进行了调研分析（图 9-4），将识别出的共性问题反馈给了北京专家教师。针对和田教师的共性需求，北京专家教师结合自身专长设定互动研讨的主题及形式，有针对性地利用互动课组织在线培训。北京专家教师共开展了 3 场领域专家讲座，11 场学科素养讲座，以及 14 场优秀教师专题分享（图 9-5）。课程内容涵盖了互联网时代的建构性学习、幻灯片制作、教师心理健康、学科核心素养在

问题	选项	频数	百分比
对教学设计的期待	信息搜索	31	63.27
	课件制作	40	81.63
	教学设计方案	42	85.71
	其他	2	4.08

问题	选项	频数	百分比
对教学材料的期待	试题	44	89.80
	备课资料	43	87.76
	备课方案	36	73.47
	教学案例	38	77.55
	大纲解读	30	61.22

问题	选项	频数	百分比
对教学方法的期待	如何提高学生的学习兴趣	47	95.92
	如何进行个性化指导	37	75.51
	如何开展教学活动	37	75.51
	如何加强班级管理	32	65.31

问题	选项	频数	百分比
对专业知识的期待	教材解读	29	59.18
	学科重难点的把握	37	75.51
	学科思维的培养	41	83.67
	教学进度的把控	28	57.14

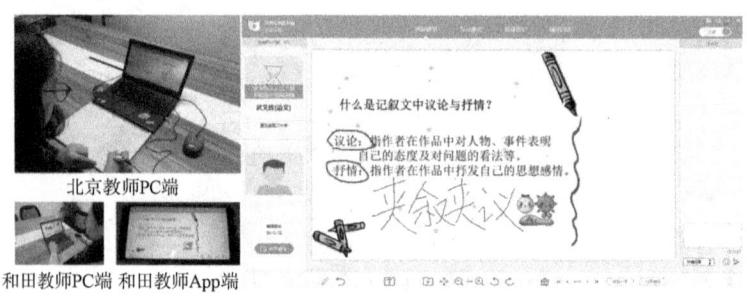

图 9-4　北京专家与和田教师一对一互动现场及客户端界面

各学科中的落实、教学理念和教学方法等。

这种方式为和田地区教师在理论、技巧和心理等多维度提供了支持，同时在个性化交流的基础上，高效解决了群体教师的共性教研问题。

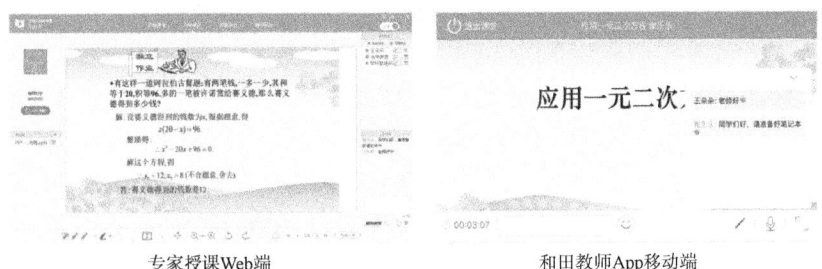

专家授课Web端　　　　　　　和田教师App移动端

图 9-5　专家互动课堂中北京专家与和田教师客户端界面

上述特点体现出了以下几点优势。

第一，提供个性化支持与发展。

个性化的发展与支持主要体现在四个方面。第一，具体问题的一对一解答与个性化资源推荐。新手教师在教学实践中经常遭遇各种问题和困惑，这时，远程导师就显得尤为重要。他们不仅能为参训教师提供直接、个性化的专业答疑，确保教师得到实际和针对性的帮助，而且还能根据教师的具体问题为其推荐相关的资源，进一步强化了这种针对性的支持，确保教师能够更有效地应对教学中的挑战。第二，基于需求的支持。在许多情况下，新手教师或缺乏经验的教师在教学实践中遇到困难时，常常不知道从何入手解决，并且不确定向谁请教。同时，其他同事可能未曾面临过类似问题，而独自摸索解决方案可能耗费较多时间且存在产生其他不良影响的潜在风险。第三，发掘和强化个人优势。远程导师能够通过持续交流发现参训教师的优势，帮助他们扬长避短，并依据个人习惯把自己的优势发挥到淋漓尽致。第四，激发参训教师的创新思维。远程导师能够鼓励参训教师尝试新的教学方法和策略，从而提高他们的教学能力和教学质量。这些个性化的支持有助于参训教师实现个性化发展。

第二，针对教师不断变化的问题提供及时精准反馈。

教师在教学过程中所面临的问题是不断变化的，某些问题在网络上难以找到相似案例和解决方案。然而，许多教师不愿公开真实困境，导致问题积压，困难越来越难以解决。而在一对一交流中，远程导师与参训教师通过沟通建立平等且信任的关系，使参训教师更有可能敢于表达自己的困惑与问题并寻求帮助。

在此情境下，远程导师的作用尤为重要。他们依托丰富的一线教学经验，为参训教师提供有针对性的反馈和指导，以改进其教学方法和策略。而且，通过持续反馈、技能训练和教学步骤的调整，参训教师的相关教学技能可以得到提升。

与专家讲座不同，一对一交流中，参训教师可以随时提问，远程导师根据其问题展开教学，使交流更有针对性也更为深入。远程导师甚至还可起到心理支持的作用。

第三，提升教学能力与自我效能感，减少职业倦怠。

自我效能感的提高可以减少教师的职业倦怠，而一对一互动交流和讲座分享可以不断地提高教师自身的教学能力、专业素养，并在长期的职业发展中奠定坚实基础。随着教学能力的提升和学生学习效果的改善，教师的自我效能感也会相应提高。因此，远程同伴互助模式不仅有助于提高教育质量，还能降低教师的自然流失率。

第四，兼顾效率与个性化需求。

对于个性化问题，采取一对一互动交流模式；而对群体共性问题，则通过讲座和专题分享来解决，实现个体需求和效率的平衡。讲座和专题通常是专家或有经验的教师的分享，知识讲解具有系统性优势。专家教师能够提供精练且完整的知识体系，帮助参训教师了解相关教育理论、教学方法和课程设计等方面的逻辑框架和具体内容，使参训教师不仅了解如何使用教学方法，也知道其背后的原理。

3. 实时互动与异步交流相结合

远程同伴互助模式除了具有跨地域以及个体与群体相结合的特点外，还包含实时互动和异步交流两种方式，一对一交流、互动课堂、在线微课和实况直播课等策略的结合，为该模式注入了灵活性，避免了教师因时间冲突而无法参加培训的情况，增加了教师的使用满意度。

实时互动方式除一对一互动交流外，还有"实况直播课"。北京教师可扫描二维码进入和田教师的实况直播课堂，进行远程听课和诊课（图 9-6），对执教教师的表现进行点评指导和进一步深入研讨，也能给予更有针对性的建议。北京教师通过观课，了解和田教师的教学实施能力，追踪其教学设计和教学实施之间的差异。同时，实况直播课有助于北京教师观察和田学生的课堂表现，并据此协同和田教师因地制宜进行教研调整。课后，北京专家教师形成听课的反馈报告，供和田教师参考。

和田教师现场执教

图 9-6　远程听课诊课

"在线微课"则属于异步交流（图 9-7）。北京、和田教师双方上传微课，基于微课开展非实时协同交流和分享。微课的内容包括但不限于：远程导师上传的课例视频（示范教学）、专题分享（如何快速翻译文言文），也可以是参训教师在专家指导后上传的自己的改进方案、课例、思考见解或灵感创新。

图 9-7 智慧学伴平台微课空间

上述特点体现出了以下几点优势。

第一，充足的思考与反馈时间。

在线微课的异步交流特点，使得教师有更充足的时间和空间来思考和反馈。他们可以在观看微课后，对课程内容进行深入的思考，提出自己的见解和建议，进而激发更多的教学创新和灵感。这种非实时的交流方式，有助于教师充分发挥自己的专业素养，提高教育质量和教学水平。

第二，兼顾及时性和灵活性，参与者满意度高。

远程同伴互助模式不仅可以使参训教师结合自身真实问题与结伴远程导师一对一交流，如果教师有时间冲突，还可以根据自己的时间安排上传微课，让远程导师提供指导或上传自己改进后的方案。

因为这些特点，"和田项目"取得很高的满意度（图 9-8）。援疆项目有效助推和田教师更新教学思想、转变教学理念，促进和田教师教学设计能力的提升。通过问卷调查发现 93.4% 的和田教师认为自己教学设计能力得到了提高，97.8% 的和田教师认为自己了解了更多最新的教学理念和思想，绝大部分教师通过这种方式积累了更多方法策略与资源，并且更加喜欢教学，对教学更有信心。

综上所述，该项目借助学习元平台开展个体的一对一互动交流，协同备课，提供远程听评课指导（包括实时和非实时），以及其他教研活动，旨在深入探讨培训教师在实际教学中遇到的问题。此外，该项目还利用平台定期组织一对多群体专题研讨，鼓励培训教师把教学方案录制成微课并进行群体分享，以便协同交流（图 9-9）。

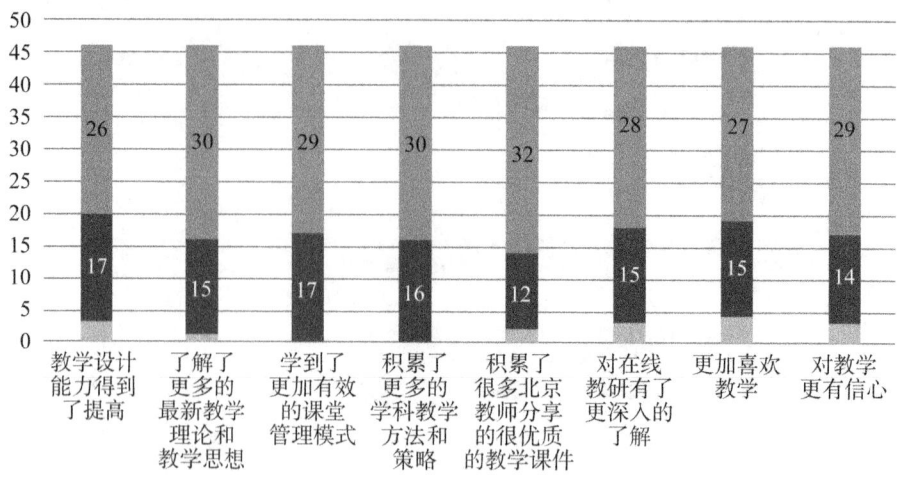

图 9-8 和田地区教师各方面教学能力的收获

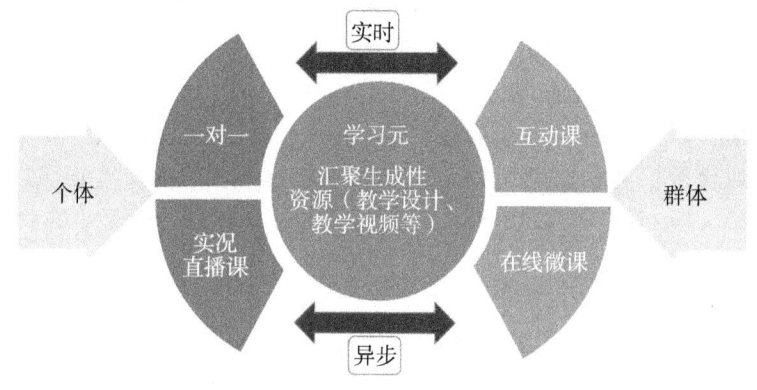

图 9-9 平台支撑环境框架

二、基于网络的校际研讨模式

基于网络的校际研讨引入了网络数字化手段,使跨区域网络协同教研活动的开展成为可能。它解决了传统教研活动中"时间和精力消耗大,覆盖教师群体少,资源和经验相对封闭,以及跨校或跨区教研的高时空成本"等问题。该模式的目的在于:(1)跨越地域限制,降低教研活动的时空成本;(2)进一步推动双方学校或区域教师的专业化发展,优化校本或区本研修的组织管理;(3)实现双方在教学过程、教学资源和教学评价等方面的研修资源的交流和共建共享。

这种新教研活动模式在教育实践中具有广泛的应用场景。例如:(1)可以支持经验丰富的教师和新入行的教师进行协同教研,促进新教师对教研模式的理解和掌握;(2)可以作为教育发达地区和教育薄弱地区之间的桥梁,扶持教育薄弱地区教师的专业能力,推动教育均衡发展;(3)集团校可以借助信息化手段打破时空界限,通过联合、创新的教研活动形式,实现优质教研资源的有效流转;(4)可以推动跨区域混合式教研活动的开展,通过合理分配线上线下活动内容,探索跨区域教研的可能性。总的来说,基于网络的校际研讨模式通过引入网络,拓宽了教研活动的可能性,实现了教育资源的共享与优化配置,具有广阔的应用前景。

(一)基于网络的校际研讨模式及流程介绍

在我国强调教育现代化和教育公平的背景下,教育部门应开展基于"互联网+"的教研活动,突破地域限制,分享和优化教育资源。这不仅能推进区域间的教育合作,还能缩小地区间的发展差距,促进教育公平。为应对这一需求,基于网络的教研方式已逐渐成为最普遍的教师专业研习方式。北京师范大学未来教育高精尖创新中心结合各教育领域的专家,探索移动互联时代的创新教研模式,并通过持续实践和改进,形成了一套完整的教研指导服务方案。

整体而言,该模式关注网络协同教研活动在教育实践中的应用,旨在提高教育资源的共享与优化配置。实施过程中,教师们可以互相借鉴经验、共同成长,从而提高教学能力,推动教育教学工作的持续发展和进步。基于网络的校际研讨教研模式共分为4个环节,分别是教研准备、协同备课、听评课研讨和总结反思。下文将结合北京和深圳两所学校的跨区域协同教研案例,说明基于网络的校际研讨的模式。

【案例介绍】

广东省深圳市A小学和北京市B学校两校语文组进行了跨区域老带新的联合教研指导实践活动。深圳A小学是刚刚加入智慧教研课题的新学校,教师相对年轻,30岁以下的课题教师占90%以上,教师积极性强,对于智慧教研项目的新平台、新模式、新理论充满了学习热情。北京B学校是智慧教研课题的老学校,加入课题已有两年时间,校领导和教师对课题非常认可,各学科教研组长积极配合教研活动,教师的参与热情也很高,并且可熟练运用智慧教研平台,对相关模式和理论也有深入的理解。

通过开展语文学科的跨区域联合教研活动,两校教师能够观看优秀教师的教学课例,学习他人的优点,发现问题,然后反思自己的教学;此外,教师在交流过程中也可以更新自己的教学理念,甚至可以受到启发以解决日常教学中遇到的问题。

这次跨区域联合教研活动依托智慧教研平台,构建了深圳市A小学和北京市B学校教师的协作共同体,利用打点记录和课堂评价量表等方式对教学视频进行分析,然后结合分析的数据结果,组织教师开展网上协作交流、互评。

本次活动为跨区域教师开展课例研究提供了借鉴、模仿的宝贵经验。在两校的跨区域协同教研中,深圳市A小学可以观摩学习北京市B学校的教研模式,加深对智慧教研课题的理解;B学校也可以通过教研了解A小学教师的教学水平和学生的基本学情。

1. 教研准备

在教研准备环节要准备教研主题,并确定执教教师和课例。首先,执教学校要结合教师的兴趣点确定学期教研主题。学校要调研教师想要探索的方向再确定教研主题。其次，在挑选执教教师时，优先考虑相对年轻的骨干教师和信息技术能力较强的教师。这样的教师往往具有较强的学习和创新能力，不仅能够充分利用现代信息技术进行教学，还能够更好地适应新时代的教育需求和挑战，有利于推动教育改革和教学实践的不断发展。最后，在确定课例时，要充分考虑与教学进度和教研主题的关联性。这样的课例有助于教师从中获取实用的教学策略和方法，提高教研活动的实际效果。

2. 协同备课

协同备课环节，主要包括教师"自主备课"和"群体协同备课"两部分。

自主备课环节中，执教教师将教学设计上传至网络教研平台，其他教师可观摩相关设计并在具体步骤下方进行评论，发现教学设计中的优点及待改进点，并基于此确定之后线上协同备课的研讨内容。

协同备课环节通过线上会议或线下面对面的方式进行，活动共分为以下四个步骤：第一，执教教师进行说课，详细介绍自己的教学方案和设计，以及这样设计的思路和原因；第二，基于这些方案，其他教师对教学设计中的优点和待改进点进行点评指导，提出改进意见和建议，并确定此次讨论的研讨内容；第三，教师根据建议生成研讨内容，并进行小组深度交流，共同探讨教学问题和解决方案；第四，其他区教师根据之前查看方案发现的问题，在充分准备后向新课题区教师进行策略微分享，汇总教研成果，旨在帮助教师深化对相关策略方法的理解，并在实际教学中有效应用以提高教学水平。

例如，在深圳市 A 小学和北京市 B 学校的协同备课活动中，两校教研团队就梁老师讲授的四年级下册的习作单元《形形色色的人》一课展开了观摩、研讨，并给出了具体的反馈与建议。梁老师知道了自己在课堂上话语的灵活性不足，对学生的评价有些单薄，以及教学小动作过多，不够稳重自信。通过这样的合作，梁老师得以及时调整教学方法，更好地引导学生，提升课堂效果，增强自信，并最终为学生创造了更有益的学习环境。

3. 听评课研讨

听评课环节主要包括"课例观摩"和"群体听评课研讨"两部分。

在"课例观摩"阶段，执教教师根据备课研讨的反馈对教学设计进行修正和完善，形成最终版本并将之发布在网络教研平台上。随后，两校的其他教师会在线上听课。听课教师通过对课例视频的文字打点和量表评估，对其进行多维度的观察和评价。经过与执教教师的交流以及参考其他听课教师的建议后，两校参与此次教研的教师会协商确定本节课的研讨主题，并据此组织在线研讨。

在"群体听评课研讨"阶段，可以选择线上或线下面对面的方式进行。该环节主要包含以下五个步骤：第一，执教教师的反思。教师需要对自身的教学实践进行总结和反思，以便寻找并改正存在的不足。第二，基于诊断报告的量表解读与指导。专业教育指导者会结合各类量表（如 S-T 量表、提问技能量表）对课例进行解读，并在对执教教师的表现提供建设性反馈和改进建议后，提出本次群体听评课研讨的讨论内容。第三，基于研讨内容的线上交流。教师围绕研讨内容展开深入讨论，以便相互学习和借鉴。第四，自由交流。教师可以对课堂教学的各个方面进行深入探讨。第五，策略推荐。教师有机会分享各自的教学方法、策略和技巧，从而共同提升教学能力。

【案例分享】

在进行备课研讨反馈的基础上，梁老师对教学设计进行了精细化的修正与完善，并上传了课例视频至教研平台（图 9-10）。随后，两所学校的教师在线上进行了课例观摩。在平台通过文字打点和量表多维度观察功能，教师能对课例视频进行时间轴标记和情绪标签反馈。随后的交流与执教教师之间的互动进一步确定了本节课的研讨主题，并组织了线上研讨。

图 9-10　梁老师执教《形形色色的人》

梁老师结合研讨前的反思，以及研讨过程中其他老师的建议，对自己的执教进行了反思。

接下来，课题组结合 S-T 量表、提问技能量表和老师评论提炼研讨点一：如何通过有效提问开展主导主体教学？具体而言，从 S-T 量表可以看出本节课的课程类型为练习型，教师缺乏一定的主导性，从提问技能量表可以看出教师提问类型单一，多为浅层次问题，A 小学教师建议教师可以加强多课堂的及时反馈与总结，以增强教师的主导性。结合执教教师困惑和 B 学校教师建议，确定了研讨点二：写作支架设计。主要围绕写作图片选择和写作小组合作学习单设计进行思考。教师围绕这两个研讨内容进行了深入的交流。关于教师主导性，教师建议梁老师及时反馈，增加问题，及时总结提升；关于写作支架设计，教师建议围绕写话题目、写作支架、学生分组和具体支架形式进行研讨。

在自由交流环节，以教师的兴趣和需要为导向，课题组在研讨前收集了两校教师感兴趣的话题，确定了两个主要的研讨主题：一是课后作业设计的形式。教师建议分层设计作业，增强作业的开放性、实践性和综合性。二是单元整合教学下，如何做到借助课后习题促进语文素养落地，让学生一课一得。教师结合四年级下册习作单元，详细分析单元任务如何分到每课时和单元总结中。

在策略分享环节，B 学校常老师从问题提出、研读教材和研究成果进行了《巧用课后习题，落实语文要素，让学生一课一得》主题微分享。这种模式的分享旨在充分发挥一线教师的主观能动性，提升教师参与教研的积极性。

4. 总结反思

在这一阶段，教师将对前期的成果进行全面的汇报，同时对听评课研讨的内容进行深入的反思和学习。这一教研活动能帮助教师反思自己在教学中存在的问题，总结教研过程中收获的新教学理念与新方法，以及对未来的教研活动进行展望。第一，对自身教学问题的反思。通过对自身教学实践的反思，教师可以发现教学中存在的问题和不足，如教学方法的选择、教学内容的组织、学生的课堂参与等。这种自我反思可以帮助教师及时调整教学策略，提高教学效果。第二，总结教研活动的收获。教研活动不仅能让教师掌握新的教学理念和方法，还能通过教师间的交流和合作，提高教师的协同教研能力。这种收获不仅有助于提升教师的教学质量，也有助于促进教师的持续职业发展。第三，对之后教研活动的展望。这是教师进行未来教研活动的重要灵感。通过对教研活动的反思，教师可以发现新的教研主题、新的教研方法，以及新的教研合作模式。这些启示将为未来的教研活动提供新的思路和方向，推动教研活动的创新和发展。

当教师在听评课研讨后进行深入反思，并结合实际教学作出相应调整，这种实践不仅能够显著提升教学质量和增强学生的参与度，还能促进教师的自我成长和团队间的合作。反思使教师更加明确地认识到自身的教学不足，从而有针对性地进行改进。这种开放和积极的态度还能增进师生之间的信任。同时，教研活动中的团队互动让教师有机会相互学习和交流，加强了团队的凝聚力并形成共同进步的氛围。更重要的是，这样的实践为教师的未来教学方向提供了指导，使学生的学习效果得到提升，达到了整体提高教育教学质量的目的。

（二）基于网络的校际研讨模式的特点

"远程同伴互助教研"和"基于网络的校际研讨"这两种教育活动虽然都是基于网络的跨区域研讨，都有实时与非实时相结合的特点，但它们的区别在于："远程同伴互助教研"以一对一互动交流、以问答为主要交流方式，通过互助帮扶，分享教学经验，解决参训教师实际教学环境中的困惑和问题，以提高教育薄弱地区教师的教学能力，更多的是一种对教师个性化支持和伴随式成长。"基于网络的校际研讨"则更多侧重两个学校教研团队的思想和内容的碰撞与生成，以及两个教研团队之间的资源共享，体现资源的辐射性。

1. 校际教研团队间的"多对一"与"多对多"交互与协同创新

基于网络的校际研讨特色在于两个学校教研团队的思想与内容的碰撞与生成。首先，团队间的知识互补使得研讨内容更加丰富，双方都带入了自身的教育理念、策略和实践经验。这种内容深化不仅提供了多元的教学策略和方法，还为教学难题提供了多方位的解决思路。其次，知识的共同构建推动了团队间对传统和创新观点的反思，使得原有的理念得到修正或完善。此外，来自不同背景的团队为对方提供了多维度的反馈，这种开放性的评价帮助团队更好地理解和改进教学方法。最后，面对观点的挑战与验证，团队可能出现争议，但这种建设性的争议为双方提供了反思和学习的机会，从而推进了教育研究与实践的进一步整合与提升。总的来说，这种思想与内容的碰撞与生成，加深了教育的研讨深度，使得教研更为高效和有针对性。

2. 校际资源共建共享

在基于网络的校际研讨中，两个教研团队间的资源共享成了一个显著的亮点，体现了资源辐射性。共建共享的内容包括但不限于教学方法、教材、课程设计、教学研究成果等。通过网络平台、研讨会等方式，教学资源能够实现广泛覆盖，让一个团队的独特资源，如实用的教案或创新的教学工具，迅速流动并辐射另一个团队。这不是简单的资源交换，而是一个多样化资源的整合过程，汇聚成为一个更加丰富的知识库。随着实时更新与优化的机制，这些资源能保持其时效性和先进性，同时，团队间的实时互动与反馈确保了资源的持续优化。一个团队所提供的资源往往能在另一团队中获得深度的开发和创新性的应用，这增加了资源的适应性，使其能够更好地适应不同的教育环境和背景。最终，这种网络间的资源共享不仅提高了资源的使用率，而且极大地增强了其在整个教育领域中的价值和影响力，也在一定程度上促进了教育的公平。

3. 校际形成基于网络的教师专业发展共同体

基于网络的校际研讨正在重塑教师的专业发展路径，推动学校之间形成紧密的教师专业发展共同体。这样的共同体提供了一个开放包容的环境，使教师可以分享他们的经验和知识，而且教研过程中开放的氛围鼓励教师接受多元观点，培养了教师更为广阔的教育视野。这不仅满足了教师即时、持续学习需求，还鼓励他们与同行协作，共同规划、设计和反思教育实践，进而实现深层次的专业成长。值得注意的是，这种网络环境下的共同体鼓励每位教师根据个人兴趣和需求进行个性化的专业发展，融合理论与实践，实现知识的共创与传播。

三、区域智力资源流转和协同模式

区域智力资源流转和协同模式的产生与几方面的因素密切相关。首先，政策背景中对"互联网＋教育"的提倡，特别是鼓励深化教师研修模式改革和创新，致力于推进"互联网＋"开放型教师教育提供强有力的支持。其次，传统的线下研修方式受到挑战，线上教研逐渐显现其重要性。最后，"双减"政策的出台也为作业设计、课后服务以及校内效率的提高创造了需求。

基于上述目标，北京市建立了一个中小学教师的开放型在线研修管理服务平台。这个平台的设计初衷是汇聚全市的优质师资和研修资源，借鉴优秀教师的学科专长，利用人工智能和大数据技术为有需求的教师提供多样化、个性化、精准化的线上互助研修服务。这里的"服务"不仅限于静态的教学资源分享，还体现为在线的专业指导，是由具有特长和专业知识的教师提供的在线教研服务。这样既可以及时解决教师在教育、教学和班级管理中的问题，同时也支持他们专业能力的可持续发展，形成了一个线上线下相融合的研修新生态。

在组织实施方面，市教委和北京市教师发展中心已成立了中小学教师开放型在线研修计划协调小组，这个市级的协调小组是负责宏观决策与整体规划的。同时，协调小组办公室会参与到各种与在线研修计划相关的事务中，包括但不限于项目方案、实施细则与标准规范的制定，教师的准入审核、研修培训与监管，等等。该模式也是对当前教师资源分布不均的一种有效应对，它能够通过技术的力量，促进教育资源的均衡分配，进而推进教育公平。这种模式利用技术手段来实现教师队伍整体质量和专业能力的提升，将教育资源的配置从被动应对转变为主动规划。

各区的教委和教师研修机构也建立了区级的协调小组和办公室，负责对本区的中小学教师参与在线研修计划的整体安排和过程监管。每一所中小学和教师研修机构则成立了校级的协调小组，这是为了确保每位教师都可以参与到在线研修中，并从中受益。

总的来说，这种模式通过技术与教育的结合，强调了教师智力资源的高效流转和均衡发展，努力促进教师队伍的均衡发展，进而提高整个区域的教育品质。

（一）区域智力资源流转和协同模式及流程介绍

在设计和推进相关研修服务的过程中，理论、技术和机制三大要素起到了核心作用。它们紧密交织，共同构建了研修服务的骨架。

首先，在"互联网＋教育"、"双减"政策等背景下，学校对区域智力资源的流动和协作提出了更高的要求。因此该模式不仅有助于促进区域内教师资源的均衡配置，解决地理、经济和文化差异导致的区域个性化教学问题，还能够实现优质教育资源的广泛辐射，进而激发区域教育创新，推动区域特色教研资源的协同创生。

区域智力资源流转模式采用先进的数字化手段，扩大了优质教育资源的覆盖范围。这种技术策略不仅能够刺激教育领域的创新，还可以促进区域内特色教研资源的联合创新。

在应用场景方面，区域智力资源流转和协同模式展示了区域级、综合性和多形态的特征。该模式特别适于区域级综合性的教师队伍建设项目，因为在这类项目中，项目发起方通常在教师队伍建设和教师激励机制的建立方面具有一定的决策权，并有能力调动区域内的优质资源发挥作用。

在项目的全程实施中，前期阶段主要聚焦明确需求、制定方案以及引入平台，以确保项目的管理和内容的实施符合一线实际需求。中期阶段关注组织实施、过程监管和服务支持，旨在通过监督保障项目落实，同时解决实施过程中遇到的问题。后期阶段则以评估效果、模式总结和策略提炼为主，旨在深度评估项目效果，总结并提炼有价值的经验和策略，以便为未来的项目实施提供实践依据和资源支持。

下面以北京市开放型在线研修计划为例，详细讲解该模式的实施流程。

1. 前期

（1）明确需求

为了深入学习贯彻党的各项会议精神，进一步推进教师研修的改革与创新，《北京市中小学教师开放型在线研修计划》应运而生。该项目的需求是搭建中小学教师开放型在线研修管理服务平台，汇聚全市优质师资和研修资源，萃取优秀教师学科专长，借助人工智能和大数据技术为有需求的教师提供多样化、个性化、精准化的线上互助研修服务，及时解决教师教育教学和班级管理中存在的问题，支持教师专业能力的可持续发展，提升研修的针对性和时效性，形成线上线下相融合的研修新生态。

（2）制定方案

项目实施方案需要从实施范围、内容、管理机制、激励机制、评价考核机制等多方面详细制定，以确保项目的有序和有效开展。方案的制定旨在通过区域智力资源的流转，实现教师群体的消费驱动和发展驱动，提供丰富的供给，并允许教师自主选择。这样的设计有助于构建线上线下融合的研修新生态，促进教育公平，并提高教师的教学质量。

（3）确定研修实施形态

关于研修的具体实施形态，所有在线教师都实名制统一认证，且每位教师拥有一个与姓名和手机号绑定的账号。教师登录后可以自主发布内容和更新在线信息，系统通过云平台或手机 App 向研修教师推送信息。教师在线研修采取名师直播讲堂、一对一实时研修、开放式检课三种形态。其中，名师直播讲堂和开放式检课采用预约方式，一对一实时研修则结合预约与非预约方式。值得注意的是，所有在线研修服务过程中的各类资源的版权均归提供者所有，资源仅在平台范围内供北京市教师学习使用。

【名师直播讲堂】

"名师直播讲堂"是指导教师以直播讲堂的方式开展关于教育理念、方法等方面的讲座。主讲教师能通过实时的语音、视频、文本、图片等形式与学员教师进行双向互动，从而提升学员教师的教育教学理念。观看直播后，学员需要对指导教师进行评价并及时提交学习心得。学员的评价是衡量指导教师绩效的重要组成部分，而提交的评价则是学员有效参与研修活动的重要依据。直播内容与学员的心得可以用来挖掘区域教师关注的教育教学问题，为后续的教师培训提供依据。

【一对一实时研修】

"一对一实时研修"允许学员教师根据系统推荐或自行预约指导教师进行一对一的实时研修，以实现基于音频、视频、文本、图片等形式的双向互动，解决自身在教育教学中的个性化问题。交流结束后，双方需要从交流满意度、交流风格、问题解决等多个方面进行互评，通过这种互评来刻画参与教师的画像并挖掘教师的常见问题。

【开放式检课】

"开放式检课"允许学员教师将自己的待检课信息发布在平台上，定向邀请或开放给所有指导教师进行分析和点评（课堂以直播或录像形式呈现，可附带教学设计、教学课件等）。指导教师提交点评后，系统会自动生成检课报告，并推送相关的个性化研修资源，指导教师也可以手动向学员教师推送自己的本地资源。学员教师可以提前查看所有教师的听课记录，所有指导教师提交听课记录后，学员教师可以发起课后实时互动研讨，结合检课报告进行深入的、有针对性的研讨交流，从而实现学员教师教学能力的精准提升。

（4）引入平台

引入提供研修服务的平台（北京师范大学未来教育高精尖创新中心提供平台和服务支持），实现对参与研修学员的学习过程监管，学习结果记录和相关学分认证等。

2. 中期

（1）组织实施

在项目实施阶段，专家团队、教研团队以及服务支持团队共同参与，与北京市区域教育管理部门配合，共同落实项目实施。实施内容包括平台工具培训、项目方案解读、活动参与指导等，以确保教师能够有效地参与（图9-11）。

图9-11　专家开展项目方案解读动员及技术培训

（2）过程监管

在整个实施过程中，技术手段起到了关键的作用。市区管理者可以通过后台数据直观了解各学校教师的听课情况，包括预约人数、实际听课人数、听课次数及总时长等关键数据。同时，项目组也能够通过后台实时对教师的产出内容进行监控和审核，获取课程名称、结束时间、上传用户等重要信息。这种技术驱动的实时监控和数据获取确保了活动的质量、参与效果以及对不规范行为的及时干预。

（3）服务支持

在服务支持方面，项目组通过电话、邮箱、微信以及平台在线客服等多个渠道，及时解答各级管理机构以及一线教师在参与过程中遇到的问题，并及时对平台功能、策略进行优化调整。

线上线下相结合的研修模式得到广泛肯定。经过开放研修和多次实践探索，我们总结出了线上线下相结合的研修模式，并与学科教研员联手，为试点区学科教研员开辟了一条新的教师队伍建设思路，整合线上线下研修活动减轻学员教师的研修成本同时提高了研修质量，更大程度地将优秀指导教师的智力服务扩散，为项目的深入推进提供了思路。

3. 后期

在项目的后期阶段，项目组综合利用参与数据、产出内容、问卷访谈数据等多方面的信息，对项目的实施效果进行全面评估。此外，项目组还对各类研修活动中的优秀策略进行总结和提炼，形成学期工作总结报告，以便为教师后续开展对应活动提供参考。同时，这些信息也被汇聚并形成具有区域特色的多样化资源。

（二）区域智力资源流转和协同模式的特点及优点

区域智力资源流转和协同模式针对特定区域，例如，北京市的教育现状和需求，旨在实现更高效且有针对性的研修。它通过线上线下相融合的方式，包括名师直播讲堂、一对一实时研修、开放式检课，为教师提供丰富且个性化的研修机会。该模式还创新利用人工智能和大数据技术，实现教师的互助研修，提升研修效率和效果。此外，平台通过汇聚全市优质师资和研修资源，实现区域内智力资源流转。

该研修模式具有显著优点。第一，它有助于打破地域限制，利用全市优质师资和研修资源，推动区域内师资均衡分布，提升教师专业能力。第二，多元化区域合作满足不同地区、学校、学生的教学需求，提供更具针对性的教学解决方案，实现个性化、多样化、精准化教学。第三，优质教育资源共享和扩散助力实现教育公平，使更多学校和学生能够受益。第四，区域间合作和交流催生具有区域特色的教研资源，丰富我国的教育资源库，推动教育的多元化和个性化发展。

在应用效果方面，在线研修项目汇聚大量优质教育教研资源，拓展教师理论、知识视野，推进区域学员教师个性化问题解决。此外，在线研修项目立足于教师自身实践的研修服务，促进参与研修教师的深度反思与行为转变，同时也提升了学员教师在线研修自我效能感及 TPACK 能力。

四、大规模实践知识社区模式

在线实践社区深植于建构主义和社会建构主义学习理论，坚持知识非单一从教师传递至学生，而是通过学习者之间的互动和对话共同建构而成。特别是教师在线实践社区，作为由中小学教师、大学专家及助学者构成的混合形式学习环境，基于课堂教学行为大数据，有助于推动教师实践性知识的增长和专业能力的发展。这种学习型组织是一种新型的教师专业发展模式，将教师学习、研修、培训、资源建设等元素融合在一起。[1]在这种理论框架下，每位成员都被视为知识的建构者，而非被动的接受者。

近年来，教师网络研修活动因其开放性和灵活性，以及能满足教师随时随地进行专业和情感交流的需求，受到了全球教育部门和教育工作者的高度重视。[2]这些活动的目

---

[1] 王陆. 教师在线实践社区的研究综述 [J]. 中国电化教育，2011（9）：30-42.

[2] Palloff, R. M., Pratt, K. Collaborating online: Learning together in community [M]. San Francisco: Jossey-Bass, 2005.

标在于发展教师的实践性知识，并改进教师的教学行为。[1]基于此，在线实践社区以建构主义和社会建构主义学习理论为基础，强调知识是通过学习者之间的互动对话共同建构的，其最终目标是实现共同体知识的增长和社区成员观念的更新。

在线实践社区为学习者提供了一个互动和交流的平台，使教师能通过讨论、合作和互相评价等方式，分享和建构知识。在此过程中，知识不再是孤立的信息片段，而是在社区成员之间流动和演化的有机体。这种方式能够激发学习者的积极参与，提高他们对知识的理解深度和广度，同时也能够培养他们的批判性思维和问题解决能力。

在共同体知识的增长过程中，每个成员都有机会贡献自己的理解和观点，从而丰富和扩展社区的知识库。在社区成员观念的更新过程中，成员们可以通过互动和对话，挑战和修正自己的旧有观念，以适应新的知识和情境。这不仅有利于个体的持续学习和成长，也有助于社区的健康发展和创新。因此，在线实践社区不仅提供了一种新型的、基于社区的学习和知识共享平台，也对推动教师专业能力的提升和教育创新发挥了重要作用。

（一）大规模实践知识社区模式及流程介绍

大规模实践知识社区涵盖了基地校教师、骨干教师、校长、教研员以及领域内学者等多元化的成员，构建了一个以学习、实践、反思为主导的反馈循环实践路径。这一路径不仅提供了丰富的学习机会和实践场景，也为成员们提供了深度反思和提高自我认识的平台。

社区内设计了多种活动形式以满足成员在学习、实践、反思三方面的需求（图9-12）。学习模块包含了育人课程和直播环节，以便成员能够了解最新的教育理念和方法，并形成育人学习课程库。教师空间则通过个人分享、主题讨论和育人文章的形式，让成员能够分享和学习育人经验，从而形成一个共享的育人实践案例库。问答模块则为育人问题提供了一个交流和讨论的平台，通过每周一问、自由回答和精选汇聚环节，使成员能够在实际问题的解决过程中，深化对教育实践的理解和认识，并形成育人问题及解答库。这三个模块综合在一起有效提升了社区的互动性和实效性。

下面以"中国好老师"在线社区为例，详细讲解该模式的实施流程及应用。

"中国好老师"在线社区自2014年启动以来，积极开展线上线下培训活动，促进教师育人能力的提升，在全国31个省、自治区、直辖市及新疆生产建设兵团稳步推进各项工作，不断增强学校共同体的可持续发展能力，提升专业引领高度，促进线上线下教育融合与转型，并创新性地开展了多项系列活动，将"汇聚、分享、传播"育人理念融入各个环节，辐射带动6000多所学校，惠及教师40余万。

1. 育人课程在线学习

育人课程在线学习部分汇集了丰富的知识资源，主要源于三个内容，分别是专家录制的育人模块课程、各项活动论坛的重要讲座以及一线教师分享的他们自己和身边其他

---

[1] 王陆.教师在线实践社区COP的绩效评估方法与技术[J].中国电化教育，2012（1）：61-72.

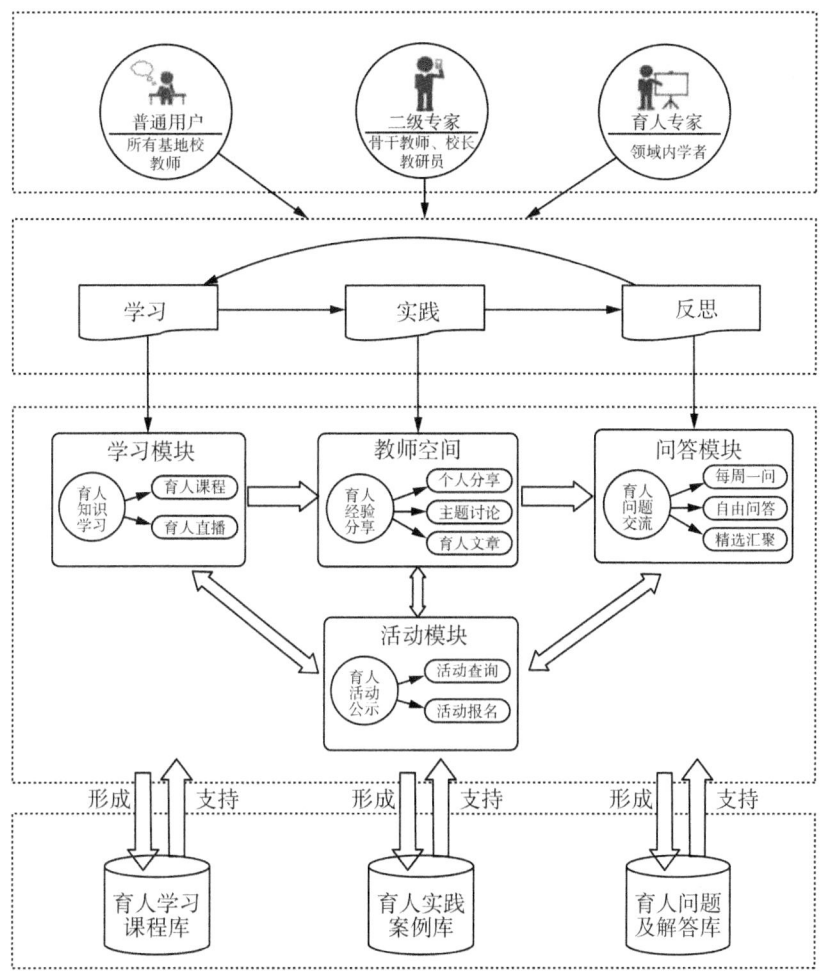

图 9-12　大规模实践知识社区模式及流程图

好老师的实际经验故事。

特别是育人模块课程，基于对教师育人需求的深入调研和分析，"中国好老师"在线社区精心设计、总结、提炼并研发出二十余个专题。这些专题涵盖了诸如教师心理、教师成长、家校协同、学生问题识别、学生自主发展、五育并举、育人新探索、活动育人以及校长领导力等多个方面。各专题的内容丰富且具体，为教师提供了详尽的知识和实践参考。更重要的是，这些课程的设计采用了菜单式的自主学习模式，让教师根据自身的需求和兴趣，选择适合自己的学习内容和路径。

2. 育人直播互动

"中国好老师"在线社区提供了各类育人活动的直播课程（图 9-13）。这些直播课程构成了重要的学习和互动平台，使得专家和教师能够实现实时的交流和分享。直播互动既为教师提供了丰富的学习资源，也为社区内的学习和交流提供了重要的平台，对于推动教师的专业发展和社区的健康发展,都起到了积极的作用。

图 9-13 "中国好老师"育人直播课程截图

3. 育人经验在线分享

在实践社区中,育人经验在线分享被认为是一种重要的互动方式。这种方式鼓励每位教师在社区中分享自己的育人经验,从而促进知识和经验的传播和交流。通过这一机制,教师可以相互观摩、交流,并对他人的分享给予积极的反馈。

育人经验在线分享的设计,旨在创建一个开放、多元化的学习环境,使教师能够从不同角度、层次的实践中汲取智慧。这种方式使得教师能够借鉴同行的经验,拓宽自己的知识视野,进而提升个人的教育实践水平。

4. 育人问题在线研讨

在实践社区中,育人问题在线研讨被视为一种有效的知识探究和共享方式(图 9-14)。这一机制鼓励教师针对育人过程中遇到的问题,进行深入的探讨。每位教师都可以在社区中提出自己的问题。通过互问互答的方式,教师间提供可能的解决方案和建议。这不仅有助于解决个体的育人难题,还能够积累和共享社区知识。

图 9-14 教师问题列表

育人问题在线研讨的设计基于社会建构主义理论,强调知识产生于社会互动和对话的过程中。在这个过程中,教师们可以在相互交流和讨论中,发现并解决问题,进一步拓宽知识视野,提升解决问题的能力。而通过将个体的问题公开至社区,也为其他成员提供了观察、思考和学习的机会。

5. 支持教师育人能力提升

在推动教师育人能力提升方面，"中国好老师"在线社区发挥着重要的作用（图9-15）。课题组通过对教师进行问卷调研，探索和评估社区对教师育人能力提升的影响。调研结果表明，85%以上的教师高度认同社区在帮助他们获得育人理论知识、掌握育人策略和方法、激发育人兴趣、提高育人信心和改进实践育人问题方面的作用。

维度	非常认同	基本认同	一般认同	不太认同	非常不认同
获得育人理论知识	86.7%	9.3%	3.5%	0.4%	0.1%
掌握育人策略和方法	88.0%	8.4%	3.2%	0.3%	0.1%
激发育人兴趣	86.6%	9.5%	3.4%	0.4%	0.1%
提高育人信心	86.6%	9.5%	3.2%	0.3%	0.1%
改进实践育人问题	85.5%	10.4%	3.4%	0.4%	0.1%

图 9-15 教师问卷反馈

（二）大规模实践知识社区模式的优点

大规模实践知识社区展现了显著的优势，其内容的多态性和实践性为教师提供了广阔且深入的学习资源，极大地推动了教师的专业发展。此外，社区的自主性和灵活性使得教师能够以更高效的方式进行学习，满足了对个性化需求，并进一步推动了教师的持续成长和发展。

第一，充分利用在线教育技术，社区呈现多元化参与特征。在线教育模式容纳了更多角色的参与者，充分体现了社区的多态性和包容性。从骨干教师、校长、教研员，到育人专家、基地校教师，都有机会在社区中贡献自己的知识和经验，同时也从他人的分享中受益。这种多元化的参与方式不仅增强了社区的活力，也促使知识和经验的传递更加全面和深入。在此基础上，社区的直播课程进一步增强了参与感，它提供了实时且互动的学习体验。这种方式不仅使教师能够直接吸收并学习专家的知识和经验，还可以通过聊天、问答等形式，实现与专家的实时交流和互动，从而深化了对课程内容的理解和应用。

第二，强调反馈和迭代的重要性。在社区环境中，教师所经历的学习、实践和反思过程能够获得其他社区成员的反馈，这对于他们的教学实践和专业发展具有深远的影响。这一反馈机制激励教师通过反馈和讨论不断学习和反思，不断改进，是一种自我驱动的学习和专业发展，有助于提高其积极性和学习兴趣，也有助于教师将在社区中学习到的策略和方法应用于实际的教学实践。这种实践—反思的循环机制能够持续推进教师的学习和改进，从而显著提升教学的效果和质量。

第三，社区有助于构建教师之间积极、开放且互助的氛围。社区提供了许多交流和讨论的平台，如主题讨论、每周一问、自由问答等。这种互动交流方式不仅可以帮助教师解决实际问题，也可以促进经验和观点的交流，进一步激发创新和改进的想法。在分享过程中，教师能够获得其他社区成员的支持和认可，从而增强其归属感和自我效能感。此外，教师之间的互相观摩、交流和点赞为他们的合作和学习提供了良好的契机，进一步推动了社区内知识的传播和共享。在提问和回答的过程中，教师能够获得其他人的支持和帮助，从而增强了社区的凝聚力和活跃度。这种公开讨论的方式也提高了社区的透明度和公正性，为教师间的深度交流和合作提供了条件。

综上所述，大规模实践知识社区以其内容的多态性、实践性、自主性和灵活性，以及互动性和开放性，显著地推动了教师的专业发展和成长。这种形式的社区为教师提供了一个互学互助、共享知识和经验的平台，进一步丰富了教师的育人理论知识，策略和方法，提高了他们的育人信心，并为他们解决育人实践问题提供了有效的支持。

本讲小结

在本讲中，我们详细探讨了教师跨区域协同、分享模式及其相关案例，重点讨论了四种模式：远程同伴互助模式、基于网络的校际研讨模式、区域智力资源流转和协同模式，以及大规模实践知识社区模式。

远程同伴互助模式，以其远程、跨区域的特性，使得一对一互动交流与群体分享、实时互动与异步交流的结合成为可能，从而为教师提供了新的专业发展机会。基于网络的校际研讨模式则强调了"多对一"的协同备课，这种方式能够集合多位教师的专业知识和经验，为备课过程提供丰富的观点和建议，从而使教学策略更多元化，同时也可以增强备课质量。区域智力资源流转和协同模式，通过前期、中期和后期的有序流程，促进了知识和经验的共享，进一步提升了教师的专业成长。大规模实践知识社区模式则通过在线学习、直播互动、经验分享、问题研讨等方式，支持教师的能力提升，从而提升了教育教学质量。

总的来说，这些模式都强调了教师之间的协同和分享，这种跨区域、跨学校的协同方式，无疑为教师提供了丰富的专业发展机会，也为提升教学效果提供了新的可能。

本讲关键词

教师跨区域协同　远程同伴互助模式　基于网络的校际研讨模式　区域智力资源流转和协同模式　大规模实践知识社区模式

提升练习

1.【判断】远程同伴互助、基于网络的校际研讨、区域智力资源流转和协同、大规模实践知识社区四种教研模式，使教研规模逐步扩大，教研开放性也逐渐增强。

答案：对

2.【单选】以下哪种方式，不是基于网络的校际研讨的目标？（　　）

A. 有效借助网络开展跨区域教研活动

B. 促进双方教师专业化发展

C. 构建线上线下相融合的教师教研新形态

D. 教学过程、资源、评价等方面研修资源的交流和共建共享

答案：C

3.【单选】下列说法中不正确的是（　　）。

A. 远程同伴互助、基于网络的校际研讨、区域智力资源流转和协同、大规模实践知识社区都强调了两所及以上学校之间的合作与交流

B. 远程同伴互助、基于网络的校际研讨、区域智力资源流转和协同、大规模实践知识社区都依赖于网络技术，使得远程交流和分享成为可能

C. 远程同伴互助、基于网络的校际研讨、区域智力资源流转和协同、大规模实践知识社区都在推动教师的专业成长和发展

D. 远程同伴互助、基于网络的校际研讨、区域智力资源流转和协同、大规模实践知识社区都在推动教师的专业成长和发展

答案：A

4.【多选】下列说法中不正确的是（　　）。

A. 远程同伴互助模式中远程导师与参训教师持续的一对一互动交流是整个模式的核心环节

B. 基于网络的校际研讨包含教研准备、听评课研讨和总结反思三个阶段

C. 区域智力资源流转和协同就是指教师课件和方案资源的流转与协同

D. 大规模实践知识社区中容纳了多种角色的参与者，体现社区的多态性和包容性

答案：BC

参考文献

1. 朱宁波，张萍.校本教研中的教师同伴互助［J］.教育科学，2005（5）.

2. 王陆.教师在线实践社区的研究综述［J］.中国电化教育，2011（9）.

3. Palloff, R. M., Pratt, K. Collaborating online: Learning together in community［M］. San Francisco: Jossey-Bass, 2005.

4. 王陆.教师在线实践社区COP的绩效评估方法与技术［J］.中国电化教育，2012（1）.

第十讲
教师网络教研的评价

本讲概述

网络教研活动的有效开展对于教师专业能力的提升起到决定性的作用，因此，在网络教研活动完成之后，对其质量和效果的诊断和评估成为必不可少的环节。本章探讨了教师网络教研评价的相关理论和实践方法，内容分为四个部分，分别是教师开展研究的典型范式、数据采集工具的编制、评价结果的展示和表达以及网络教研评价实践案例。第一部分介绍了教师开展研究的典型范式，包括教育叙事与回顾以及数据采集与分析。在数据采集与分析方面，进一步讨论了定性研究、定量研究和混合研究方法的应用。第二部分重点讲述了数据采集工具的编制方法，包括面向学生的成就测验、问卷以及量表。在这一部分，深入探讨了问卷调查的内容、量表的编制、计分方法和结果解释等方面的问题。第三部分着重介绍了评价结果的展示和表达方式，分别从数据成分对比、数据内容与频率分布、数据项类分析、数据相关性分析和数据分散情况等方面进行了详细阐述。第四部分提供了一些网络教研评价实践案例，涵盖了教师开展教育研究的方法案例、数据采集工具的编制案例、评价结果的展示和表达案例。这些案例为教育工作者开展网络教研评价提供了实践经验和参考。本讲全面阐述了教师网络教研评价的理论和实践方法，旨在帮助教育工作者更好地开展网络教研活动，提高教育研究的质量和效果。

知识结构图

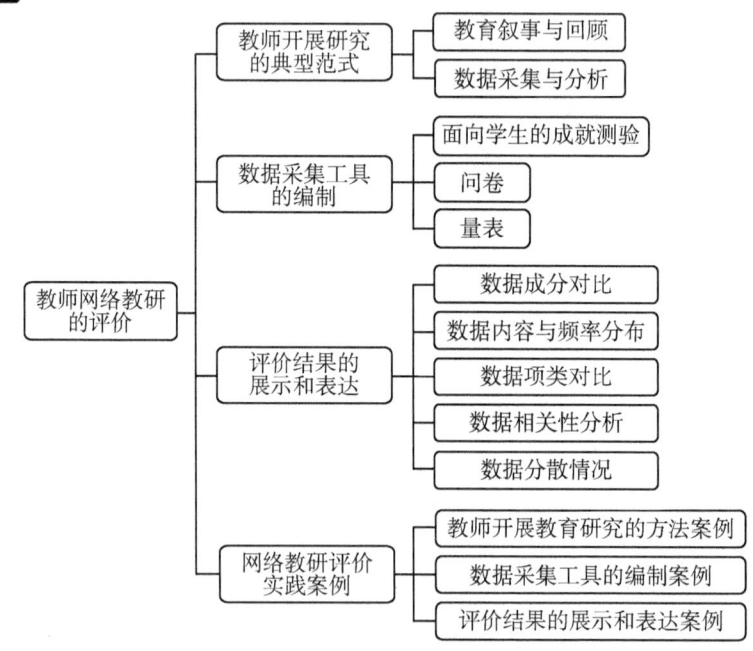

> **学习目标**

学完本讲，你应该能够做到：
1. 准确阐述两种典型的教育研究范式及其特性。
2. 掌握并能有效运用数据收集的常用工具，包括测验、问卷和量表。
3. 熟练运用适当的图表技巧，对评价结果进行清晰、准确的展示和表达。

> **读前反思**

1. 网络教研的评价方式有哪些？
2. 你使用过哪些数据采集工具？它们的适用场景是什么？
3. 你采用过哪些方式展示数据结果？它们的特点分别是什么？

一、教师开展研究的典型范式

教育研究是在真实可干预的研究问题基础上，设计问题解决研究方案，然后选取收集数据的适宜方法，把数据分析转化为评价，阐释发现的结果并解释改变发生的过程和原因，最终形成某种典型结论，应用于教育实践。教师在开展研究时，有两种典型的研究范式可以参考，一种是教育叙事与回顾，另一种是数据分析。教育叙事与回顾是一种基于描述的研究方法，教师通过记录和反思自己在网络教研活动中的经验和体验，进一步梳理和理解教研活动的过程和效果。这种范式对于理解教研活动的实际情境和个体差异具有重要作用。而数据分析则是一种基于数据的研究方法，教师通过收集和分析网络教研活动的相关数据，可以获得更为客观、精确的评价结果。教育领域研究方法在研究范式的发展上表现为定性研究范式与定量研究范式的并存互补，定性、定量研究是研究者分别通过非数字和数字的信号来表征教育现象的方法，定性、定量研究是贯通教育研究的两条主线，二者整合，对于科学地揭示教育现象和规律起着重要作用。[1]

（一）教育叙事与回顾

教育叙事是叙事主体采用描述的方式对自己与教育实践密切相关的人和事作尽可能"客观"的叙述，叙述的内容是已经过去或正在发生的教育事件。[2] 它把普遍性的理性思考和没有生命活力的数据还原成了教育场景和教育故事，让活生生的教育场景在时间的河流中如其所是地再现出来。这些教育现实和教育情景中人们的鲜活经验和丰富的体验，恰恰是影响教育实践成效和教育改革成败的关键。[3] 教育叙事一般注重三方面原

---

[1] 张丽华.定性与定量研究在教育研究过程中的整合[J].教育科学，2008，24（6）：33-36.
[2] 杨捷.教育叙事：培养教师教育研究的契机[J].教育科学，2006（1）：57-59.
[3] 彭晶.教育叙事研究——教师专业发展的新路径[J].教师教育研究，2021，33（3）：7-11+30.

则，一是强调叙述，注重个体的表述以及课堂经验与现有的经验的知识转化；二是强调理论的指导，基于理论来判断、解释相关策略或方法起作用的原因，从而指导和预测师生行为，三是强调将教学经验转化为文字内容。教师通过写作把支离破碎的经验组合成连贯的描述来建构知识。

教育叙事能够助力教师实践性知识的专业成长。通过使用通俗易懂的日常生活用语进行生活经历与专业经历的叙述与反思，教师可以生成对自身专业发展的意义表达，促进自我对专业价值、身份与角色的意义建构。[①]在研究手段方面，教师可以通过现场经历、日志、教师故事、自传、记忆箱等多种方法展开教育叙事研究，收集数据的具体手段包括参与式观察、深度访谈、录音录像等，然后对教育教学事件进行观察、描述、分析和反思，从而获得有效的实践性知识。[②]

教育叙事研究独特的研究对象与目的，比较适合中小学的一线教师。赵蒙成学者总结了教育叙事研究表达规范，认为合格的叙事研究应符合完整、翔实、真实、诠释、结合理论、语言通俗六方面标准。[③]

（1）完整

事件是包括发生、发展、高潮、结束等环节的整体过程，而不是其中的个别阶段。教育叙事研究的对象是教育事件，而事件发生于特定的时空环境中，意义则依存于完整的事件。在开展叙事研究时，教师应注意事件不是孤立于周围环境的，而是具有情境性的。

（2）翔实

教育叙事研究的表达不能笼统，切忌粗线条地勾勒。叙事研究的根基是对事件进行全息复制，对关键性细节给予特写、进行放大。事件表达具备的细节、情节、体验越丰富，所承载的意义就越充实。另外，翔实不是指完全客观地记录或复制事件，教师在描述事件时也要把握重点、详略得当。

（3）真实

教育叙事研究不能虚构事件。在教育叙事研究中，事件是独立于研究者自身的，其客观性不容否认。即使以自身的经历作为研究对象，研究者与事件也必须相对分离。研究者可以去深挖、揭示事件中的教育意义，但不能无中生有、凭空捏造事件。

（4）诠释

描述教育事件的目的是探索、确定、揭示其中蕴含的教育意义，因此，对事件的诠释是教育叙事研究必需的重要构成部分。诠释是在深刻观察和思考的基础上，深挖其中的教育意蕴，进行适度的总结与概括，在特定教育事件的语境中回答教育是什么、怎样做、为什么等带有根本性的问题。基于真实性原则，诠释应当是以事件为支撑的、有根据的概括。

---

① 孙二军.教师专业发展的语言转向及路径选择[J].中国教育学刊,2013(8):81-83.
② 骆玲,冯志伟.教育叙事：英语教师的重要研究工具[J].语言教育,2014,2(4):20-23.
③ 赵蒙成.教育叙事研究的优势与规范[J].湖南师范大学教育科学学报,2014,13(6):25-30.

（5）结合理论

理论能够帮助研究者明晰问题，敏锐地捕捉细节，深刻感悟、理解和诠释教育事件，提出中肯的、有价值的观点，也能为设计解决问题的策略提供启示。教育叙事研究不能拒理论于千里之外，而应该充分结合、利用理论。

（6）语言通俗

教育叙事研究主要是一线教师所做的研究，因此，在语言表达方面，首要的原则是通俗易懂。语言应浅显、清楚、明白，尽量让一线教师容易撰写，也容易阅读和理解。在此基础上，叙事的语言还要准确。应该用平实、正确的语言准确描述、刻画事件，表达研究者的见解与感受。

（二）数据采集与分析

数据采集与分析是运用统计方法及与分析对象有关的知识、从定量与定性的结合上进行的研究活动。[①]数据分析强调理性化，学术性较强，通常会针对具有启发性的课堂个案研究，系统地收集和分析被充分概念化的数据，用严格的个案研究方法来阐释课堂教学。

1. 定性研究

定性研究是在自然环境下，使用实地体验、开放性访谈、参与和非参与观察、文献分析、个案调查等方法对心理现象进行深入细致和长期的研究。重在运用分析和综合、比较和分类、归纳和演绎等逻辑分析方法对研究中所获的资料进行思维加工，解释其发生发展规律。[②]定性研究的特征是真实情境、理论阐释和建构外貌、将"研究者"作为收集数据的工具。

（1）定性研究数据收集方法

定性研究数据收集方法主要有观察、访谈、问卷、日志、有声思考五类。具体而言，观察是在真实情景中收集数据，包括现场记录、音频、视频记录、时间和动作研究等；访谈强调从特定的个体身上获得相关信息，包括访谈计划表，相关音频记录或者视频记录；问卷是从特定群体中收集一系列反馈信息来建构项目；日志包括参与者日志和研究者日志，参与者日志是指要求参与者撰写相关看法或反映记录的数据，研究者日志是指研究者用于自省或验证过程的记录；有声思考是让参与者叙述问题解决、智力活动或者文字任务中的相关过程。每种数据收集方法具有不同的特征，具体种类与方法举例如表 10-1 所示。

---

① 张玉茹.统计分析中如何选用图表［J］.统计与管理，2013（3）：12-13.
② 张丽华.定性与定量研究在教育研究过程中的整合［J］.教育科学，2008，24（6）：33-36.

表 10-1　定性研究数据收集方法

方法	工具	数据收集种类	方法举例
观察	在真实情景中收集数据，包括：现场记录、音频、视频记录、时间和动作研究等	构建过程或现象的详细书面描述	如教师课堂行为观察
访谈	强调从特定的个体身上获得相关信息，包括：访谈计划表、相关音频记录或者视频记录	结构化访谈可以用来评估一个特性或者表达能力，半结构化或者开放式访谈可以收集对某些问题的观点等数据	如针对作业设计效果，半结构化访谈不同成绩背景学生的看法和反馈
问卷	从特定群体中收集一系列反馈信息来建构项目	通过调查可以获得大量的数据组	如开展教师 TPACK 问卷调查等
日志	参与者日志是指要求参与者撰写的相关看法或反应记录数据，研究者日志是指研究者用于自省或验证过程的记录	通过个性化的观点为研究者提供观察点或者个人立场	如信息化课堂教学日志
有声思考	让参与者叙述问题解决、智力活动或者文字任务中的相关过程	了解参与者的思考策略或过程的口头报告，将参与者所说的和研究者所观察的进行对比分析	如学生问题解决过程出声思考

（2）定性研究案例

以跨区域教师远程结对教研的相关影响因素研究为例展示定性研究的数据采集与分析过程。研究为了解影响在线同伴指导的相关因素，采用了访谈的研究方法。然后，借助技术工具转录访谈的文本数据材料，采用编码方式进行标记，最后对形成的数据进行分析。

本案例研究中邀请了 26 位指导教师与 15 位被指导教师完成访谈数据，访谈结束后，由研究人员统一整理访谈录音并转录为文字。平均每位教师的访谈持续时间为 30 分钟，最长访谈时间是 64 分 32 秒，最短访谈时间是 10 分 20 秒，形成访谈转录文字共计 24.5 万字。

为深入了解跨区域在线同伴教研模式的实施效果，通过询问"参加本次活动，您有什么感受吗？有哪些收获？"来了解两地区教师的感受与收获。

对新疆教师而言，专业支持、心理支持与榜样感染是教师最主要的收获。首先，通过双方教师的交流，新疆教师学习到很多教学经验、技巧，收获了丰富的教育资源，教师专业素养和教学自信心得到明显提升。如新疆 XT 老师所说："老师教了我很多如何在课堂上处理突发情况的技巧，我之前面对这种情况，老是脑子里一团糟，不知道怎么去面对，但是老师教了我很多方法，现在感觉，上课比以前自如多了。然后他也教了我很多教学方法，一个一个给我示范。我感触特别深，现在感觉就是用这种方法上一节课，虽然不是说讲得多么精彩，但是最起码让学生、老师听起来都是很顺畅的，不存在夹生、卡壳的情况，以前我是做不到的。"此外，教师还学习到很多教学方法背后的理念，了解了更多学理知识，开拓了思维，丰富了知识，教学观念得到改变，同时个人反思能力得到提高。如新疆 DK 老师所说："最大的感受就是，他是我的一扇窗户，把理念传递给我们这边的老师和学校，从北京老师那边学过来用到我们的学生身上，教学过程非常好，让我对教育观念也有更宏观的构建。"心理支持是被指导教师的另一大收获。他们感受到来自指导教师的肯定、支持与关怀，增强了自信心，收获了温暖、成就感与获得感。尤其是对刚入职的新手教师而言，部分教师充满了教育热情与改革冲动，渴望在个人教育教学过程中运用到学校所学的先进教育理念与方法，然而这可能与学校的实际工作要求及老教师的教育理念相悖，使得教师陷入被孤立、自我否定的状态。因此，当北京教师给予新疆教师认可与肯定时，极大地鼓舞了新疆教师的自信心。如新疆 BX 老师所说："我觉得这次培训最大的一个收获就是，得到了认可，得到了承认，自己以前的那种颓废感颓败感，现在找到了希望……就感觉这种认可度提升上来之后，自己的主动性、自发性会更强，所以这个对我以后的教学和成长是最好的。"

对北京教师而言，个人价值的实现、自我发展与拓宽个人视野是教师最深的三点感受。首先，教师利用网络工具与新疆地区教师共同教研与学习，感受不同学情，也是促使教师不断反思自我，深化理解教学内容，转化个人角色的过程，如北京 XZ 老师所说："地区不一样吧，然后就会更多地从他的学生角度考虑，然后进一步让我也转换一下角色，从我的学生角度考虑问题多一些，以前从我是老师，我就怎么样处理这节课，通过指导他上课的话，我就会尽可能多地站在学生角度多想一些，我哪不明白、哪还会出现问题等。"通过远程指导边疆教师，教师能感受到帮助他人带来的幸福感、成就感与获得感，如北京 WJ 老师所说："最大的感受就是实现了初衷——我能为新疆教师做什么，能为他们做的都做了，一些教学建议一些方法，都告诉他们了，然后他们实施后，感觉自己的课堂发生了变化，我能真正地帮助到他们。"最后，通过与新疆地区教师的交流，北京教师对国家教育事业的发展有了更深的了解，更加具有使命感与主人翁意识。如北京 WX 老师和 ZC 老师所说："这个活动最大的优点是借助网络，和新疆老师共同研究教学，从意义上说对于未来的，尤其是疫情这种特殊情况下，探索了一种教研新模式，让不同地区的教师共同参与教研，共同学习，意义重大。应该把北京的好的教育理念、教学成果向全国辐射。"

在访谈结束后，借助质性分析软件 Nvivo11 进行编码，经历了开放式编码、主轴编码与选择性编码三个递进阶段。(1)开放式编码，仔细地分析数据，形成初步的概念与相应的概念维度（得到 406 个标签，包含 89 个初始概念，归纳形成 40 个范畴）；(2)主轴编码，也称关联式编码，意在发现和建立概念类属间的各种联系，进一步聚类，形成主范畴（40 个范畴进一步归纳总结，最终提炼出 18 个主范畴）；(3)选择性编码，旨在所有已发现的概念类属中经过系统分析以后选择一个"核心类属"，系统化地将所有其他类目与核心类目建立联系（对 18 个主范畴进行整合和提炼，归纳出四层次影响因素），如表 10-2 所示，为最终的数据编码结果。

表 10-2 主轴编码

核心范畴	主范畴	范畴
时空因素（17）	时差（11）	时差（11）
	网络（6）	网络（6）
区域社会文化因素（43）	政治文化差异（8）	多民族构成（2）、政治环境（6）
	社会氛围差异（15）	创新意识与氛围（1）、家庭期望和教育（14）
	区域资源不同（15）	技术资源（9）、前沿知识接触（5）、兴趣资源（1）、国语普及（1）、教育信息来源（1）、考试要求（5）
学校组织因素（72）	生源不同（55）	学生素质（46）、班额配置（8）、是否寄宿（1）
	师资差异（7）	专业不对口（2）、师资缺乏（3）、缺乏对新教师的培养（2）
	教研文化（5）	教研氛围不浓厚（5）
	保障机制（5）	学校缺乏支持（5）
个体因素（200）	教育观念（9）	教育观念不同（9）
	参与态度（12）	参与态度（12）
	专业素质和能力（58）	综合素质与专业能力（58）
	个性影响（90）	朋友（33）、长辈（5）、指导者（23）、人格魅力（29）
	工作负荷（31）	工作量大（13）、临时性任务多（3）、承担职能多样（12）、家庭负担（3）
实施影响（62）	影响小（14）	无影响（1）、影响不大（13）
	影响交流过程（2）	交流内容（2）
	影响教师发展（7）	教学方法不适用（6）、教师课堂改变（1）
	影响满意度（39）	满分（22）、及格分（2）、优秀分（15）

依托主轴编码中提炼的 18 个主范畴，进行整合和提炼，归纳出四层次影响因素，形成了如图 10-1 所示的跨区域教师在线同伴指导影响因素模型。

2. 定量研究

定量研究是基于理性和逻辑分析，借助数学工具，通过测量、统计分析等手段对事物的量的方面的分析和研究，结果通常以数字的形式呈现。[1]定量研究能够体现客观性，是基于理论或假设的经验进行的实证研究。

---

[1] 张丽华.定性与定量研究在教育研究过程中的整合[J].教育科学，2008，24（6）：33-36.

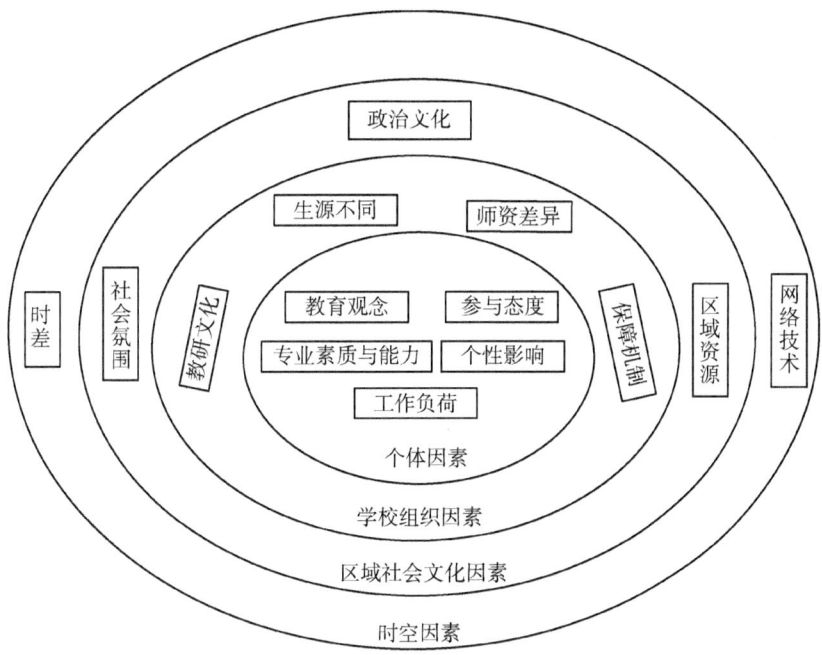

图 10-1　跨区域教师在线同伴指导影响因素模型

以五年级阅读成绩和阅读态度关系的调查研究为例,展示具体的研究实施流程。研究中的变量是指研究中能够发生变化的对象(自变量、因变量),在这项研究中的变量为阅读成绩(因变量)、阅读态度(自变量)。在研究过程中,研究者应该注重研究的客观性,即将主观和偏见降到最低。比如在这项研究中,在进行阅读成绩评判的时候,可以请其他不了解学生学习情况的教师或研究者对学生进行评分。此外,在定量研究中,研究者还需对理论或者假设进行检验,如这个例子中结合文献调查,王老师提出假设"阅读态度和阅读成绩存在正相关"。最后,对于数据的分析及其结果方面,强调统计分析结果的显著性和信效度。具体而言,统计的显著性指结合数据收集的结果,说明其结果偶然发生的概率低,也就是说明和其他因素(如自变量)相关。如本例中发现成绩和态度显著相关。关于信效度,采取规范的态度和成绩测量工具可以保障测量的效度,而通过实验设计,如对象抽样的典型性等来控制其他无关变量的影响,还可以提高研究结果的可解释性。

3. 混合研究方法

为了研究的需要,教育科学研究将收集与分析数据的方法分为两种:定性研究和定量研究。两者之间存在互补关系,定性研究为定量研究提供理论假设[①],定量研究为定性研究提供客观解释。依据实际需要,研究中有时候会用一种研究方法,有时候会采取

---

① 张红川,王耘.论定量与定性研究的结合问题及其对我国心理学研究的启示[J].北京师范大学学报(人文社会科学版),2001(4):99-105.

定性和定量方式进行混合式研究。

表 10-3 基于概念图工具写作指导效果研究案例

序号	阶段	研究过程	拟回收数据
1	前测	选择写作水平、男女生比例等相当的两个班级 A、B，按照传统上课方式撰写一篇写事类记叙文作文，并进行测试	学生作文评测成绩 问卷调查其作文写作兴趣和认知负荷水平
2	三轮实践	两个班级分别采用传统和基于概念图的方式进行了三次写事类记叙文作文练习	学生作文评测成绩 学生作文构思概念图作品、写作作品案例分析
3	后测	两个班级进行相关主题写作测试	学生作文评测成绩 问卷调查其作文写作兴趣和认知负荷水平
4	访谈	对两个班级，按照作文水平高、中、低水平的学生进行了抽样访谈，了解其写作构思过程，对概念图的态度和看法等	访谈音频及文本

网络教研中的常见的数据来源和用途包括如下六种：一是学生的成就测验，态度、兴趣的变化问卷调查或访谈，主要用于验证教师教学策略或者方法的效果，了解学生某种行为或者态度维度的现状等；二是课堂视频、课堂音频，课堂记录的文本分析，用于通过对课堂上的教学行为、教学事件、教师教态和师生对话的分析、挖掘来体现教师相应教学风格或教学能力；三是课堂观察记录或者效果评价量表，观察课堂整体情况或某个维度，对其进行评判；四是教师教学信念、TPACK、职业倦怠感、效能感等方面的调查问卷或相关访谈，用于了解教师相关看法或某个维度的知识、能力发展现状；五是教师反思，教学日志，听课笔记，教师设计方案等，用于了解教师的教学思想发展过程，了解教师的设计能力或特点；六是网络教研过程参与的行为数据，用于表现教师的关注度、参与度、集体贡献度等。

质性研究与量化研究是两种科学研究不可或缺的方法，究竟运用哪种方法还是两种方法同时使用，关键应以研究环境、研究对象和研究目的等要素确定。

二、数据采集工具的编制

教育数据的全面、自然、动态、持续采集是构建教育大数据的基础性和先导性工作，这就需要厘清一些基本问题：教育数据的产生源头在哪里？哪些数据需要采集？有哪些常用的数据采集技术？采集时需要注意什么？[1] 科学数据的质量对于确保科学研究及其分析结果的可靠性至关重要。[2] 常用的数据采集工具主要有测验、问卷与量表三种类别。

---

[1] 邢蓓蓓，杨现民，李勤生.教育大数据的来源与采集技术[J].现代教育技术，2016，26（8）：14-21.
[2] 蔡丽华，倪代川.国内外科学数据评价研究综述[J].数字图书馆论坛，2021（11）：65-72.

（一）面向学生的成就测验

学业成就测验（academic achievement test）主要是对学生学习效果进行测量，是关于教学目标达成度的考试。学业成就测验考查的内容至关重要，既要通过测评把握学生对学科内容的掌握情况，还需展示学生学科素养、学科能力的发展情况。因此，需要严谨设计命制试题，全方位把握测验的信度、效度、难度、区分度等评价指标，保证学业成就测验的检测效果。

试题命制流程包括组建命题队伍、细目表命题、征集题目、研磨题目、小规模预测试、试题质量报告、修改试题、组卷正式测试。

组建命题队伍后，一般采用双向细目表来保障内容效度，规划命题的知识分类与占比。

通过预测试来评估测验的可靠性，主要采用的指标包括测验的信度、难度和区分度。信度指测量程序的准确性和精确度，是测量结果的可信程度。信度是同一个测验（或相等的两个、多个测验）对同一组被试施测两次或多次，所得结果的一致性程度，也即测验的可靠性。在大多数情况下，教师希望只进行一次测试就能估计其信度。通常而言，用内在一致性信度来表示所有题目间的一致性程度，经常用克伦巴赫 α 系数表示。

难度是测量题项的难易程度。对于题目或者项目而言，难度就是指完成题目或项目任务时所遇到的困难程度。通常用题目的难度系数（一般用 P 表示），或者难度值定量刻画被试作答一个题目所遇到的困难程度的量数。难度值计算公式为：$P = \dfrac{\overline{X}}{X_{\max}}$。其中 P 代表题目难度，$\overline{X}$ 为被试在某题目上的平均得分，$X_{\max}$ 为该题目的满分。

例如：假定 60 名学生在满分为 40 分的作文题上平均分数为 24.8，则该作文题的难度值为 0.62（24.8/40）。值得指出的是，分析一份试卷的难度系数，可以把整个试卷看成一道题目，按照多值记分题的难度值计算方法，就可以得到试卷的难度系数。

区分度评价试题考查的学生分层。题目区分度就是题目区别被试水平能力的量度，一般记为 D（数值是 −1 到 1 之间）。如果高水平的被试在测试题目上能得高分，低水平被试得低分，那么说明测试题区分被试水平的能力强；如果高水平被试和低水平被试在测试题上得分没有差异，则说明题目的区分能力弱。通常将被试在测题上的得分与在整个测验总分之间的一致性程度看作区分度。

（二）问卷

问卷更多地用于收集教师的观察和感受，包括教师对教研活动的满意度、参与度、收获等。教育调查是中小学和幼儿园教师开展科研活动时常用的方法，高质量的调查首先要做好问卷设计。[1]

---

[1] 黄娟娟.教育调查问卷设计的常见问题及应对[J].上海教育科研，2015（5）：51-55.

1. 问卷的概念

问卷是用来收集资料的一种工具。问卷的形式是一份预先设计好的问题清单或问题表格。问卷可用来测量学生或教师等对象的行为、态度和特征。问题的结构一般包含标题、前言、指导语、问题和答案、结束语五个部分。其中，前言部分主要撰写研究目的、意义和简要内容；指导语部分呈现填写的方法、要求、时间、注意事项等；问题和答案的类型可以是开放型、封闭型及半封闭型。

2. 问卷调查内容

问卷调查内容非常重要，直接指向研究目标。一般包含背景资料、行为问题与态度问题三大类。背景资料（人口学信息）是用来测量被调查者基本情况的问题，如年龄、性别、职称、文化程度、婚姻状况、收入、家庭规模、政治面貌等。行为问题即那些用来测量被调查者过去发生的，或现在进行的某些实际行为和有关事件的问题。态度问题是用来测量被调查者对某一事物的看法、意愿、态度、情感、认识等主观因素的问题。

（三）量表

量表是一种更为精细的评价工具，通常用于评估教师的特定能力或态度，例如教研活动对教师的教学能力、创新思维、信息素养等的影响。它是由若干问题或自我评分指标组成的标准化测定表格，用于测量研究对象的某种状态、行为或态度。通常用多个条目（问题）从各个方面来描述该特征，所有问题都围绕着一个核心，因此各指标都是关联的。量表需要经过编制、计分，才能真实应用到具体教研评价中，然后通过量表项目得分解释教研效果。

1. 量表的编制

量表编制是一个既需要专业知识又需要考虑实际应用情况的过程，它的目标是创建一个既有效又公正的评价工具。量表的编制一般需要经历明确目的、确定指标、分配权重、制定编制标准四个阶段。

（1）明确目的

量表的编制是一个专业且精确的过程，首先需要明确量表的目的，明确想评价什么、了解什么。这包括确定量表将用于评估或测量的具体内容和目标，例如学生的学习成绩、教师的教学效果，或者是对某项政策或项目的满意度等。

（2）确定指标

确定评价的具体指标。这些指标应当直接与量表的目的相对应，并且涵盖评价目标的各个方面。比如，在评估学生学习成绩的量表中，可能需要包含知识掌握程度、技能应用能力、创新思维等多个指标。指标的确定需要经过三个阶段，即发散阶段—收敛阶段—试验修订阶段。美国学者克伦巴赫提出了两步骤方案，即发散阶段和收敛阶段。发散阶段指在教育评价指标体系设计中，广泛搜集相关信息，事无巨细地将评价对象的各种表现进行分解，以提出详尽的初拟指标系统的过程；收敛阶段指经过发散阶段广泛而细致地搜集资料，获得了大量的评价体系信息后，对这些信息进行归类整理，去粗取精的筛选过程。我国学者王钢等在克伦巴赫理论的基础上增加了试验修订步骤，使得程序更加严谨、易于操作，为科学设计评价指标体系提供了良好的技术支持。试验修订阶段指经过大量信息的归类与整理筛选，评价体系初步形成，这时就应对该评价体系进行前期的测试，并根据试验结果，对评价体系的指标进行及时的修订。

（3）分配权重

需要对各个指标分配适当的权重。权重的设定通常取决于各指标在评价目标中的重要程度。例如，如果在教学效果评价中，我们认为教师的教学方法比课堂管理更重要，那么"教学方法"的权重应该高于"课堂管理"。权重系数是分项评分综合合成时的重要参数，它表明了各指标同评价结果之间的确定关系，具有导向作用。因此，在确定指标权重系数时，要慎重分析各指标在目标中的地位，合理分配权数，这样才能使综合评价结果客观、科学。结构指标的分配形式多样化，小数形式、百分比形式、整数形式，任选一种均可。

（4）编制标准

标准是衡量事物的准则，是对事物进行评判的具体尺度。教育评价的标准是指对应于相应的评价指标或项目，被评对象达到什么程度或水平才是合乎要求的，或是优秀的、良好的等。编制标准是量表编制过程中的重要步骤，包括对各项指标的评分标准和评价方法的确定。这通常需要基于专业知识和经验进行，并且在实际应用过程中可能需要根据反馈进行调整。编制的常用标准有评语式标准、数量式标准、量尺式标准三种。

表 10-4　编制标准

编制标准类型	类型描述
评语式标准	很好（A）：符合大纲要求与学生特点，并能体现于教学过程。 较好（B）：基本符合大纲要求与学生特点，在一定程度上能体现于教学过程。 一般（C）：教学目标在教学活动中没有得到明确反映。 较差（D）：教学目标不明确。
数量式标准	优秀：90~100；良好：80~89；中等：70~79；及格：60~69；不及格：59以下。
量尺式标准	量尺式标准是以标准分量尺作为划分等级的标准。量尺式标准以平均数作为零点，以标准分数作为刻度。评价时，只要把各评价要素的原始分数转化为标准分数，就可以在标准分数量尺上标出每个要素的位置。

2. 量表的计分方法

李克特量表是一种常用的量表，广泛应用于聚焦兴趣、动机、信念、自我效能、满意度等因素的测量，在李克特量表中会列出一系列表示对某事物态度的陈述，运用从"非常同意（符合）"到"非常不同意（符合）"的不同水平的五个选项，并要求被试作出回答。例如五点式李克特量表编码维度一般包含"非常不符合""不太符合""有些符合""比较符合""非常符合"。图10-2是使用五点式李克特量表编码的教师在线研修满意度问卷案例。每道题目从"非常不符合"到"非常符合"采用"1~5"的5级记分。题目全部为单项选择题，求各个维度的平均分，根据平均分的高低来判断教师对在线研修各维度的满意状况。得分越高，在线研修质量越好。

为了解您对在线研修的满意度情况，请根据您的实际情况在符合的选项上打"√"。

题目	非常不符合	不太符合	一般符合	比较符合	非常符合
1. 我认为借助研修平台，大家各取所长提供研修服务，是一种很好的流转和汇聚全市优质研修资源的途径	1	2	3	4	5
2. 在线研修打破时空边界，具有较强的灵活性，这有利于我根据自身工作安排机动调整在线研修时间和精力的投入	1	2	3	4	5
3. 我在在线研修活动中获取到的知识是有价值的，且对于解决我的教育教学问题非常有帮助	1	2	3	4	5
4. 通过在线研修活动我感觉到自己的理念和教育教学能力提高了	1	2	3	4	5
5. 通过在线研修活动我收获到了很多与我教学相关的实质性的知识	1	2	3	4	5
6. 市、区所提供的相关技术和文件解读的培训等，能让我快速、有效地参与在线研修项目	1	2	3	4	5
7. 在线研修项目在线答疑服务能够及时解决我在参与过程中遇到的问题	1	2	3	4	5

图10-2　五点式李克特量表问卷设计

3. 量表结果的解释

量表填写完成后，需要根据其设置的特定解释标准科学地解读数据结果，这与前期的量表编制规则密不可分。例如，教师在线研修满意度量表共包含三个测评方面，即教师对研修项目、研修平台、研修形态的满意情况。三个维度设置了不同的题项，同时，个别题项为反向提问，计分方法会存在差异。那么根据量表计算规则，得出对应分值，即可了解教师对在线研修的满意程度。

维度一：研修项目，包括1~10题，共10题，得分越高，表明教师对在线研修越认可。

维度二：研修平台，包括11~17题，共7题，得分越高，表明研修平台提供的服务质量越好。

维度三：研修形态，包括18~28题，共11题，得分越高，表明三种研修形态，即名师直播讲堂、一对一实时研修、开放式检课，能够更好地促进教师专业发展。

三、评价结果的展示和表达

网络教研评价结果的展示主要是通过数据可视化的统计图表方式。数据可视化的具体形式可以有很多种，如折线图、柱状图、饼图等，可以根据具体的评价目标和数据特性进行选择。在某些复杂的情况下，也可以使用更高级的可视化工具，如雷达图、箱线图等，以呈现更多维度的信息。

例如，如果要展示教研活动参与度的变化趋势，可以选择折线图，将时间设为横坐标，参与度设为纵坐标，通过折线的走势展示参与度的变化。如果要比较不同教师在网络教研活动中的表现，可以选择柱状图，将教师设为横坐标，相关指标设为纵坐标，通过柱子的高度展示教师的表现。如果要展示教师对教研活动的多方面评价，可以选择雷达图，将各个评价指标设为雷达图的各个轴，通过形成的多边形展示教师的综合评价（表10-5）。

表10-5 数据分析类型及可视化方式

数据分析类型	可视化方式	具体描述
成分对比	扇形统计图	扇形统计图是用面积表示分布频数，适合表达各种分维度组成和在整体中的占比情况
内容、频率分布	条形图、柱形图	条形图是用长度表示分布频数，或者取值大小 柱形图是用高度表示分布频数，或者取值大小
项类对比	条形图、柱形图、雷达图	雷达图是以从同一点开始的轴上表示的三个或更多个定量变量的二维图表
相关性分析	散点图	散点图是由一些散乱的点组成的图表，这些点在哪个位置，是由其X值和Y值确定的，所以也叫作XY散点图。散点图常用面积点的位置表示分布、趋势/变量之间关系（加趋势曲线）。一般指在回归分析中，数据点在直角坐标系平面上的分布图，散点图表示因变量随自变量而变化的大致趋势
数据的分散	折线图、箱线图	折线图是用直线段将各数据点连接起来而组成的图形，以折线方式显示数据的变化趋势，主要用点和线表示分布趋势 箱线图（Box plot）：用来表示一组数据的分散情况，包括上边缘、上四分位数、中位数、下四分位数、下边缘和异常值

（一）数据成分对比

数据成分对比主要采用扇形统计图的方法，扇形统计图是一种用于成分对比的有效可视化工具。通过将数据分解为饼状的各部分，它可以直观地表示各个维度组成在整体中的占比。以面积的大小来表示频数的分布，扇形统计图适合呈现类别数据的相对比例和关系，从而使读者能够一目了然地理解数据的构成和相对大小。扇形统计图是用面积表示分布频数，适合表达各种分维度组成和在整体中的占比情况（图10-3）。

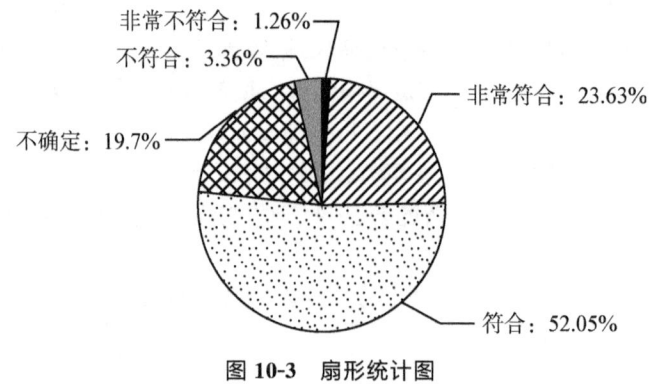

图 10-3 扇形统计图

（二）数据内容与频率分布

对于教研内容的频率分布呈现主要采用条形图和柱形图。条形图和柱形图是常用的表示内容和频率分布的图形工具。条形图通过条形的长度表示分布频数或取值大小，它适用于分类数据的对比，以便显示不同类别的相对数量。柱形图则利用柱体的高度表示分布频数或取值大小，通常用于对比各类别的数值数据（图 10-4）。

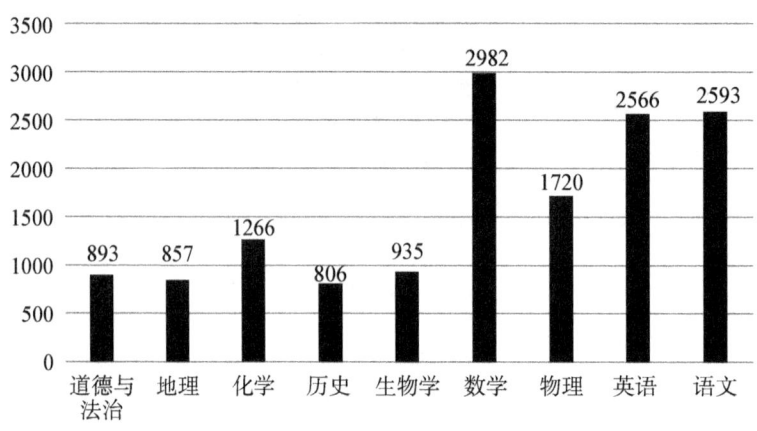

图 10-4 各学科教师的人数

（三）数据项类对比

条形图、柱形图和雷达图都可以用于项类对比。雷达图以从同一点开始的轴上表示的三个或更多的定量变量。这些图形可以直观地展示各项的相对大小和位置，特别是在需要在多个维度上进行对比时，雷达图尤其有用。

（四）数据相关性分析

数据相关性分析主要采用散点图的方式呈现（图 10-5）。散点图是进行相关性分析的重要工具。这种图形由一些散乱的点组成，这些点的位置由其 X 值和 Y 值确定，用于表示两个或更多变量之间的关系。散点图常用面积点的位置表示分布、趋势/变量之间关系（加趋势曲线），常用于揭示数据集中的模式或趋势，尤其是在进行回归分析时，可以清晰地展示因变量随自变量变化的大致趋势。一般指在回归分析中数据点在直角坐标系平面上的分布图，散点图表示因变量随自变量而变化的大致趋势。

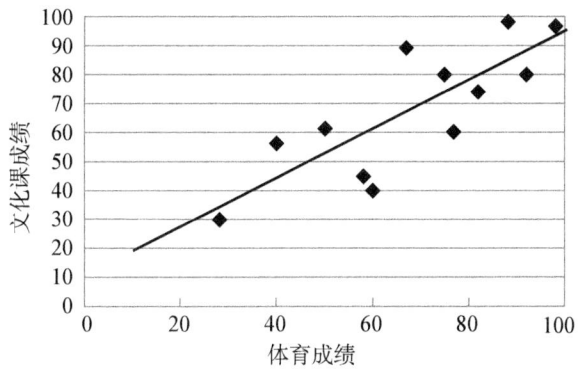

图 10-5　文化课成绩与体育成绩的相关情况

（五）数据分散情况

折线图和箱线图是用于表示数据分散的图形工具。折线图通过将各数据点用直线段连接起来，以点和线的方式表示数据的分布趋势（图 10-6）。而箱线图则用来表示一组数据的分散情况，包括上边缘、上四分位数、中位数、下四分位数、下边缘以及异常值（图 10-7）。这两种图形可以清晰地呈现数据的变化情况和分散程度，从而帮助读者理解数据的整体分布。

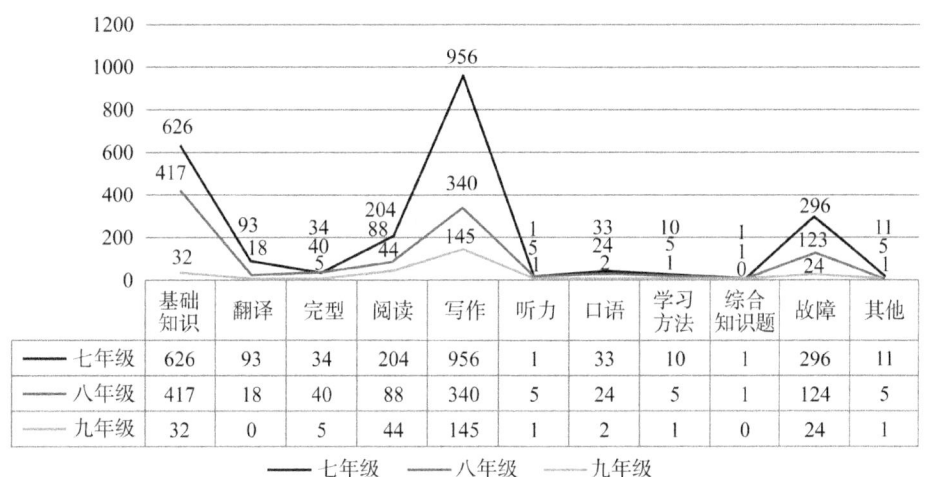

图 10-6　不同年级知识点对比情况

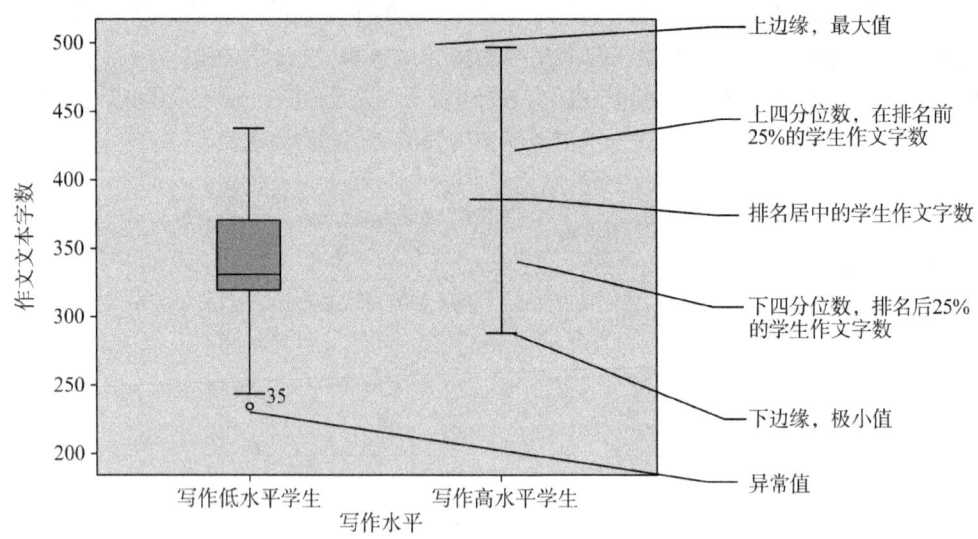

图 10-7　不同写作水平学生的作文文本字数分布情况

四、网络教研评价实践案例

网络教研评价是对教研活动实施过程与效果的质量判断。根据评估结果，研究者或教师可以了解当前教研的实践情况，从而考虑是否对当前教研活动方案作出进一步修正、补充。下面以学者杨丹在"精准教研模型的构建与应用研究"①中实践的智慧教研效果评价为例，整体介绍教师开展教育研究的思路、数据工具的编制与采集、评价结果的展示与分析等内容。

"精准教研模型的构建与应用研究"的开展依托北京师范大学现代教育技术研究所组织开展的"基础教育跨越式发展创新探索试验"项目，该项目是在我国加速教育信息化进程以及实施新一轮课程改革的宏观背景下开展的一项教学改革项目，旨在将信息技术与学科教学进行深层次的整合，实现基础教育的根本性变革。目前，该项目试验区主要包括广州市荔湾区 30 余所学校、河北省涿鹿县 20 余所学校、安徽省肥西县 20 余所学校等，覆盖全国东部、中部和西部多个区域，多所试验学校，为本研究中研究对象的选取提供了充分的支持。

（一）教师开展教育研究的方法案例

精准教研模型应用研究中，教师开展教育研究的方法为定性与定量的混合研究方法，通过日志、问卷、访谈等数据收集方法多维度评估精准教研模型的应用效果。杨丹在精准教研理念的指导下，结合实践性知识、协同知识建构、情境学习等理论基础，构建了精准教研模型，依据精准教研模型采用案例研究的方式，以 12 位语文课题教师为研

---

① 杨丹.精准教研模型的构建与应用研究[D].北京师范大学，2018.

究对象，以"基于概念图的单元主题写作"为主题开展了精准教研活动。

围绕"基于概念图的单一主题写作开展网络智慧教研，能否提升教师对主题理解和教学设计能力水平？影响教研效果的因素是什么？"两个研究问题，从教师对精准教研活动的反馈、对"基于概念图的单元主题写作"课型的理解和掌握情况以及对技术工具和平台的反馈三个方面验证了精准教研的实施效果，并对实施效果的影响因素进行了分析。结果表明：（1）教师对精准教研活动基本持满意和积极的态度；（2）精准教研有助于促进教师对课型的理解、掌握和实践；（3）教师仍然比较习惯于使用基于电脑端的平台，对于基于手机端的 App 的使用需要一段适应的过程；（4）教师在活动中的参与度和参与质量与参与效果之间存在显著的正相关关系，而教师对技术工具的认知负荷则与教师的参与度存在显著的负相关关系。

基于精准教研的实践应用情况，本研究对其特点及优势进行了总结，并梳理了后续待完善及改进的方面，以期为精准教研后续活动的设计及工具的完善提供指导，同时为教师网络教研相关研究及活动的开展提供新的思路。

（二）数据采集工具的编制案例

模型应用与实践主要采用案例研究的方式，以"基于概念图的单元主题写作"为主题开展精准教研的实践。实践开展过程分为预实验和正式实验，其中预实验环节主要用于帮助教师熟悉技术工具和平台的相关操作以及精准教研活动的流程，为后续正式实验奠定基础。正式实验开始前，通过问卷的方式收集教师的基本信息、上网习惯、教研信息的管理现状及其对"基于概念图的单元主题写作"这一课型的理解，并收集教师基于该主题的教学设计作为前测。实验结束后教师需提交符合"基于概念图的单元主题写作"这一主题的教学设计作为本轮实践的后测，并发放问卷收集教师对"基于概念图的单元主题写作"这一课型的理解、教研活动的满意度反馈以及对工具和平台的技术接受度反馈，用于验证精准教研模型的效果。

1. 调查问卷

（1）小学语文"基于概念图的单元主题写作"调查问卷

该问卷主要用于实验开始前对参与教师基本信息和情况的收集，包括教师个人基本信息（7题）、教研信息管理现状（2题）以及对于"基于概念图的单元主题写作"这一课型的理解（3题）三个部分（见附录1）。

其中教师个人基本信息不仅包括姓名、年龄、教龄、参与课题时间和所授年级等基本信息，还包括教师平时上网的次数和方式。由于本研究在开展过程中需要用到移动App工具和网络平台，因此需要提前了解教师是否具有接受相关技术操作的能力。

对教师教研信息管理现状的调查则主要用于收集教师对个人教研信息管理的需求，从而判断精准教研这一新型教研形态是否能够满足教师的需求。

对"基于概念图的单元主题写作"的理解部分则主要用于收集教师在实验开始前对

该课型的理解,并与实验结束后教师对该课型的理解进行比较,从而作为验证精准教研活动是否有助于教师对该课型理解和掌握的补充。

(2)"精准教研"活动反馈调查问卷

该问卷主要用于实验结束后收集教师对精准教研活动的满意度,主要包括教师个人基本信息(1题)、活动满意度反馈(12题,其中满意度6题,参与态度6题)以及对"基于概念图的单元主题写作"的理解(2题)三个部分(详见原文附录2)。

其中活动满意度反馈部分主要参考黄国祯教授设计的对于学习模式满意度①以及学习态度②的相关量表,并基于本研究的内容进行了相应的修改,来评估教师对活动开展的满意度以及参与活动的态度。

对"基于概念图的单元主题写作"的理解部分用于收集教师在实验结束后对该课型的理解,并与实验开始前的理解进行比较,从而作为验证精准教研活动是否有助于教师对该课型理解和掌握的补充。

(3)"精准教研"工具反馈建议调查问卷

该问卷主要用于实验结束后收集教师对实验中三个新工具和平台的技术接受情况,主要包括教师个人基本信息和工具反馈建议两个部分。其中工具反馈建议部分主要参考戴维斯提出的技术接受度模型(Technology Acceptance Model,TAM)①以及黄国祯教授设计的科技接受度和认知负荷量表②,基于三个工具和平台的功能特点进行了一定的修改,来评估教师对于使用新工具和平台开展教研的态度和意愿,问卷中该部分的题项分布如表10-6所示。

表10-6 技术接受度题项分布

工具和平台	认知有用性	认知易用性	认知负荷	心得&建议
移动备课App	6	3	3	1
移动听评课App	5	3	3	1
Web端教研平台	4	3	3	1

2. 编码表

(1)协同备课(听评课)知识建构编码表

为了分析教师在协同备课(听评课)过程中协同知识建构的水平,本研究参照古纳瓦尔德纳等人提出的包含五个关键思维阶段的交互模型以及陈玲等基于协同备课的特点加以转换的编码表,并根据本研究在实践开展过程中的具体情况,构建了协同备课(听评课)知识建构的编码表,具体内容如表10-7所示。该编码表主要用于对教师在协同备课(听评课)环节中的过程性记录进行编码,并根据编码结果计算教师的知识建构水平,用于分析教师在活动中的知识建构水平是否会对精准教研的实施效果产生影响。

表 10-7 协同备课(听评课)知识建构编码表

阶段	编码	说明
第一阶段 （分享信息观点，针对讨论主题进行描述）	PH1/A	对协同备课方案（上课实践）的设计表示认同态度
	PH1/B	针对协同备课方案（上课实践）提出自己的评价和观点
	PH1/C	对协同备课方案（上课实践）进行针对性的提问以达到最佳的理解
第二阶段 （发现和分析不一致观点）	PH2/A	详细地说出协同备课方案（上课实践）中的问题
	PH2/B	通过列举自己的教学经历来例证自己的观点
	PH2/C	针对某一处的设计提出直接替换的设计思路
第三阶段 （意义协商，进行知识的群体建构）	PH3/A	分析替代设计跟原设计之间的差异，并说明哪一个更好
	PH3/B	发现两处不同设计之间的相同之处
	PH3/C	能够从一定的高度总结设计思路的异同
第四阶段 （对新建构的观点进行检验和修改）	PH4	教师对协同建构中收获的知识进行教学实践验证
第五阶段 （达成一致，应用新建构的观点）	PH5	教师在验证新知识之后重新进行修订

（2）教学反思水平编码表

为了分析教师的反思水平，本研究选取斯帕克斯-朗格尔等人提出的教学反思思维框架，该框架将教学反思分为七个层次，如表 10-8 所示。该编码表主要用于对教师的反思内容进行编码，并根据编码结果计算教师的反思水平，用于分析教师的反思水平是否会对精准教研的实施效果产生影响。

表 10-8 教学反思水平编码表

教学反思水平	描述	举例
1	没有描述性的语言	通过这次的习作课，学生的写作能力进一步提高，同时也有很多地方需要改进
2	普通的、外行的描述	我顺势引导学生思考如何把学本领的过程写具体

续表

教学反思水平	描述	举例
3	事件被用合适的术语标记	在教学组织上,我采用课本、多媒体结合的方法,开阔学生视野,培养独立阅读能力,丰富学生想象
4	用传统或个人偏好解释	对于范文的学习,我觉得用的时间还不够,没有做到具体细致,没有让学生从中学到更多写作方法
5	用合理的原则或理论解释	在教学一开始,我就将"特点"这个抽象化的要领抛给学生,学生没有深入理解,使得我在后期虽然做了大量的讲解,但学生还是没有明白
6	用原则/理论解释,并能考虑背景因素	学生不能理解概念图,导致课时任务完成不了
7	包含对伦理、道德、政治因素思考的解释	略

（3）教学设计评价量规

教师教学设计能力测评工具,用于对教师提交的"基于概念图的单元主题写作"的教学设计作品进行评分,说明精准教研的实施效果。该评价量规基于"跨越式"课题中小学语文优秀教学设计的评价标准以及"基于概念图的单元主题写作课"这一课型的教学模式和环节制定,其一级指标与二级指标是四位"跨越式"语文课题专家基于课题指导实践讨论得出的,如图10-8所示。

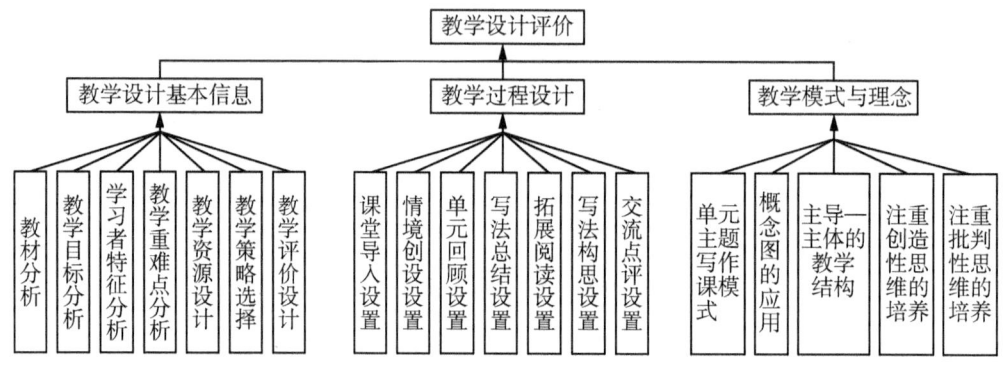

图 10-8 教学设计评价指标体系层次结构模型

量规中各项指标的权重主要通过 yaahp10.3 采用层次分析法得出,四位专家分别利用如表 10-9 所示的标度法对图 10-8 中所示的每个层级中的指标进行两两比较,得出两两之间的重要性程度。

表10-9 T. L. Saaty 的 1—9 标度法

重要性比较得分	1	3	5	7	9
得分说明	同样重要	稍微重要/有优势	比较重要/有优势	十分重要/有优势	绝对重要/有优势
注：用2、4、6、8表示在上述重要程度之间的情况。					

表10-10所示为对四位专家的权重系数分配采用加权平均计算得出的教学设计评价量规中各项指标的分值。

表10-10 教学设计评价量表

一级指标	权重	二级指标	指标描述	项目分值
教学设计基本信息	0.10	教材分析	教材分析：能准确简要地说明学科、年级、教材版本等信息，描述本课时的教学内容，结合教学实际概述该课以及学习内容的价值及重要性，概述本节课的设计理念	1分
		教学目标分析	清晰规范的教学目标：能够从知识到情感价值、创造等递进层次对教学目标作出清晰准确并且具体的描述	2分
		学习者特征分析	有针对性的学习者特征分析：能够详细列出本班学生的认知特征、起点水平、学习风格、情感态度准备情况、信息技术技能等，能够结合特定教学情境来分析	2分
		教学重难点分析	准确的重难点描述：能够根据课标要求准确把握教学重点；能够根据学习者特征准确把握教学难点	2分
		教学资源设计	丰富的教学资源：紧密围绕教学目标灵活选择教学资源，内容丰富，形式多样，注重思想性、知识性、趣味性的统一，并在教学过程中有所体现	1分
		教学策略选择	多种教学策略的合理运用：综合运用多种教学策略，例如启发式策略、协作学习策略、抛锚式策略等，一法为主，多法配合，优化组合，并在教学过程中有所体现	1分
		教学评价设计	适当的评价方法：能够依照教学内容并充分考虑学生的特点选用适合的评价方法，有效地实现教学目标	1分

续表

一级指标	权重	二级指标	指标描述	项目分值
教学过程设计	0.56	课堂导入设置	创设良好的课堂导入：灵活选择课堂导入方式，能够激发学生兴趣，又能快速进入本节课的学习	2分
		情境创设设置	创设良好的情境：创设与实际生活相关且与新旧知识密切联系的情境，将知识融入情境教学中	3分
		单元回顾设置	单元回顾设置：能够选取有效的方法和策略带领学生回顾和梳理单元课文大意，总结单元主题	5分
		写法总结设置	写法总结设置：能够选取有效的方法和策略带领学生回顾总结相关写作知识，为写作奠定基础	7分
		拓展阅读设置	拓展阅读设置：根据教学目标、学习内容及学生特点有效设置足够的拓展阅读篇目，体现大输入的特点	9分
		写作构思设置	写作构思设置：为学生留取足够的时间绘制概念图，梳理并分享自己的写作思路	17分
		交流点评设置	交流点评设置：能够选取合适的点评方式（如小组互评、教师点评等）进行作文的交流和点评	13分
教学模式与理念	0.34	单元主题写作课模式	设计环节符合单元主题写作课的基本模式和流程	7分
		概念图的应用	体现概念图在其中的应用，如使用概念图梳理单元课文大意和写作知识、学生绘制概念图梳理写作思路等	9分
		主导—主体的教学结构	课堂教学充分体现了主导—主体的教学原则，既能发挥教师的主导作用，又能体现学生的主体地位	7分
		注重创造性思维的培养	能够在写作前充分拓宽学生的思路，培养学生的创造性思维	6分
		注重批判性思维的培养	能够引导学生进行作文互评，培养学生的批判性思维	5分

（三）评价结果的展示和表达案例

基于精准教研活动的实施与开展，本研究对精准教研实施效果的分析主要从教师对精准教研活动的反馈、教师对"基于概念图的单元主题写作"课型的理解和掌握、教师对新工具和平台的使用反馈三个方面展示。一是教师对精准教研活动的反馈。该部分分析主要基于教师对"精准教研"活动反馈问卷的填写，采用基本的统计分析方法，较为直观地展现教师对精准教研活动的满意度与参与活动的态度。二是教师对"基于概念图的单元主题写作"课型的理解和掌握。该部分分析主要基于教师提交的教学设计方案以及在参与活动过程中留下的过程性记录，包括备课过程中的协同内容、听课过程中的听课评价和个人反思，以及基于自己实践的个人反思等，其中对教师教学设计方案的分析主要通过评分，采用非参数检验比较前后测差异验证精准教研的效果，同时将过程性记录加以补充说明。三是教师对新工具和平台的使用反馈。该部分分析主要基于教师对"精准教研"工具反馈建议问卷的填写，采用基本的统计分析方法，了解教师对三个新工具和平台的技术接受情况以及改进建议，优化工具和平台的功能，以更好地支持教师的使用。

表 10-11　数据分析维度、来源及方法

数据分析维度	数据来源	分析方法
教师对精准教研活动的反馈	"精准教研"活动反馈问卷	统计分析
教师对"基于概念图的单元主题写作"课型的理解和掌握	教学设计、过程性记录	非参数检验（Wilcoxon 检验）
教师对新工具和平台的使用反馈	"精准教研"工具反馈建议问卷	统计分析
精准教研实施效果影响因素分析	以上所有数据	统计分析

1. 教师对精准教研活动的反馈

精准教研活动的反馈数据，包括满意度与参与态度两部分。通过条形图进行统计分析，如图 10-9 所示，可以看出教师对精准教研活动的满意度均在 3.4 分以上，其中满意度最高的前两项分别为"使用'精准教研'模式开展教研，能够让我更加科学地、有针对性地改进教学"和"使用'精准教研'模式开展教研，让我对自己的教学有了更清晰的了解"，表明教师比较认可精准教研活动，能够比较科学地诊断自己在教学方面存在的问题，并且能够有针对性地予以解决，精准教研活动帮助教师更加清晰地了解自己的教学。

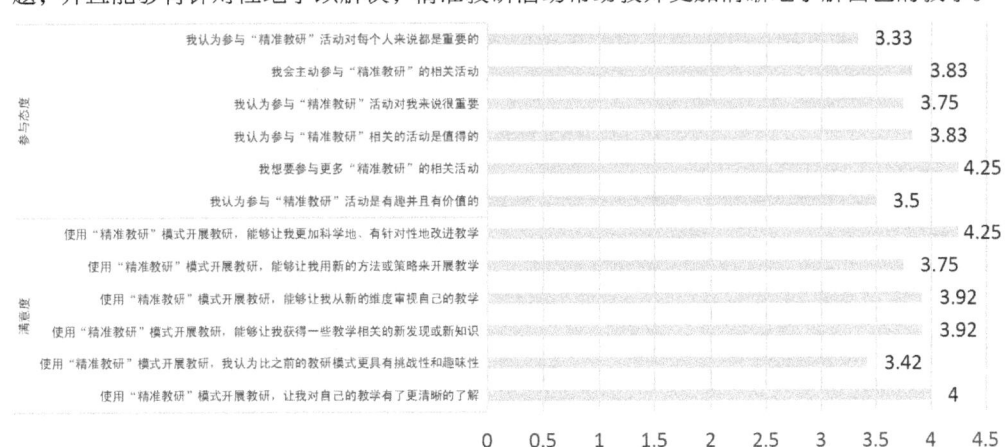

图 10-9　精准教研活动反馈

在参与态度方面，反馈评分均在 3.3 分以上，表明大部分教师对参与精准教研相关活动持积极态度，表示参与精准教研活动是有趣并且有价值的，并认为参与精准教研活动对自己是重要的。

2. 教师对"基于概念图的单元主题写作"课型的理解和掌握

（1）"基于概念图的单元主题写作"教学设计得分

本研究选取"基于概念图的单元主题写作"为主题组织教师开展了精准教研活动，教学设计作为能够反映教师对该课型理解和掌握情况的一种教学制品，能够体现精准教研的实施效果，因此，本研究以教学设计的得分情况作为衡量教师对"基于概念图的单元主题写作"这一课型的理解和掌握情况的因素之一。

第一步，对教学设计评分并分析评价的一致性。本研究邀请了三位具有丰富课题指导经验的专家，使用"基于概念图的单元主题写作"教学设计评价量规对 12 位教师提交的前测和后测教学设计进行评分，表 10-12 所示为三位专家评分的一致性检验结果，从 Kendall W^a 行中可以看出三位专家对前测和后测教学设计评分的和谐系数分别为 $W=0.978$（$p=0.001<0.05$）和 $W=0.953$（$p=0.001<0.05$），表明三位专家的协调程度较高，评分具有较高的可信度。

表 10-12　前后测教学设计评分一致性检验

教学设计评分一致性检验	前测教学设计	后测教学设计
N	3	3
Kendall W^a	0.978	0.953
卡方	32.282	31.464
df	11	11
渐近显著性	0.001**	0.001**
a. Kendall 协同系数		

第二步，观察统计结果。表 10-13 为教师提交的前后测教学设计得分的描述性统计结果，从图中能够比较直观地看出教师通过参与精准教研活动，教学设计得分有所提高（后测均值＝67.217＞前测均值＝59.550）。

表 10-13　教学设计得分描述性统计

项目	N	均值	标准差	均值的标准误
前测	12	59.550	2.6882	0.7760
后测	12	67.217	3.6697	1.0594

第三步，验证结果的统计学意义。为了分析上述结果是否存在统计学上的显著意义，笔者使用 SPSS 20.0 对 12 位教师前后测的教学设计得分进行了 Wilcoxon 符号秩检验，结果如表 10-14 所示，可以看出前后测教学设计得分之间存在显著差异（$p=0.002<0.05$），即两组教师通过参与精准教研活动，其"基于概念图的单元主题写作"

教学设计得分显著提高，表明精准教研能够提高教师对该课型教学设计水平，促进教师对该课型的理解和掌握。

表 10-14　前后测教学设计得分 Wilcoxon 符号秩检验[a]

	后测-前测
Z	−3.061[b]
渐近显著性（双侧）	0.002**

a. Wilcoxon 带符号秩检验
b. 基于负秩

（2）概念图在单元主题写作课中的应用方式

为了更好地说明教师在参与精准教研活动前后对"基于概念图的单元主题写作"这一课型的理解和掌握情况，笔者浏览了教师参与活动前后对于"您认为概念图应该如何应用于单元主题写作课中？"这一问题的回答，发现在参与活动前 12 位教师中有 4 位教师表示"不太清楚"，其他教师的回答多为总结写作方法，如"用概念图的形式总结写作相关知识，更加条理直观"；而活动结束后，12 位教师对于概念图应该如何应用于写作课中均形成了自己的理解，且除了前测中对总结写作方法的关注，后测中教师更加关注通过学生自主绘制概念图的方式对自己的写作思路进行梳理，如"最典型的应用是根据自己的思路画概念图，厘清自己的思路，还可以通过画概念图的方式拓宽自己的思路，丰富写作选材"，可以看出教师通过参与精准教研活动，增加了对"基于概念图的单元主题写作"这一主题下概念图应用方式的理解。

此外，基于教师提交的教学设计梳理了教师对于概念图在单元主题写作课中应用方式的掌握情况，如图 10-10 所示，可以看出与问卷中教师的回答一致，在教师提交的前测教学设计中，概念图多用于写法总结和写作构思环节，且主要是教师绘制概念图示例帮助学生梳理思路；在教师提交的后测教学设计中，可以看到增加了在单元回顾以及交流讨论两个环节的应用，且在绘制概念图时更加关注学生在过程中的参与，学生能够通过师生合作或学生自主绘制概念图来梳理自己的思路。

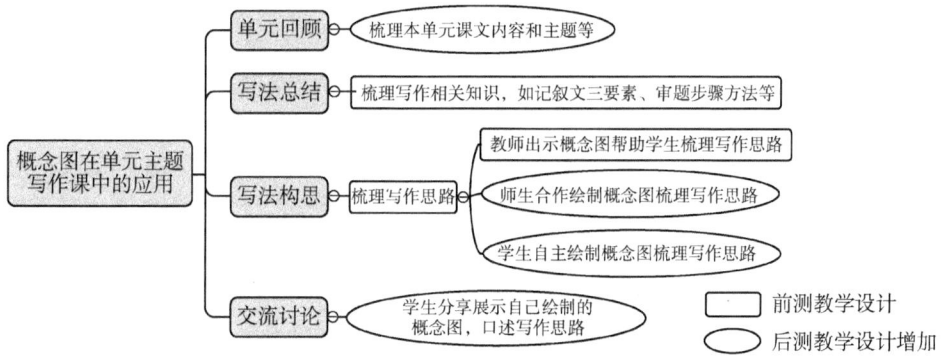

图 10-10　教学设计中概念图在单元主题写作课中的应用方式

可以看出教师在参与活动后，能够对概念图的应用方式有新的理解，并能够应用于自己的教学设计中，这得益于教师的研讨和学习基于实践中真实存在的问题，这种方式有助于促进教师群体之间产生更多思维的碰撞，从而产生更多新的想法。

（3）过程性记录

为了说明精准教研产生效果的过程和原因，进一步以问题点的方式梳理了活动中听课教师的听课意见、学习内容以及每轮活动结束后教师教学设计改进的前5项，结果如图 10-11 所示。

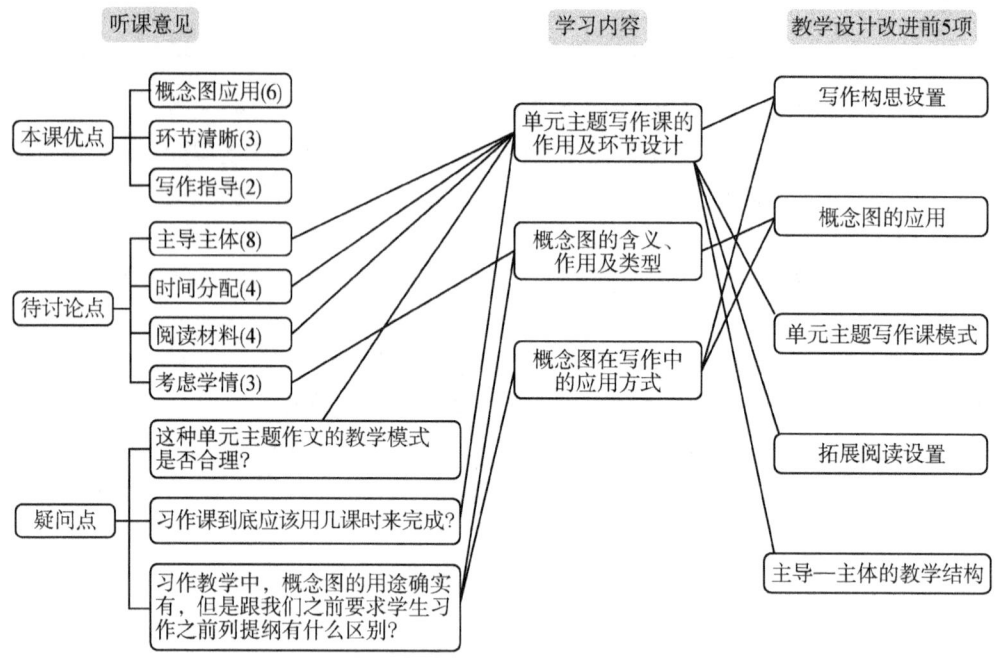

图 10-11 精准教研过程性记录梳理

可以看出，不论是教师的听评课研讨，还是后续开展学习的内容，以及教学设计改进的内容都是基于问题点开展的，改变了传统听评课中以人为主导的方式，一方面提高了听课研讨的效率，不再需要每个人重复自己对本节课的观点，而是基于汇聚的研讨点开展研讨；另一方面也有助于执教者清晰直观地了解自己本节课的情况，从而有针对性地进行反思以及后续改进。同时，基于本节课问题以及疑问点的学习，也有助于教师有针对性地改进自己的教学设计。

通过上述分析可以看出，精准教研活动的开展有助于提高教师对"基于概念图的单元主题写作"这一课型的理解和掌握，提高教师在该主题下的教学设计能力，同时体现了精准教研基于问题开展活动的特点。

3. 教师对新工具和平台的使用反馈

通过折线图统计分析教师对三个新工具和平台的反馈数据，如图 10-12 所示，可以直观看出教师对备课大师（移动备课 App）、听课大师（移动听评课 App）、教研空间（Web 端教研平台）的认知有用性、认知易用性和认知负荷情况。

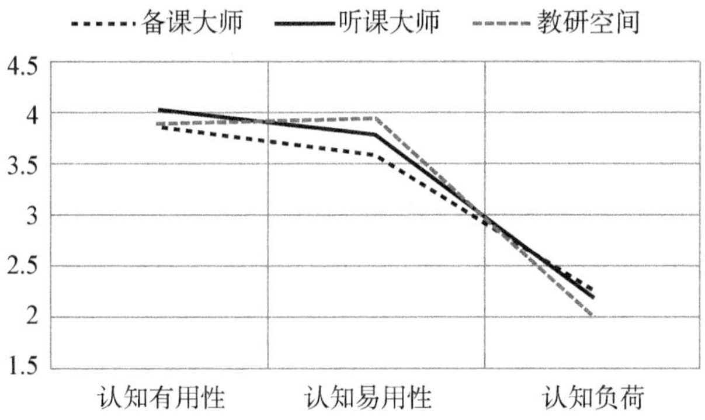

图 10-12 新工具和平台使用反馈情况

在认知有用性方面，教师对移动听评课 App 的认知有用性感知得分最高（4.01），对移动备课 App 的认知有用性感知得分最低（3.85）。在认知易用性方面，教师对 Web 端教研平台的认知易用性反馈得分最高（3.94），对移动备课 App 的认知易用性反馈得分最低（3.58），表明相较于基于移动端的 App，教师比较习惯于使用基于 Web 端的网络平台。如针对移动备课 App，部分教师表示"手机操作性差，备课不太方便""对于年纪偏大的教师，操作起来效率不太高"等，这也是在工具后续改进中需要考虑的方面。在认知负荷方面，教师对于 Web 端教研平台的认知负荷最低（2），对于移动备课 App 的认知负荷最高（2.25），表明移动备课工具的功能设计可进一步优化。

4. 精准教研实施效果影响因素分析

为了后续更好地组织开展精准教研活动，笔者对影响精准教研实施效果的因素进行了分析，探究哪些因素会对精准教研的实施效果产生影响，以便后续进行针对性的改进和完善。为了确定相关因素，研究者进行了相关调研，目前已有的研究普遍认为学习者的参与度、在活动中的参与质量，以及信息技术的支持会对活动效果产生影响，因此本研究主要探究以上三个因素对精准教研实施效果之间的关系，图 10-13 所示为实施效果影响因素关系图，其中用教师教学设计得分的提高代表精准教研的实施效果。

图 10-13 实施效果影响因素关系图

（1）活动参与度和参与质量与教学设计得分提高之间的关系

精准教研活动的参与教师数量共计 12 位，由于样本量为 12，不足 30，因此先对相关数据进行了正态分布检验，"教学设计得分提高""参与度""知识建构水平"和"反思水平"的 p 值分别为 0.958、0.803、0.699、0.545，均大于 0.05，表明数据符合正态分布，可进行相关性检验。然后对参与度、参与质量与教学设计得分进行了 Pearson 相关性分析，得到的结果如表 10-15 所示，可以看出参与度、知识建构水平和反思水平与教学设计得分提高之间均存在显著的正相关关系，表明教师在活动中的参与度、知识建构水平以及反思水平越高，其教学设计得分提高越多，参与精准教研活动的效果越好。

表 10-15　参与度和参与质量与教学设计得分提高的相关性分析

项目	类别	参与度	知识建构水平	反思水平
教学设计得分提高	Pearson 相关性	0.888**	0.797**	0.804**
	显著性（双侧）	0.000	0.002	0.002
	N	12	12	12

** 表示在 0.01 水平（双侧）上显著相关

（2）教师的技术接受度与活动参与度和教学设计得分提高之间的关系

针对教师的技术接受度、参与度与教学设计得分进行 Pearson 相关性分析，得到的结果如表 10-16 所示，可以看出教师的认知负荷和参与度之间存在显著的负相关关系（$p=0.045<0.05$），表明教师的认知负荷越高，在活动中的参与度则越低。虽然教师的技术接受度和教师教学设计得分提高之间不存在显著的相关关系，但是由于教师的认知负荷会影响教师在活动中的参与度，而参与度会影响教师教学设计得分的提高，因此可以认为教师的认知负荷会在一定程度上对教师教学设计得分的提高产生负面影响。

表 10-16　教师技术接受度与参与度和教学设计得分提高的相关性分析

项目	类别	教学设计得分提高	参与度
认知有用性	Pearson 相关性	0.156	0.183
	显著性（双侧）	0.629	0.568
	N	12	12
认知易用性	Pearson 相关性	0.479	0.431
	显著性（双侧）	0.115	0.161
	N	12	12
认知负荷	Pearson 相关性	−0.565	−0.587*
	显著性（双侧）	0.056	0.045
	N	12	12

** 表示在 0.01 水平（双侧）上显著相关
* 表示在 0.05 水平（双侧）上显著相关

通过上述分析可以发现，教师在活动中的参与度、参与质量（知识建构水平和反思水平）均与精准教研的实施效果（教师教学设计得分提高）之间存在显著的正相关关系，教师对技术工具产生的认知负荷则与教师在活动中的参与度存在显著的负相关关系，因此在后续活动开展过程中需要对上述因素加以考虑。

本讲小结

网络教研评价通常包括基于数据的定量评价和基于描述的定性评价，二者相结合能够全面地反映网络教研活动的全貌。教师在开展研究时，有两种典型的研究范式可以参考，一种是教育叙事与回顾，另一种是数据采集与分析。教育叙事与回顾是一种基于描述的研究方法，教师通过记录和反思自己在网络教研活动中的经验和体验，进一步梳理和理解教研活动的过程和效果。这种范式对于理解教研活动的实际情境和个体差异具有重要作用。而数据采集与分析则是一种基于数据的研究方法，教师通过收集和分析网络教研活动的相关数据从而提供更为客观、精确的评价结果。在数据采集方面，常见的三种工具是测验、问卷和量表。测验是一种直接了解教师知识和技能的工具，通常用于评估教研活动对教师专业发展的具体影响。问卷则更多地用于收集教师的观察和感受，包括教师对教研活动的满意度、参与度、收获等。量表则是一种更为精细的评价工具，通常用于评估教师的特定能力或态度，例如教研活动对教师的教学能力、创新思维、信息素养等的影响。在评价结果的展示方面，数据的可视化展示方式是一种常用的策略。通过图表、图像等形式，将复杂的数据信息转化为直观的视觉效果，可以更生动、形象地展示网络教研活动的效果，同时也便于各方理解和交流。总的来说，网络教研活动的评价是一个涉及多方面的复杂过程，需要结合多种研究范式、数据采集工具和展示策略，才能全面、准确地反映网络教研活动的效果。这不仅对于提升网络教研活动的质量和效果具有重要意义，也对于推动教师的专业发展和教育的持续改进具有深远影响。

本讲关键词

网络教研评价　教育叙事与回顾　数据采集与分析　评价结果展示与表达

提升练习

1.【单选】教师开展研究的两种主要范式是（　　）。
　A. 定性研究、定量研究
　B. 教育叙事与回顾、数据采集与分析

C. 定性研究、数据采集与分析
D. 以上都是
答案：B

2.【多选】教研评价可使用的数据采集工具有（　　）。
A. 面向学生的成就测验　　B. 扇形图
C. 量表　　　　　　　　　D. 问卷
E. 编码
答案：ACD

3.【多选】问卷设计应该包含哪些结构？（　　）
A. 前言　　　　　　　　　B. 指导语
C. 问题和答案　　　　　　D. 结束语
答案：ABCD

4.【多选】量表的编制需要注意（　　）。
A. 明确目的　　　　　　　B. 确定指标
C. 分配权重　　　　　　　D. 编制标准
答案：ABCD

5.【单选】如果要展示教师对教研活动的多方面评价，适合使用（　　）。
A. 箱线图　　　　　　　　B. 雷达图
C. 折线图　　　　　　　　D. 扇形图
答案：B

参考文献

1. 张丽华. 定性与定量研究在教育研究过程中的整合［J］. 教育科学，2008，24（6）.
2. 杨捷. 教育叙事：培养教师教育研究的契机［J］. 教育科学，2006，（1）.
3. 彭晶. 教育叙事研究——教师专业发展的新路径［J］. 教师教育研究，2021，33（3）.
4. 孙二军. 教师专业发展的语言转向及路径选择［J］. 中国教育学刊，2013（8）.
5. 骆玮，冯志伟. 教育叙事：英语教师的重要研究工具［J］. 语言教育，2014，2（4）.
6. 赵蒙成. 教育叙事研究的优势与规范［J］. 湖南师范大学教育科学学报，2014，13（6）.
7. 张玉茹. 统计分析中如何选用图表［J］. 统计与管理，2013（3）.
8. 董奇. 心理与教育研究方法［M］. 北京：北京师范大学出版社，2004.
9. 张红川. 论定量与定性研究的结合问题及其对我国心理学研究的启示［J］. 北京

师范大学学报（人文社会科学版），2001（4）.

10. 邢蓓蓓.教育大数据的来源与采集技术［J］.现代教育技术，2016，26（8）.

11. 蔡丽华，倪代川.国内外科学数据评价研究综述［J］.数字图书馆论坛，2021（11）.

12. 黄娟娟.教育调查问卷设计的常见问题及应对［J］.上海教育科研，2015（5）.

13. 杨丹.精准教研模型的构建与应用研究［D］.北京师范大学，2018.

▶▶ 后记

  苏霍姆林斯基曾说:"如果你想让教师的劳动能够给教师带来一些乐趣,使天天上课不至于变成一种单调乏味的义务,你就应当引导每一位教师走上从事研究这条幸福的道路上来。"这里的研究并不是学术界所要求的那种严格、客观的科学研究,而是要求教师以一种"研究的心态"从事日常的教育教学,并通过与同事、资深教师和专家组成研究团队,在合作教研中促进个人专业知识增长与能力提升。新技术的出现,赋能并变革了传统教师教研和教学的理念、方式、形态和模式,并且随着技术的不断发展,教研和教学改革的速度也会不断加快,然而,众多研究也表明,在教师教研和教学中,任何一项新兴技术从出现到融合都需要一个成长周期。"十四五"时期,我国已开启全面建设社会主义现代化国家的新征程,以人工智能为代表的新一代信息技术如雨后春笋般涌现,正在深刻变革着新时代的教育和教师专业发展,如何更好发挥技术优势,为教师专业发展提供更优质的教研服务是未来教研模式变革的思路与方向。